Creative Writing
Romane und Kurzgeschichten schreiben

»*Der Band ist durchweg verständlich und lebendig formuliert und veranschaulicht seine Informationen und Empfehlungen immer an anregenden Textbeispielen. Am Ende stehen konkrete Arbeitsvorschläge für den Leser ... als Pendant zu der ähnlich gelungenen Einführung in das Schreiben dramatischer Texte von L. Egri breit empfohlen.*«

Informationsdienst für Bibliotheken

Gotham Writers' Workshop
Alexander Steele (Hg.)

CREATIVE WRITING

ROMANE UND KURZGESCHICHTEN

SCHREIBEN

Übersetzt von Kerstin Winter

Mit »Kathedrale« von Raymond Carver
Übersetzt von Helmut Frielinghaus

Autorenhaus Verlag

Bibliografische Information der Deutschen Nationalbibliothek
Die Deutsche Nationalbibliothek verzeichnet diese
Publikation in der Deutschen Nationalbibliografie;
detaillierte bibliografische Daten sind im Internet unter
www.dnb.de abrufbar.

Die Originalausgabe erschien 2003 unter dem Titel
Gotham Writers' Workshop Writing Fiction
The Practical Guide from New York's
Acclaimed Creative Writing School
bei Bloomsbury USA
© 2003 Gotham Writers' Workshop, Inc.

»Cathedral«
© 1981, 1982, 1983 Raymond Carver

Deutsche Ausgabe von »Kathedrale«
© 2001 Berlin Verlag

Umschlaggestaltung: Sigrun Bönold

Sechste Auflage
© 2004/2020 Autorenhaus Verlag GmbH, Berlin
ISBN 978-3-86671-119-8

Nachdruck, Verwendung in anderen Medien, insbesondere im Internet,
auch auszugsweise nur mit schriftlicher Genehmigung des Verlags.
Umwelthinweis: Dieses Buch wurde auf chlor- und
säurefreiem Papier gedruckt.
Druck und Bindung: Westermann Druck Zwickau
Printed in Germany

Der Gotham Writers' Workshop begann mit einem einzigen Kurs, der im Wohnzimmer einer Upper West Side Wohnung in New York abgehalten wurde. Der Kurs war kostenlos. Nach drei Unterrichtseinheiten hatten die Teilnehmer die Wahl: Sie konnten entweder abbrechen und aus dem Kurs aussteigen oder, falls sie der Meinung waren, sie hätten etwas Nützliches gelernt, bleiben und die weiteren Stunden bezahlen. Alle Teilnehmer blieben, – das erste Semester in der neuen Schreibwerkstatt hatte begonnen.

Die ersten Schüler empfahlen die Schule weiter. Wir boten mehr Kurse an. Mundpropaganda brachte uns weitere Schüler. Wir stellten Lehrer ein, mieteten Büros. Bald unterrichteten wir in verschiedenen Räumlichkeiten, die über ganz New York verteilt waren. Schließlich expandierten wir ins Internet und begannen, Schüler aus der ganzen Welt zu unterrichten. Heute arbeiten über hundert Dozenten für uns, die mehr als sechstausend Studenten jährlich unterrichten.

Trotz dieses Wachstums haben wir uns nicht verändert. Die Teilnehmerzahl pro Kurs ist immer noch so klein, dass er in einem New Yorker Wohnzimmer abgehalten werden könnte. Alle unsere Dozenten sind Menschen, die ihre Leidenschaft für die Literatur auf die Schüler übertragen. Unsere Gründungsprinzipien sind dieselben geblieben.

Wir glauben, um es einfach auszudrücken, dass jeder Mensch schreiben kann. Wir glauben, dass Schreiben ein Handwerk ist, das man lernen kann. Sicher, Talent kann man *nicht* lernen, höchstens fördern, aber das Handwerk des Schreibens besteht aus Techniken, die man sich aneignen kann. Und wir haben es uns zur Aufgabe gemacht, die Techniken dieses Handwerks so klar, direkt und anwendbar zu vermitteln, dass für unsere Studenten bereits in der ersten Stunde die Entwicklung zum Schriftsteller beginnen kann.

Natürlich gibt es keine Formel für den schriftstellerischen Erfolg, aber wer das Handwerk beherrscht, kann sein Talent entfalten. Diese Möglichkeit haben wir unseren Schülern in unserem allerersten Schreibkurs gegeben, und diese Möglichkeit bieten unsere Dozenten – als Autoren *und* Lehrer sind sie alle Profis – bis heute jedem einzelnen Studenten an.

Jetzt haben wir die Lehrmethoden unserer Schreibwerkstatt in einem Buch zusammengefasst. Die Möglichkeit, schreiben zu lernen – *gut* schreiben zu lernen –, ist nun für jeden greifbar.

Jeff Fligelman und David Grae

INHALT

Wie man dieses Buch benutzt — 9

1. KAPITEL
Literatur: Das Was, das Wie und das Warum — 11
Alexander Steele

2. KAPITEL
Figuren: Charaktere, die Schatten werfen — 41
Brandi Reissenweber

3. KAPITEL
Plot: Eine Frage des Brennpunkts — 75
David Harris Ebenbach

4. KAPITEL
Perspektive: Das komplette Menü — 107
Valerie Vogrin

5. KAPITEL
Beschreibung: Mit Wörtern malen — 143
Chris Lombardi

6. KAPITEL
Dialog: Reden wir drüber — 171
Allison Amend

7. KAPITEL
Ort und Zeit: Ich bin hier, also bin ich — 201
Caren Gussoff

8. KAPITEL
Die Stimme: Der Klang einer Geschichte — 227
Hardy Griffin

9. KAPITEL
Thema: Worum geht's hier eigentlich? _____ 255
Terry Bain

10. KAPITEL
Überarbeitung: Die echte Autorenkorrektur _____ 271
Peter Selgin

Checkliste _____ 299

Raymond Carver, »Kathedrale« _____ 303

WIE MAN DIESES BUCH BENUTZT

Sie sollten dieses Buch nicht nur durchlesen, Sie sollten damit arbeiten. Schließlich lesen Sie es ja, weil Sie schreiben wollen. In jedem Kapitel finden Sie eine Reihe von Schreibübungen mit der Überschrift »Sie sind dran«. Nehmen Sie die Aufforderung wörtlich und wenden Sie an, was Sie gelernt haben. Dabei sollten Sie nicht den Anspruch haben, gleich ein großartiges Werk zu schaffen. Nehmen Sie sich einfach vor, ein wenig zu experimentieren –, und Spaß sollte es Ihnen auch machen. Taucht dabei eine wunderbare Idee auf, die Sie weiterverfolgen und ausarbeiten möchten, dann sollten Sie das natürlich unbedingt tun.

Es ist sinnvoll, die Arbeit an den Übungen in einem Notizbuch festzuhalten – auf Papier oder virtuell. Wenn Sie alle oder fast alle Übungen gemacht haben, und das sollten Sie, besitzen Sie eine große Sammlung von Ideen und Anregungen, von denen Sie sich inspirieren lassen können.

Am Ende des Buches finden Sie einen »Spickzettel«, eine Checkliste der Techniken des schriftstellerischen Handwerks, die in diesem Buch angesprochen werden. Darin ist alles, was Sie mit diesem Buch gelernt haben, komprimiert und übersichtlich zusammengefasst.

In den einzelnen Kapiteln finden Sie zahlreiche Zitate und Auszüge aus literarischen Werken verschiedener Epochen. Wenn das eine oder andere Zitat Ihr Interesse an dem Werk weckt, sollten Sie sich ein Exemplar des Buchs besorgen. Roman- oder Novellentitel sind stets kursiv gedruckt, während Kurzgeschichtentitel in Anführungszeichen gesetzt sind.

Raymond Carvers »Kathedrale« ist Pflichtlektüre. Die einzelnen Beiträge beziehen sich häufig auf diese Kurzgeschichte, und wenn Sie sie im Ganzen kennen, verstehen Sie schneller und besser, worum es geht und worauf wir Sie aufmerksam machen wollen. Sie finden »Kathedrale« ungekürzt im Anhang dieses Buches.

1. KAPITEL

Literatur: Das Was, das Wie und das Warum

Alexander Steele

Als Dekan des Gotham Writers' Workshop bin ich Tag für Tag umgeben von Menschen, die schreiben möchten. Unsere Dozenten hätten auch in anderen Bereichen eine Autorität werden können, und doch haben sie die ungewisse Laufbahn eines Schriftstellers gewählt. Ich staune immer wieder, wenn ich unsere Kreativklassen betrachte – die, in den wirklichen Klassenräumen mit den Studenten aus New York, und die virtuellen Klassenräume mit Studenten von überall aus den Staaten und sogar aus Afrika, China und Australien. In diesen Klassenräumen sehe ich Doktoren, Anwälte, Buchhalter, Polizisten, Totengräber, Hausfrauen, Rentner, Studenten, Psychologen, Zoowärter und andere aus allen erdenklichen Berufen.

So viele Menschen auf dieser Welt haben den großen Wunsch, literarische Texte zu schreiben.

Warum?

Ich hoffe, dass ich am Ende des ersten Kapitels eine Antwort darauf geben kann.

Fiktion – eine Definition

Was ist Fiktion? Im weitesten Sinne ist Fiktion eine erfundene Geschichte, die mit Wörtern in Prosa erzählt wird.

Mit Wörtern.

Alles wird durch diese kleinen Symbole vermittelt, die wir Buchstaben nennen und die sich zu Wörtern zusammensetzen, die wiederum Sätze, Absätze und Kapitel bilden. Und durch diese Wörter gelingt es, den Leser in die Wirklichkeit der Geschichte hineinzuziehen. Und wenn er dort ist, kann er die fiktive Wirklichkeit der geschriebenen Geschichte so erleben und spüren wie all die Irrungen und Wirrungen seines eigenen Daseins.

Geschichten zu hören und zu erzählen, ist offenbar ein Grundbedürfnis wie das nach Nahrung, Schutz oder Gesellschaft. Dafür gibt es meiner Ansicht nach zwei Gründe.

Erstens: Unterhaltung. Wir sehnen uns nach Unterhaltung, und Geschichten können dieses Verlangen stillen.

Zweitens: Bedeutung. Unsere Neugier, vielleicht auch unsere Unsicherheit lässt uns ständig nach Sinn und Zweck unserer Existenz fragen. Manche Menschen bezeichnen es als »Suche nach Wahrheit«.

Eine gute Erzählung kann ein oder beide Bedürfnisse befriedigen – und das mit wunderbar wenig Aufwand. Alles, was Literatur braucht, sind Wörter, die mit der Fantasie des Lesers zusammenwirken.

Eine Sache der Form

Zunächst ein kurzer Blick auf die Grundformen der Literatur:

Der Roman
Er hat durchschnittlich achtzigtausend Wörter, das entspricht ungefähr 320 Seiten mit doppeltem Zeilenabstand. Einige Romane sind etwas kürzer, viele aber länger. Romane sind meist in Kapitel eingeteilt, die dem Leser Unterbrechungen ermöglichen.

Der Roman ist das literarische Äquivalent zu einer Symphonie, ein umfassendes, ehrgeiziges Gebilde der Kunst. Romane sind nicht nur länger als andere Literaturformen. Sie haben auch von allem mehr: mehr Charaktere, mehr Szenen, mehr Entwicklung, mehr *Gewicht*. Im Zentrum kann eine Geschichte stehen, umgeben von einer ganzen Welt von Aktivitäten.

Manche Romane sind sehr umfangreich. Leo Tolstois *Krieg und Frieden* ist wie ein Ozean, der zahllose Charaktere über viele Jahre und Tausende von Meilen trägt und den Leser über eine ganze Zeitspanne der Weltgeschichte hinweg fesselt, wobei er alle Aspekte des menschlichen Daseins mit einbezieht. J. D. Salingers *Fänger im Roggen* erzählt von wenigen Tagen im Leben eines gepeinigten Teenagers – Holden Caulfield –, ohne von seiner Seite zu weichen. Und dann ist da noch James Joyces *Ulysses*, der über achthundert Seiten verschiedenste Charaktere und Stile miteinander verflicht, obwohl er nur einen einzigen Tag in Dublin beschreibt.

Einen Roman zu schreiben, ist ein Unternehmen, das Jahre eines Lebens beanspruchen und selbst für den ausdauerndsten Schriftsteller zu einer Prüfung werden kann. Dennoch ist der Roman für viele angehende Autoren der große weiße Wal der Literatur; sie verfolgen ihr Ziel hartnäckig und verbissen und geben nicht eher auf, bis mehrere hundert Seiten gefüllt sind. Ihnen allen viel Erfolg.

Die Kurzgeschichte
Kurzgeschichten sind nicht länger als fünfzehntausend Wörter, bis zu sechzig Seiten mit doppeltem Zeilenabstand, die meisten sind jedoch kürzer. Die durchschnittliche Kurzgeschichte hat ungefähr die Länge eines Kapitels dieses Buchs. Seit kurzem sind auch *Flash Fiction* – Storys mit nur ein oder zwei Seiten – in Mode gekommen. Kurzgeschichten sind das literarische Äquivalent zu einem Lied. Sie sind emotional nicht unbedingt weniger komplex als Romane, aber der Rahmen ist enger, der Radius begrenzt. Oft konzentrieren sich Kurzgeschichten auf ein einzelnes Ereignis oder auf einen besonderen Aspekt im Leben einer Figur.

»Der Schwimmer« von John Cheever beschränkt sich auf die Beschreibung eines Mannes, der an einem Sommernachmittag versucht, über die benachbarten Pools nach Hause zu kommen. »Kugel im Kopf« von Tobias Wolff handelt von den wenigen Minuten, die ein Literaturkritiker in einer Schlange vor einem Bankschalter steht. »Carried away« von Alice Munroe spielt in der Zeit zwischen dem Ersten und dem Zweiten Weltkrieg, konzentriert sich aber auf die merkwürdige Beziehung eines Bibliothekars zu einem Mann, der buchstäblich den Kopf verliert. Diese Geschichten tauchen tief in ihre Materie ein, ohne von ihrem fest umrissenen Thema abzuschweifen.

Manchmal werden Kurzgeschichten, die eine Verbindung haben, in einem Buch zusammengefasst, wie Sherwood Andersons *Winesburg, Ohio:* Jede Story handelt von einem anderen Charakter, doch alle Figuren leben in derselben kleinen Stadt. In Denis Johnsons *Jesus' Sohn* taucht hingegen in jeder Geschichte dieselbe Figur auf. Jede dieser Storys ist in sich abgeschlossen, doch hintereinander gelesen entsteht durch die Verknüpfung eine besondere Wirkung.

Kurzgeschichten sind vielleicht das beste Sprungbrett für einen angehenden Literaten, schon deshalb, weil sie sich schneller schreiben lassen als ein umfangreicher Roman. Doch Kurzprosa verlangt Genauigkeit. Während man einem Roman Abschweifungen nachsieht, muss eine Kurzgeschichte straff und schlank sein. Jedes Wort zählt. Die besten Kurzgeschichten zeichnen sich durch Ökonomie und eine Präzision aus, die an Poesie erinnert.

Die Novelle
Sie ist zwischen Kurzgeschichte und Roman angesiedelt. Novellen sind zwischen fünfzehntausend und achtzigtausend Wörter lang. Einige Novellen verbinden den weiten Handlungsrahmen eines Romans mit dem knappen Stil einer Kurzgeschichte, wie in Joseph Conrads *Herz der Finsternis*, in der eine lange Flussfahrt durch Afrika beschrieben wird. Andere Novellen wiederum ziehen den engen Rahmen einer Kurzgeschichte vor und verbinden ihn mit den reichen Entwicklungsmöglichkeiten eines Romans – in Franz Kafkas *Die Verwandlung* geht es zum Beispiel um wenige Tage im Leben eines Mannes, der aufwacht und feststellt, dass er sich in ein Insekt verwandelt hat.

Die verschiedenen Literaturformen werden von Schriftstellern ganz unterschiedlich behandelt.

Auf welche Literaturform sollten Sie sich konzentrieren? Nun, eine Geschichte sollte die Gestalt bekommen, die sie haben will – die Form, in der sie am besten erzählt werden kann. Vielleicht beginnen Sie eine Kurzgeschichte und stellen rasch fest, dass ihre Figuren und die Situationen einen größeren Rahmen benötigen; sie wollen sich einfach nicht auf die Knappheit einer Kurzgeschichte beschränken. Dann müssen Sie entweder den Fokus der Geschichte einengen oder sich an die Arbeit machen und einen Roman entwickeln. Manche Autoren wählen eine Form und bleiben hartnäckig dabei; andere entscheiden sich während des Schreibens mehrfach neu.

Literatur und Genre

Die Belletristik lässt sich in Literarische- und Genre-Dichtung einteilen. Literarische Dichtung meint Geschichten, die als »Kunst« betrachtet werden sollen, die sich an ein Publikum wenden, das man vielleicht als literarisch interessiert bezeichnen könnte. Genre-Dichtung dagegen wird auch als Populärliteratur bezeichnet: Krimis, Thriller, Fantasy, Science Fiction, Western und Liebesromane. Sie soll ein größeres Publikum ansprechen. Manchmal hört man auch den Begriff »Mainstream«-Literatur – Werke, die bewusst unter kommerziellem Aspekt geschrieben worden sind.

Um es zu vereinfachen, könnten wir sagen, dass Genre-Fiktion Spaß machen soll, populär und weniger »gewichtig« ist als literarische Dichtung, die nach bedeutungsvollen Tiefen und künstlerischen Höhen strebt. Diese Definition ist vereinfacht, aber die meisten Genre-Autoren geben mit einigem Stolz zu, dass ihr Hauptmotiv ist, ihre Leser zu unterhalten. Die meisten literarischen Autoren werden Ihnen bestätigen, dass sie etwas Bedeutendes über das menschliche Dasein sagen wollen. Beide Literaturrichtungen haben ihren Wert und ihre Daseinsberechtigung, wie ihre Leser beweisen.

Mit dieser Einteilung sollte keine Wertung verbunden sein. *Vive la différence.* Im Fernsehen können wir zwischen unzähligen Sendern wählen – warum sollten wir in der Belletristik nicht eine ebenso breite Auswahl haben? Viele Leser bevorzugen, sagen wir, die Prosa einer Amy Tan, preisgekrönte Autorin, andere den wenig subtilen Schrecken eines Stephen King. Andere wiederum nehmen sich die Freiheit, ihre Zelte mal auf diesem, mal auf dem anderen Feld aufzuschlagen.

Tatsächlich gibt es etliche Gemeinsamkeiten. Die Literaten haben keinen Grund, auf die Genre-Autoren herabzusehen, und Genre-Autoren sollten sich hüten, die Literaten als Snobs zu betrachten. Beide könnten voneinander lernen. Ein literarisches Werk sollte seine Leser auch unterhalten und fesseln, Unterhaltungsliteratur dagegen wird besser, wenn sie gleichzeitig zum Nachdenken und zu ein paar klugen Einsichten führt.

Dieses Buch wird sich, wie unsere Kurse, zum großen Teil mit literarischer Fiktion beschäftigen. In unserem Institut bieten wir zwar Kurse für verschiedene Genres an, in denen die Studenten sich mit den spezifischen Besonderheiten ihrer bevorzugten Gattung beschäftigen, aber die literarische Fiktion ist auch immer Grundlage dieser Kurse. Egal um welche Gattung es sich handelt – die Regeln des Handwerks lassen sich überall anwenden. Dabei geht es immer um eines: gute Geschichten zu schreiben.

Gut, besser, am besten

Wenn Sie sich die großen Werke der Weltliteratur ansehen, werden Sie bemerken, wie meisterhaft diese Geschichten das duale Bedürfnis nach Unterhaltung und Bedeutung befriedigt haben. Einige Beispiele aus zwei Jahrhunderten:

Stolz und Vorurteil, Jane Austen (1813)
Mit märchenhaftem Charme wird die Geschichte einer sich entwickelnden Beziehung zwischen Elizabeth und Darcy erzählt – eine Beziehung, die durch Anziehungskraft und Widerstand geprägt ist. Gestört wird die Romanze durch die harte Wirklichkeit, die in Gestalt von Klatsch, Verdächtigungen, Geldangelegenheiten und Fremdeinmischung auftritt, aber auch durch das Scheitern paralleler Beziehungen anderer Paare innerhalb des englischen Landadels.

Die Autorin beschreibt den Paarungstanz der Hauptfiguren so präzise und mit solchem Witz, dass man das Buch durchaus als Anleitung für eine gute Beziehung betrachten könnte. Überall schimmert die Hoffnung auf wahre Liebe durch. Und am Ende ist der Leser glücklich, dass Elizabeth und Darcy sich gefunden haben.

Das verräterische Herz, Edgar Allen Poe (1843)
Ein Albtraum, dem wir uns nicht entziehen können: Gefangen in einem Haus mit einem alten Mann, der ein hässliches Geierauge hat. Werden gegen unseren Willen in einen Mordfall verstrickt. Das Gespräch mit dem Polizisten, während das Herz lauter, lauter, *lauter* schlägt. Wir bewegen uns schwitzend durch das Grauen, das vor allem dadurch erzeugt wird, dass der gemeine Schurke sich in unserem eigenen Kopf befindet! Dies ist eine der beängstigendsten Geschichten, die je geschrieben wurden, und niemand liebt sie mehr als Kinder.

Die Abenteuer des Huckleberry Finn, Mark Twain (1885)
Ein packendes und revolutionäres Buch, das aus der Sicht eines ungebildeten, hinterwäldlerischen Jungen erzählt wird. Erst danach war es möglich, mangelhafte Grammatik und Slangsprache in einem Roman zu verwenden. Was für ein köstlicher und verbotener Spaß, mit Huck und seinem Gefährten, dem entkommenen Sklaven Jim, auf einem Floß den Mississippi entlangzufahren und zuzusehen, wie die beiden sich immer wieder in Schwierigkeiten hineinmanövrieren und ihre Probleme – manche spaßig, manche sehr ernst – mehr oder weniger elegant lösen. Indem der Leser alles durch die naiven Augen des jungen Huck sieht, erhält er einen Einblick in die menschliche Natur und ihrer weniger edlen Seiten.

»*Die Dame mit dem Hündchen*«, Anton Tschechow (1899)
Ein vom Leben erschöpfter Mann aus Moskau beginnt eine Affäre mit einer jungen Frau aus einem Seebad. Beide sind verheiratet, keiner erwartet etwas Dauerhaftes. Doch zum ersten Mal spürt der Mann echte Liebe. Es ist eine Ehebruchsgeschichte, die in

Grauschattierungen erzählt wird: Keiner trägt den scharlachroten Buchstaben, niemand wirft sich verzweifelt vor den Zug. Stattdessen erleben wir die Sehnsüchte und die Unsicherheiten des menschlichen Herzens, und während wir verfolgen, wohin uns die Ereignisse führen, steigt die Spannung immer weiter.

Der große Gatsby, F. Scott Fitzgerald (1925)
Zunächst erleben wir mit der Long-Island-Elite einen vergnüglichen Sommer mit Partys, Jazz und Mondlicht. Wie Nick, der Erzähler, lassen wir uns immer stärker in den Bann eines rätselhaften Mannes, Gatsby, ziehen. Wer ist er? Woher kommt er? Was will er? Begehrt er die flatterhafte Daisy, die Art von Klasse, die man auch mit Geld nicht kaufen kann, oder die Erfüllung eines Lebenstraums? Wie bei einem meisterhaft geschliffenen Juwel hat jede Facette ein besonderes Funkeln, das uns hypnotisiert und ein ganz besonderes Licht auf jede Beobachtung und jedes Ereignis wirft. Und es tut gut, daran erinnert zu werden, dass reiche Menschen nicht unbedingt auch glücklich sind.

»Ein guter Mensch ist schwer zu finden«, Flannery O'Connor (1955)
Eine alte Dame unternimmt mit ihrem griesgrämigen Sohn, dessen hochnäsiger Ehefrau und deren zwei unerträglichen Kindern eine Autofahrt durch den amerikanischen Süden. Und – oh, ja – die Großmutter hat auch noch heimlich ihre Katze eingepackt. Zunächst ist diese Geschichte eine lustige Reise, die die Erinnerung an eigene familiäre Horrortrips heraufbeschwört. Doch als die Familie auf einen entflohenen Verbrecher stößt, wird es ernst: Sie gerät auf einen finsteren Pfad, auf dem sowohl das Böse als auch die Rettung zu finden ist.

Hundert Jahre Einsamkeit, Gabriel García Marquez (1967)
Obwohl sich die Familiensaga auf ein Jahrhundert beschränkt, scheint es, als ob die ganze Weltgeschichte in einem biblischen Strom aus Leidenschaft, Trauer, Absurdität und Wundern am Leser vorüberzieht. Die mittelamerikanische Stadt, in der die Fa-

milie lebt, scheint zu Anfang ein Paradies, wird jedoch bald von Geschäftemachern, Politik und Krieg korrumpiert, während der Sumpf an familiären Skandalen jeder modernen Soap Opera das Wasser reichen kann. Es ist nahezu unmöglich, die zeitliche Abfolge zu verstehen oder Realität von Magie zu unterscheiden, doch wer dem Erzähler aufmerksam »lauscht«, entdeckt in diesem Epos all die Schätze und Abgründe unserer wirklichen Welt.

»*Was sie trugen*«, Tim O'Brien (1990)
Ein Trupp Soldaten zieht durch Vietnam. Ein großer Teil der Geschichte konzentriert sich in einer Mischung aus Dokumentation und Poesie auf die »Dinge«, die Soldaten mit sich herumtragen – von Ausrüstungsgegenständen über persönliche Dinge bis hin zu Gefühlen. Zwischen all dem Gepäck denkt ein junger Leutnant über seine Vergangenheit in New Jersey nach und versucht, sich seine Zukunft mit einem Mädchen, das er kaum kennt, vorzustellen. Wenn Sie diese Geschichte gelesen haben, sind Sie, in gewissem Sinn, selbst im Krieg gewesen.

In diesen Werken sind Unterhaltung und Bedeutungsgehalt so meisterhaft verknüpft, dass Sie sie nicht nur aus dem einen Grund lesen könnten, ohne in den Genuss des anderen Nutzens zu kommen. Setzen Sie sich nicht mit dem Anspruch unter Druck, einen Klassiker schreiben zu wollen, sondern stellen Sie sich, wie diese Schriftsteller, der Herausforderung, Ihre Leser in atemlose Spannung zu versetzen und ihnen zusätzlich etwas mitzugeben, das bleibt und nachklingt, wenn sie die letzte Seite gelesen haben. Das nämlich ist es, was uns als Leser wirklich befriedigt.

☞ *Sie sind dran:* Wählen Sie eines Ihrer Lieblingswerke aus. Versuchen Sie, in einem einzigen Satz zu sagen, warum Sie dieses Buch lieben. Dann schreiben Sie auf, mit welchen Methoden der Autor dies nach Ihrer Meinung erreicht hat. Sie brauchen dazu keine Fachtermini, es reicht, wenn die Erklärung für Sie allein verständlich ist. Sie sollen sich mit dieser Übung ausschließlich auf die Magie des Schreibens einstimmen.

Die Saat entdecken

Als Gregor Samsa eines Morgens aus unruhigen Träumen erwachte, fand er sich in seinem Bett zu einem ungeheuren Ungeziefer verwandelt.
Franz Kafka, *Die Verwandlung*

Am Anfang steht die Idee. Ideen sind die Saat, aus der das zarte Pflänzchen einer Geschichte wächst. Es gibt keine Gesetze dafür, wie die Saat beschaffen sein muss. Es kann ein Charakter sein, ein Name, eine Situation, eine Struktur, ein zufällig mitgehörtes Gespräch, ein Schauplatz, ein Thema, sogar ein vages Gefühl.

Als Victor Hugo sich in einen finsteren Winkel der Pariser Kathedrale Notre-Dame verirrte, entdeckte er in Stein gemeißelt das griechische Wort für Verhängnis. Was konnte einen Menschen dazu veranlassen, dieses Wort hier einzugravieren? Vor seinem inneren Auge erschien eine gepeinigte Seele, die sich auf diese Art verewigen wollte. Aus diesem Gedanken entstand sein monumentaler Roman *Der Glöckner von Notre Dame*.

Ideen sind überall zu finden. Ein Schriftsteller muss lernen, die Welt nach einer solchen Saat abzusuchen.

Der wahrscheinlich reichste Ort für Ideen findet sich direkt im Hinterhof des eigenen Lebens. Herman Melville nutzte seine Walfang-Abenteuer für *Moby Dick,* und Philip Roth besitzt mit seiner verrückten jüdischen Familie eine unerschöpfliche Quelle für Geschichten. Auch Sie haben genug Material, das Sie verwenden können. Es gibt wahrscheinlich unzählige Dinge in Ihrem täglichen Leben, die sich – wenn Sie sie genauer analysieren und das Originelle daran entdecken – in gutes Material verwandeln lassen. Ihr Privatleben, Beziehungen, die Arbeit, Hobbys, zufällige Begegnungen. Sicher, Exzentrisches oder Exotisches ist auf den ersten Blick *der* Stoff für packende Geschichten, aber das Normale ebenso – besonders in unserer zeitgenössischen Literatur.

Selbst die kleinen Dinge des Lebens können Ideen auslösen: Sie haben ein technisches Problem mit Ihrem Computer und müssen – Schrecken über Schrecken! – die Hotline anrufen. Telefonhölle: Tasten drücken, endloses Warten, vergebliche Diskussionen mit Computerstimmen, verzweifelte Erklärungen, rasende Wut, die Überlegung, den Rechner aus dem Fenster zu werfen. Aber wissen Sie was? Gerade diese Situation könnte sich in eine Geschichte einbauen lassen. Vielleicht will Ihre Hauptfigur eine wichtige Nachricht schicken, die nur per E-Mail empfangen werden kann, aber ihr Problem mit dem Computer macht es unmöglich. Vielleicht ist dieses Erlebnis auch der Auslöser, der bei Ihrem Charakter einen mittleren Nervenzusammenbruch verursacht. Sie sehen – ein Alltagsgeschehen kann Storyideen hervorbringen.

Flannery O'Connor sagte einmal: »Jeder, der mindestens achtzehn Jahre alt geworden ist, hat für den Rest des Lebens genug Geschichten.« Betrachten Sie die Ereignisse oder Personen aus der Vergangenheit genauer, analysieren Sie Gedanken, die Sie nicht loslassen, wecken Sie die Erinnerung an Dinge, die Sie vergessen zu haben glaubten: Das Mädchen in der dritten Klasse, über das Sie und Ihre Freunde sich immer lustig gemacht haben, bis sie es einmal einsam in der Mensa essen sahen und ihm prompt ein Armband geschenkt haben?

Erforschen Sie Ihre Gedanken. Die philosophischen Ansichten des Fjodor Dostojewski brachten ihn dazu, *Verbrechen und Strafe* zu verfassen (er hatte einige Zeit in einem sibirischen Gefängnis verbracht, was dem letzten Teil des Buches zugute kam). Was lieben Sie? Was hassen Sie? Wenn Sie sich eine Liste von Antworten zu beiden Fragen machen würden, hätten Sie eine ganze Sammlung von Ideen, über die Sie vermutlich mit einiger Leidenschaft schreiben könnten.

Aber die fiktionale Version Ihrer Person muss nicht die ganze Story ausmachen – sie muss nicht einmal Teil davon sein. Wenn Ihre Ideen zu egozentrisch sind, kann Ihr Werk sogar zu einer langweiligen Beschreibung persönlicher Träume werden (obwohl Träume natürlich eine üppige Quelle für Ideen sind). Ein guter Schriftsteller muss seine Umgebung mit einem scharfen Blick beobachten oder, wie Henry James einmal sagte, »die Kraft entwickeln, das Unsichtbare im Sichtbaren zu erraten«. Studieren Sie andere Menschen, stellen Sie sich vor, wer sie sind, wie es wäre, in ihren Schuhen umherzulaufen – und finden Sie heraus, ob es sich um orthopädisches Schuhwerk oder eine Designeranfertigung handelt.

Das Vergnügen, Fiktion zu lesen, beruht auch darauf, dass es uns einen heimlichen Blick auf das Leben anderer gewährt – auf das Leben jener Menschen, die in einem Auto vorüberfahren, an der Supermarktkasse oder im Fernsehen, Menschen, die wir vielleicht niemals kennen lernen. Es ist, als ob wir im Fenster gegenüber plötzlich eine nackte Person entdecken oder im Restaurant einen Streit zwischen zwei Liebenden belauschen. Dieser kurze Blick auf das Leben anderer kann aufregend oder beunruhigend sein, in jedem Fall aber verschafft er uns einen voyeuristischen Genuss. Und es ist tröstend festzustellen, dass andere Menschen ähnliche Probleme oder Laster haben wie wir. In gewisser Weise ist die Literatur eine Bestätigung dafür, dass niemand allein auf der Welt ist.

Lernen Sie, das Besondere, das Andere, das Normale zu sehen und es zu Papier zu bringen. Ihre Beobachtungsgabe und andere sinnliche Wahrnehmungen werden sich gleichzeitig neben Ihrer schriftstellerischen Tätigkeit intensivieren. Die Welt um Sie herum wird lebendiger, vielschichtiger, unterhaltender und bedeutungsvoller werden.

Natürlich können Sie Ihre Ideen auch in Ihrer Tageszeitung suchen. Sehen wir uns einmal die Titelseite an, da steht ein Artikel über den Typen, der diese Hundebilder gemalt hat – das berühmteste zeigt einen Poker spielenden Mops, der seinem Kumpel ein gezinktes Ass rüberschiebt. Diesem Maler wird nicht gerade viel Respekt entgegen gebracht, doch seine Kunst ist vermutlich bekannter als die von Cézanne oder van Gogh. Hier lässt sich garantiert eine Geschichte finden.

Als Nächstes blättere ich im Sportteil. Hier steht eine Story über einen Pitcher, von dem erwartet wird, dass er beim nächsten Spiel dem Schlagmann der anderen Mannschaft eins auf die Rübe gibt, weil dieser Spieler vor zwei Saisons einem Spieler aus der Mannschaft des Pitchers eins auf die Rübe gegeben hat. Doch unser Pitcher will nicht so recht. Was tun? Da haben Sie Ihre Geschichte.

Weiter. Ein Wagen in einer Achterbahn auf irgendeiner Kirmes ist stehen geblieben, sodass mehrere Leute eine Weile kopfüber in der Luft hingen. Ein Lehrer hat seine Klasse mit einem Besen bedroht. Auf der Seite mit den Todesanzeigen – die eines Mannes, der Mitglied in fünf Country-Clubs war. Storys, Storys, Storys.

Wahrscheinlich kennen Sie den alten Rat »Schreib über das, was du kennst«. Dieser Rat ist nicht schlecht, aber er schränkt Ihre Auswahl zu sehr ein. Wenn Sie über ein Topmodel schreiben wollen, das sich während eines Foto-Shootings in der Antarktis mit einem lahmen Pinguin anfreundet, dann tun Sie es, auch wenn dieses Thema keinerlei Parallelen zu Ihrem eigenen Leben hat. Sie werden vermutlich über Models, Pinguine und den Südpol recherchieren müssen, aber es könnte spannend sein. Und ich würde wetten, dass Sie, selbst wenn Sie über etwas schreiben, dass Ihnen vollkommen fremd ist, immer noch irgendwie Ihr eigenes Leben miteinbeziehen. Die Färbung, die Gefühle, der Blickwinkel werden Ihre eigenen sein. Vielleicht sollte es besser heißen: »Schreib über das, was dein Interesse weckt.«

Scheuen Sie nicht vor einer unkonventionellen Idee zurück. Einer unserer Dozenten, Jess Row, hatte sich in das Thema Echolotung verbissen, jenes Ortungssystem, mit dem sich Fledermäuse auf ihrem Flug orientieren. Obwohl Jess eigentlich nichts über Echolotung wusste, gefiel ihm der Gedanke. Er stellte sich ein Mädchen vor, das dieses Fledermaustalent zu besitzen glaubt und damit nach der Seele seiner verstorbenen Mutter sucht. Aus dieser bizarren Idee entstand Jess Rows hoch gelobte Erzählung »Das Geheimnis der Fledermäuse«.

Geschichte ist eine reichhaltige Ideenquelle. Toni Morrison hörte von einer Sklavin, die ihr Kind tötete, damit es nicht ebenfalls versklavt wurde. Aus diesem schrecklichen Vorfall entstand Morrisons *Menschenkind*. Salman Rushdie ließ sich von der Geschichte Indiens zu *Mitternachtskinder* inspirieren; der Protagonist wird geboren, als sich Indien vom Kolonialismus befreit.

Nehmen Sie daher nicht nur die Welt in sich auf, die Sie unmittelbar umgibt, sondern auch jene, für die Sie in vergangene Zeiten oder an den Rand des Universums reisen müssen.

Ideen sind überall zu finden, und es gibt buchstäblich keine Einschränkung der Themen, über die Sie schreiben können.

☞ *Sie sind dran:* Schreiben Sie zehn Dinge auf, die Ihnen als Story-Ideen dienen können. Denken Sie dafür an die vergangene Woche zurück – an Menschen, die Ihnen begegnet sind, an Ereignisse, Vorfälle, Gedanken, Situationen. Nichts ist zu groß, zu klein, zu kosmisch oder mikroskopisch. Wählen Sie aus Ihrer Liste das Stichwort, das Ihnen am vielversprechendsten erscheint. Wahrscheinlich werden Sie instinktiv spüren, welche die richtige Idee ist. Überlegen Sie anschließend, wie sich diese Idee in eine Geschichte verwandeln lässt – Sie sollten mehrere Möglichkeiten finden. Ob daraus ein Meisterwerk entsteht? Vielleicht, vielleicht auch nicht. Wichtig ist im Augenblick nur, dass Sie erkennen, wie vielschichtig Ideen sein können.

Wenn Sie einmal begonnen haben, Ihre Welt mit den Augen eines Schriftstellers wahrzunehmen, wird sich das Problem, »Ich habe überhaupt keine gute Idee«, verlagern zu: »Ich habe so viele tolle Ideen, dass mein Leben nicht ausreicht, um Sie alle aufzuschreiben.« Ist das nicht ein herrliches Problem?
Aber woher wissen Sie, dass Sie die richtige Idee haben, diese eine Idee, die es wert ist, weiterverfolgt zu werden? Sie *werden* es wissen! Wenn Sie in einer Großstadt leben, kennen Sie folgende Situation: In der Bahn sitzt Ihnen ein Typ gegenüber, der Blick gehetzt, die Kleidung abgerissen, ein Mensch auf dem Weg nach Nirgendwo. Sie vermeiden jeden Augenkontakt, denn sobald Sie ihn ansehen, wird er dies als Aufforderung nehmen und sich in einen wortreichen Diskurs über Batman oder eine internationale Verschwörung ergehen, und diese Predigt wird sich *mit* oder *ohne* Ihre Beteiligung so lange hinziehen, bis Sie endlich aussteigen dürfen. Ideen sind wie eine solche Person. Wenn die richtige Idee in Ihren

Kopf eindringt, wird sie sich laut und beharrlich bemerkbar machen. Vielleicht erkennen Sie sie sofort, vielleicht muss sie erst ein paar Tage Lärm machen, aber Sie werden ganz sicher wissen, wenn sie bei Ihnen angekommen ist.

Eine einzige große Idee macht natürlich noch keinen Roman. Ein literarisches Werk besteht aus einer Sammlung vieler Ideen. *Der Glöckner von Notre Dame* mag durch ein einziges Wort inspiriert worden sein, aber Hugo ist es gelungen, daraus fünfhundert Seiten zu machen. Er entwickelte einen gutherzigen Buckligen, ein Zigeunermädchen mit Ziege, ein Reich der Gauner und Diebe, eine aufgebrachte Menge, die die Kathedrale stürmen will … und eine ganze Reihe anderer Ideen, die er geschickt zu einem vielfarbigen Wandteppich verwob.

Vergessen Sie nicht, die Ideen stets aufzuschreiben. Die meisten Schriftsteller gehen selten ohne Notizbuch oder einen Organizer aus dem Haus. Die großen Ideen mögen sich in Ihrem Kopf festsetzen, aber wenn Sie einmal auf »Suche« eingestimmt sind, werden andere Ideen wie Popcorn in Ihrem Bewusstsein aufplatzen, und es ist unmöglich, sich alle zu merken. Was Sie in Ihr Notizbuch schreiben, muss nicht zusammenhängend sein, und Sie werden kaum alles davon verwenden können, aber früher oder später werden Ihnen diese Notizen sehr nützlich sein.

Und nun noch eine Warnung: Beschränken Sie Ihre Geschichte nicht auf Fakten, nicht auf das, was Sie tatsächlich gesehen, erlebt oder empfunden haben; stellen Sie keine Tatsachen dar. Das wahre Leben erzählt keine guten Geschichten; Fiktion aber sollte es tun, selbst wenn die Geschichte vollkommen real *wirkt*. Angehende Schriftsteller halten sich oft zu streng an die Fakten, wodurch ihre Werke häufig etwas flach oder sogar langweilig werden. (Es stimmt schon – Memoiren können sehr spannend sein, aber man liest Memoiren auch mit einer ganz anderen Erwartungshaltung als Romane oder Kurzgeschichten.)

Lorrie Moores »Es gibt nur solche Leute hier« ist eine Geschichte mit autobiografischem Inhalt. Es geht um eine Mutter, die ihr Kind durch eine schreckliche Krankheit begleitet. Die Erlebnisse aus dem wahren Leben waren emotional genug, aber Moore beließ es nicht bei den Fakten (obwohl die Hauptfigur eine Schriftstellerin ist), sondern erfand die Story neu. Hätte sie dies nicht getan, hätte die Geschichte vermutlich nicht diese Gestalt, die Spannung, die Klarheit, die Ironie und den Humor (ja, Humor) besessen, die sie so unvergesslich machen.

Der Schriftsteller muss den Boden mit Fantasie wässern, bis die Geschichte den maximalen Gehalt an Unterhaltung und/oder Bedeutung enthält. Das Ziel ist, eine Geschichte zu schreiben, die einen fremden Leser begeistern kann (obwohl viele Autoren es hilfreich finden, sich diesen Fremden als eine ihnen bekannte Person vorzustellen). Der Fremde, der Ihr Werk liest, interessiert sich nicht für Ihr Leben oder Ihre Beobachtungen. Kein bisschen. Was dieser Fremde will, ist eine gute Geschichte, die großartig erzählt wird.

Aber verzichten Sie mit den Fakten nicht auch auf Ehrlichkeit? Keinesfalls. Die Wahrheit in Ihrer Idee wird nicht dadurch abgeschwächt, dass Sie das wahre Leben in Fantasie verwandeln. Im Gegenteil: Sie heben sie hervor. Im wahren Leben geschehen ständig so viele Dinge gleichzeitig, dass man die Einzelheiten nur selten scharf erkennen kann. Kunst aber bedeutet Konzentration auf das Wesentliche.

Eine Theorie, 1. Versuch:
Zurück zu der Frage, warum wir schreiben. Die Antwort könnte lauten: Wir wollen uns und unsere Welt begreifen. Der Schriftsteller nimmt ein Fragment der Wirklichkeit und untersucht es aus verschiedenen Blickwinkeln, bis er zumindest eine Art von Sinn entdeckt. Indem wir das Leben durch das Brennglas der Literatur bündeln, werden Wahrheiten enthüllt, verdeutlicht, verstanden. Aus Chaos entsteht Ordnung. Es ist wie eine Therapie, nur dass es Spaß macht und nicht so kostspielig ist ... und vielleicht sogar wirkungsvoller.

Tun Sie es

Wenn ich gewusst hätte, was für'n Ärger es ist, 'n Buch zu machen, hätt' ich mich davor gehütet, und ich werd's bestimmt nich' wieder tun.

Mark Twain, *Die Abenteuer des Huckleberry Finn*

Irgendwann glaubt jeder, er hätte eine Geschichte zu erzählen. Wie Sie jetzt erkannt haben, ist an Ideen leicht heranzukommen. Aber nur wenigen Menschen gelingt es, ihre Geschichte tatsächlich zu Papier zu bringen, noch weniger Menschen halten mehrere Fassungen durch, und die allerwenigsten veröffentlichen mehr als eine Geschichte.

Damit ein literarisches Werk entsteht, muss es geschrieben werden. Damit es gut wird, muss viel Arbeit und Mühe in dieses Werk investiert werden. Wenn Sie ein guter Schriftsteller werden wollen und sich entscheiden können zwischen »brillant, aber faul« und »etwas ratlos, aber motiviert«, dann wählen Sie lieber die zweite Option. Denn damit haben Sie eine größere Chance. Selbstverständlich spielen dabei auch Kreativität, Inspiration und Talent eine Rolle, aber all das nützt Ihnen nichts, wenn Sie nicht arbeiten können.

Die beste Methode, zu einem guten Schriftsteller zu werden, ist schreiben, schreiben und nochmals schreiben. Schreiben Sie viel, denn Sie können nur besser werden. Beobachten Sie ein Kind, das ein schnelles Geschicklichkeitsspiel auf dem PC spielt. Sie könnten niemals so gut darin werden, weil Sie keine Geduld hätten, sich so viele Stunden damit zu beschäftigen. Gehen Sie zum See und versuchen Sie, Steine über das Wasser springen zu lassen. Tun Sie es ein paar Stunden lang, und ich garantiere Ihnen, Sie werden es zu einiger Meisterschaft darin bringen. Durch häufige, intensive Schreibübungen habe ich mich vom schlechtesten Schreiberling, den es je gegeben hat, zu jemandem gewandelt, der hin und wieder etwas hervorbringt, das es wert ist, gelesen zu werden. Die meisten guten Schriftsteller, die mir bekannt sind, werden es bestätigen: Übung macht den Meister.

Oft werden Sie gar nicht merken, wie und in welchen Bereichen Sie sich verbessert haben. Aber eines Tages – nach Monaten oder sogar Jahren – wird es Ihnen plötzlich so vorkommen, als ob jemand einen Schalter umgelegt hätte und Sie von einer Sekunde zur anderen von einem schlechten zu einem guten Autor geworden sind. Sie werden souverän losfahren und instinktiv wissen, wo Sie abbiegen, wann Sie herunterschalten oder wann Sie Gas geben müssen. Diese Erfahrung ist es wert, dass man auf sie wartet.

Wenn Sie es mit Ihrem Wunsch zu schreiben ernst meinen, sollten Sie feste Arbeitszeiten einplanen, und das möglichst an den meisten Tagen der Woche. Wenn Sie nur zu Zeiten schreiben, in denen Sie gerade Lust und Zeit haben, ist es sehr wahrscheinlich, dass nichts daraus wird. Manche Schriftsteller bevorzugen den Tagesanbruch, andere schwören auf Nachtschicht. Finden Sie heraus, zu welcher Zeit Ihnen das Schreiben am leichtesten von der Hand geht.

Bringen Sie sich (und die Menschen in Ihrem Leben) dazu, Ihre Schreibzeit zu respektieren. Es ist sogar wichtiger, diese Zeiten einzuhalten, als *in* dieser Zeit etwas Tolles zu Papier zu bringen. Wenn Sie fünf Stunden arbeiten und am Ende nichts zustande gebracht haben, haben Sie dennoch Ihr Soll erfüllt. (Kreatives Schreiben ist eben nicht wie andere Jobs!) Durch regelmäßiges Schreiben entwickeln Sie eine Disziplin, die zu Ihrer Stärke wird. Irgendwann *werden* Sie Fortschritte machen. Manche Autoren messen ihr Schreibziel in Seiten, nicht Stunden, aber wenn Sie nicht gerade ein Mensch mit sehr viel Freizeit sind, sollten Sie sich diesem Druck nicht aussetzen.

Suchen Sie sich einen Ort, an dem Sie gerne schreiben. Machen Sie sich keine Sorgen, wenn Sie kein Arbeitszimmer haben, dessen Terrassentüren sich zum Strand hin öffnen. Ein Küchentisch oder Ihr Bett reicht vollkommen. Viele Schriftsteller ziehen die Einsamkeit vor, manche können aber auch in der Öffentlichkeit schreiben. Ich kenne einen Schriftsteller, der den Ecktisch eines Bistros zu seinem Büro macht. Dort arbeitet er den ganzen Tag. Er empfängt sogar Besuch in diesem Café. Man lässt ihn – obwohl er nicht einmal viel bestellt.

Regelmäßige Arbeit und ein fester Ort zum Schreiben scheinen für die meisten Autoren eine Grundvoraussetzung zu sein. Andererseits behauptet Joyce Carol Oates, sie habe keinerlei feste Gewohnheiten – und doch ist sie außerordentlich produktiv. Tun Sie, was Sie wollen – das Wichtigste ist, Sie finden für sich selbst die besten Bedingungen.

☞ *Sie sind dran:* Entwerfen Sie einen Zeitplan für eine Woche, der mindestens fünf Stunden Schreibzeit enthalten sollte. Schreiben Sie an jedem Tag, den Sie sich aussuchen, mindestens eine Stunde. Nach diesem Plan arbeiten Sie nun die ganze Woche an einer Geschichte oder einem Roman. (Falls Sie bereits eine Geschichte begonnen haben, nehmen Sie die. Wenn Sie noch eine Idee brauchen, finden Sie in diesem Buch viele Anregungen.) Über die Qualität sollten Sie sich zunächst keine Gedanken machen – es geht darum, sich an einen Zeitplan zu halten, nicht ein Meisterwerk zu verfassen. Nach dieser Woche analysieren Sie, wie Sie mit dem Zeitplan zurechtgekommen sind. Sind Sie der Meinung, er entspräche nicht Ihren Bedürfnissen, passen Sie ihn an. Und wenn Sie glauben, mit Ihrer Disziplin stimme etwas nicht, passen Sie sich an.

Die Schreibzeit lässt sich in zwei Bereiche einteilen; ich nenne sie in Anlehnung an Hard- und Software, »hard time« und »soft time«. Die harte Zeit bezieht sich auf das »Schreiben«: am Computer, an der Schreibmaschine, auf dem Block. Selbstverständlich müssen Sie viel Zeit investieren, denn nur so kann ein gutes Werk entstehen. Mit »weicher Zeit« meine ich Zeit, in der Sie nicht wirklich schreiben, sondern über Ihr Vorhaben oder das bereits Geschriebene nachdenken. Das können Sie überall – beim Spaziergang mit dem Hund, in der Bahn, während Sie im Casino Geld verlieren. Das Nachdenken ist ein wichtiger Teil der Arbeit eines Schriftstellers.

Als ich anfing zu schreiben, saß ich oft da und starrte auf die leere Seite, bis mir der Kopf zu platzen drohte. Ich war der Meinung dies sei die Methode, wie große Schriftsteller große Werke schrieben. Ja, es war eine Quälerei, aber ich hatte ein gewisses masochistisches Vergnügen daran. Als ich begann, professionell zu arbeiten, und besser wurde, änderte ich meine Technik. Schon im Frühstadium eines Projekts verbrachte ich mehr (weiche) Zeit mit Gedankenarbeit. Manchmal recherchierte ich zum Thema, manchmal sprach ich mit anderen Leuten über meine Idee, ließ sie reifen, machte mir Notizen, schrieb vielleicht hier ein Fragment und da einen Abschnitt. Nach einer Weile hatte ich eine Fülle neuer Ideen zu meiner Geschichte. Und dann … verbrachte ich mit all meinen Notizen und Gedanken eine harte Zeit. Die Arbeit ging mir relativ flüssig von der Hand. Und sie wurde besser. Außerdem hatte ich seltener Kopfschmerzen.

Ich empfehle die weiche Zeit auch immer dann, wenn ein Autor nicht weiterkommt. Wenn Sie es absolut nicht schaffen, für Ihre Geschichte eine Auflösung zu finden oder den Fremden in der finsteren Gasse zu beschreiben, dann quälen Sie sich nicht. Machen Sie etwas anderes; das Problem ist immer in Ihrem Hinterkopf präsent. Oder nehmen Sie sich eine Auszeit von Ihrer Arbeit. Statt verzweifelt das Problem zu wälzen und sich auf der Suche nach der Lösung zu martern, lassen Sie die Lösung zu sich kommen. Wie eine entlaufene Katze, die Hunger bekommt, wird die Lösung sich einfinden, wenn sie dazu bereit ist.

Vor dem Einschlafen ist vielleicht die beste Zeit, um die Gedanken wandern zu lassen. Während Sie langsam und sanft in den Schlaf abdriften, lassen Sie sich verschiedene Aspekte Ihrer Arbeit oder etwas, das Ihnen Schwierigkeiten bereitet, noch einmal durch den Kopf gehen. Sie werden staunen, welch brillante Ideen sich in derart entspannten Momenten einstellen. Sie sollten immer Stift und Block neben Ihrem Bett liegen haben, und Sie sollten sich dazu zwingen, die Gedanken augenblicklich niederzuschreiben; andernfalls gehen sie allzu leicht im Nebel der Träume verloren. Manchmal ist ein Gedanke so inspirierend, dass Sie mit einem Schlag hellwach sind und schreiben müssen.

Machen Sie sich außerdem bewusst, dass in jedem Menschen zwei Schriftsteller-Persönlichkeiten stecken. Da ist der Freigeist, der wehende Kleider trägt, gerne meditiert und den Kindern niemals verbietet, die Wände voll zu kritzeln. Der Freigeist schreibt wann und was er will und kümmert sich nicht um die Meinung anderer. Und der andere, der strenge Lektor, der im gestärkten Hemd und mit exakt gebundener Krawatte unter dem zweireihigen Jackett gnadenlose Kritik übt. Er wettert gegen jedes Wort, das nicht unbedingt nötig ist, und kann, was Logik und Grammatik angeht, entsetzlich pedantisch sein – ähnlich wie Peter Selgin, dem Sie im Kapitel »Überarbeitung« begegnen werden. Beide sind für den Erfolg eines Werkes unverzichtbar. Aber sie mögen sich nicht besonders, sodass Sie sie besser nicht zusammenbringen.

Im Anfangsstadium Ihrer Arbeit sollten Sie den strengen Lektor aus Ihrem Arbeitszimmer verbannen und den Freigeist im Chaos regieren lassen. Dabei entsteht sehr viel Bruchstückhaftes, Unzusammenhängendes und sehr viel Geschwafel, aber Sie zapfen den tiefen Brunnen Ihres Unbewussten an, in dem die Gedanken sowohl weise als auch kindlich sind. Holen Sie heraus, was Sie brauchen. Viele Schriftsteller schwören auf die Methode des »freien Schreibens« (auch freies Assoziieren genannt), bei der man schreiben darf, was immer man will, solange man nicht den Stift vom Papier oder die Finger von der Tastatur nimmt. Der Freigeist liebt diese Methode. Und sie ist außerdem ein hervorragendes Mittel, um sich aus einer Schreibblockade zu lösen, wenn man festhängt und nicht weiter weiß. Früher oder später wird dabei etwas Brauchbares herauskommen.

☞ *Sie sind dran:* Schreiben Sie den folgenden Eröffnungssatz: *Sam war sich nicht sicher, ob es ein gutes Zeichen oder das Zeichen einer kommenden Katastrophe war, aber er wusste* ... hier schreiben Sie weiter. Schreiben Sie, was immer Ihnen dazu einfällt, ohne lange darüber nachzudenken oder innezuhalten. Sie sollten mindestens fünf Minuten oder auch länger schreiben. Niemand außer Ihnen wird es lesen, Sie dürfen absoluten Unsinn schreiben. Hauptsache Sie erleben, wie es sich anfühlt, wenn man die Selbstkontrolle aufgibt und allein den Gedankenströmen folgt.

Irgendwann, nachdem Sie die Erstfassung Ihrer Geschichte vollständig auf Papier gebracht haben, schicken Sie Ihren Freigeist auf ein Tässchen Yogitee hinaus und laden den strengen Lektor mit seinem Satz akkurat gespitzter Bleistifte ein. Oh ja, er wird Sie zwingen, zu kürzen, zu streichen, zu korrigieren und ein paar schwierige Fragen zu beantworten, aber hören Sie ihm dennoch aufmerksam zu, denn Ihre künftigen Leser werden zumindest ebenso viel verlangen wie er. Danach können Sie die beiden Seiten Ihrer Psyche abwechselnd zu Wort kommen lassen und jede einzeln zu sich bitten, wenn Sie sie brauchen. Gegen Ende des Arbeitsprozesses sollten Sie sich ganz den eisernen Regeln des strengen Lektors unterwerfen – während der Freigeist über die Wildblumenwiese tanzt und hoffentlich die nächste großartige Idee entdeckt.

Eine Theorie, 2. Versuch:
Möglicherweise hat Schreiben viel mit jener Art von persönlicher Herausforderung zu tun, der wir uns zum Ausgleich für die Alltagsroutine stellen – wie Golf spielen oder Bergsteigen. Solche Aktivitäten sind befriedigend, weil sie uns fordern und nicht so leicht zu bewältigen sind. Sie wecken unser inneres Potenzial und lassen uns unsere Kräfte spüren. Schreiben ist eine der befriedigendsten persönlichen Herausforderungen, weil es uns grenzenlos Raum zum Wachsen gibt und man nie zu jung oder zu alt ist, um damit anzufangen.

Könnte das der Grund sein, warum wir schreiben? Vielleicht, andererseits kenne ich viele Autoren, die behaupten, dass nicht das Schreiben sie glücklich macht, sondern erst das fertige Ergebnis. Sie würden lieber alles andere tun, als sich wieder an die Arbeit machen zu müssen. Wie passt die Theorie zu diesen Autoren?

Gewusst wie

Wenn ich meinen Prügel hätte erreichen können, hätte ich ihm die Eingeweide weggepustet.
Mickey Spillane, *Die schwarzen Nächte von Manhattan*

Fassen wir zusammen, wie weit wir bisher gekommen sind. Viel versprechende Ideen + harte Arbeit = belletristisches Werk. Na ja, nicht ganz. Etwas fehlt noch.

Um eine Geschichte gut zu erzählen, müssen Sie das Handwerk beherrschen. Mit Handwerk sind die Techniken gemeint, die man für jede Art des Schreibens braucht und die von Autoren überall auf der Welt erprobt und für gut befunden worden sind.

Das Handwerk ist viel wichtiger, als den meisten Menschen klar ist. Sicher – jeder kann eine Geschichte schreiben. Aber Erfahrungen und Wissen sind Voraussetzung, wenn man eine *gute* Geschichte schreiben will – eine, die es wert ist, gelesen zu werden. Sie könnten auch ohne Tischlerkenntnisse einen Stuhl bauen, weil Sie wissen, wie ein Stuhl aussehen muss. Sie könnten das Holz zurechtsägen, die Teile zusammenhämmern und hätten am Ende einen Stuhl. Wahrscheinlich aber würde er wackelig, unansehnlich und instabil sein. Verkaufen können Sie das Ding jedenfalls nicht. Und dasselbe gilt auch für die Literatur.

Lernen Sie die Grundlagen der Schreibtechnik. Die »Regeln« des Handwerks sind nicht von einer Person allein aufgestellt worden, sondern im Laufe der Zeit erprobt und angewandt worden. Es hat sich herausgestellt, dass man nach bestimmten Leitlinien Geschichten stärker und eindrucksvoller machen kann, auch wenn sie nicht auf den ersten Blick sichtbar sind, etwa so wie sich irgendwann gezeigt hat, dass eine Zapfenverbindung einen Stuhl stabiler macht.

Stellen Sie sich vor, Sie lernen, dass zeigen besser als erzählen ist. (*Zeigen, nicht erzählen* ist eine Art Literaturmantra – vergleichbar etwa mit der Popularität des Zimmermannsspruchs: *Zweimal messen, einmal schneiden).* Deshalb kehren Sie zu der Geschichte zurück, an der Sie gerade arbeiten und ersetzen den Satz »Kati war eine unehrliche Frau« durch eine Szene, in der Kati unehrlich handelt. Vielleicht stellt Kati fest, dass die Kassiererin ihr zehn Dollar zu viel zurückgegeben hat, und steckt den Schein nun wortlos, aber zufrieden ein. Wahrscheinlich werden Sie dem Leser diesen Charakterzug dramatisch präsentieren, so dass ihm Katis Schwäche nachhaltig in Erinnerung bleibt. Wenn ihre Unehrlichkeit dann später in der Geschichte erwähnt wird, sind wir besser darauf vorbereitet. Und indem Sie diese Regel befolgen, haben Sie schon ein wenig von Ihrem Handwerk gelernt. Wer es beherrscht, schreibt die besseren Bücher.

Außerdem kann handwerkliche Kenntnis Ihre Arbeit als Autor vereinfachen. Wenn Sie Ihr Handwerk gelernt haben, schweifen Sie nicht so oft ab und müssen nicht darauf warten, zufällig über etwas Großes zu stolpern.

Ich höre schon, was Sie denken. Sie haben keine Lust, ausgetretene Pfade zu betreten. Sie sind ein Rebell, der nur darauf wartet, mit violetter Tinte neues Terrain zu erobern. Schön für Sie. Aber – Regeln kann man effektiver brechen, wenn man sie kennt. Nehmen Sie Frank Lloyd Wright. Er revolutionierte die Architektur, indem er Häuser und Plätze entwarf, die sich so harmonisch in ihre natürliche Umgebung einfügten, als wären sie immer schon da gewesen. (Er diente auch als Modell für den Architekten in Ayn Rands *Der ewige Quell*). Dennoch kannte er die handwerklichen Prinzipien seiner Gilde. Und deshalb blieb das Imperial Hotel in Tokio als eines der wenigen Gebäude im großen Erdbeben von 1923 stehen.

Regeln sind dazu da, gebrochen zu werden. Wenn Sie sich zu strikt und unnachgiebig an die Regeln halten, riskieren Sie, am Ende ein Werk zu haben, das eher einem Meisterstück der Schreibtheorie gleicht als einem lebendigen, kraftvollen Kunstwerk. Große Schriftsteller übertreten gerne ein paar Gesetze, und je besser der Schriftsteller umso größer der Regelbruch. James Joyce ließ die Prosa wilder sprudeln und höher aufsteigen, als je ein Autor es gewagt hatte. Ernest Hemingway warf alles, was er als Bockmist bezeichnete, aus seinen Werken heraus und machte damit die Prosa schlichter, als man je für möglich gehalten hätte.

Mein Kollege Brian Dillon gibt seinen Studenten am ersten Kurstag gerne fünf verschiedenfarbige Bonbons. Jedes Bonbon stellt ein anderes Element des Handwerks dar: Rot / Charakter, Schwarz / Plot, Grün / Dialog, Orange / Perspektive, Gelb / Thema. Nachdem er den Zuhörern erklärt hat, welche Farbe er welchem Element zuordnet, fordert er sie auf, ihre Süßigkeiten zu essen. Diese literarische Version des Eucharistie-Kultes ist gar nicht so dumm. Der Lehrer bringt seine Studenten auf diese Art dazu, die Elemente des Handwerks zu verschlingen, zu verdauen und zu verinnerlichen.

Dieses Buch wird sich zum größten Teil auf das Handwerk des Schreibens konzentrieren. Wenn Sie es ein- oder zweimal gelesen haben (und unsere kleinen, netten Übungen gemacht haben), haben Sie sich mit den Hauptelementen unserer Kunst zumindest vertraut gemacht. Und noch etwas – dieses Buch ist nicht das einzige Mittel, mit dem Sie lernen können, belletristische Werke zu schreiben.

1920 zum Beispiel gab es nur sehr wenige Bücher zum Handwerk des Schreibens, und es gab buchstäblich keinen Kurs, Lehrgang und kein Studienfach, das sich dem kreativen Schreiben widmete. Wie also konnten James Joyce, Thomas Mann, Willa Carter, F. Scott Fitzgerald, Ernest Hemingway und Gertrude Stein, die alle zu dieser Zeit schrieben, ihr Handwerk lernen? Nun – sie lasen. Sie lasen viel und sie analysierten, was sie gelesen hatten, in allen Einzelheiten. Außerdem diskutierten sie mit anderen Autoren über das Gelesene, und sie taten es gerne in ziemlich saloppen Pariser Etablissements, was ebenfalls eine sehr sinnvolle Beschäftigung ist.

Maler lernen, indem sie die Meister studieren, Schriftsteller sollten dasselbe tun. Wenn Sie wissen wollen, wie Sie eine Geschichte mit dem Schmutz und der Essenz des Schauplatzes tränken, lesen Sie William Faulkners *Schall und Wahn*. Wenn Sie sehen wollen, wie man die Wahrnehmung durch die Wahl des Blickwinkels manipulieren kann, lesen Sie Henry James' *Das Durchdrehen der Schraube*. Wenn Sie verstehen wollen, wie man das Alltagsleben in die ansteigende Handlung eines Plots verwandelt, lesen Sie Raymond Carvers »Kathedrale«.

Lesen Sie viel und lassen Sie sich auf Abenteuer ein. Man kann nie wissen, wo sich etwas Nützliches findet. Natürlich sollten Sie die Großen der Literatur lesen, aber zögern Sie nicht, sich auch Werke der leichteren Literatur vorzunehmen, selbst wenn Ihr Professor die Nase rümpft. Mickey Spillane, Erfinder der Mike-Hammer-Romane, verfügte vielleicht nicht über die Kunstfertigkeit einer Edith Wharton, aber sein Handwerk hat er zweifellos trotzdem verstanden.

Wenn Sie eine Geschichte lesen, die Sie im Grunde kalt lässt, sollten Sie sich fragen, warum das so ist. Was fehlt? Ist der Plot nicht plausibel? Finden Sie das Thema belanglos? Wirken die Beschreibungen aufgesetzt? Manchmal lernt man eine Menge aus einer Geschichte, die man nicht mag.

Vertrauen Sie Ihrem eigenen Geschmack. Wie Duke Ellington schon über Musik sagte: »Wenn es gut klingt, *ist* es gut.« Schreiben Sie etwas, das Sie selbst gerne lesen würden. Finden Sie heraus, warum Sie mögen, was Sie mögen, und probieren Sie einige der Techniken aus, die Sie dorthin führen können. Den eigenen Vorlieben zu folgen, ist eine gute Methode, das Echte, Originelle in sich hervorzubringen – solange Sie zwischen Nacheifern und Imitieren unterscheiden.

☞ *Sie sind dran:* Nehmen Sie ein Werk Ihres Lieblingsautors zur Hand und suchen Sie darin einen Abschnitt, der Ihnen besonders gut gefällt. Schreiben Sie etwa eine Seite wortwörtlich daraus ab, nur um zu spüren, wie man diese besondere Wort- und Satzkombinationen schreibt. Vielleicht verstehen Sie sogar, *wie* der Autor zu diesem Abschnitt gelangt ist. In jedem Fall aber werden Sie erfahren, dass alle es auf die gleiche Art machen ... nämlich indem sie ein Wort nach dem anderen schreiben.

Wenn Sie das Handwerk des Schreibens lernen, schaffen Sie die Grundlage zu dem, was Sie bei Ihren Lieblingsschriftstellern bewundern: Die Leser durch das, was Sie geschrieben haben, in den Bann zu ziehen. Allein mit Ihrer Fantasie werden Sie Geschichten schreiben, die prickeln, quälen, faszinieren, informieren, unterhalten und Ihre Leser möglicherweise sogar *verändern*. Allein mit Worten. Mit *Ihren* Worten.

Eine Theorie, 3. Versuch:
Vielleicht ist das der wahre Grund, warum wir schreiben wollen: Die Befriedigung, etwas zu erschaffen, das unzählige Leser erobert oder solche Macht hat, dass man damit – wie Scheherezade in *1001 Nacht* – einen Mörder in einen sanftmütigen Ehemann verwandeln könnte. Wer weiß, was außerdem noch hinzukommt – Prestige, Bewunderung, Ruhm, Geld, Sex, Reisen, die lang ersehnte Anerkennung unserer Eltern. Und da wir gerade so selbstbezogen werden: Ein erstklassiges Werk aus eigener Hand kann uns dem Unmöglichen näher bringen, dem, wonach wir alle streben: Unsterblichkeit!

Und hier die Antwort!

Der dritte Versuch einer Lösung hat eine Schwäche, denn es gibt auch Menschen, die schreiben, ohne ihre Texte jemals einem anderen Menschen zu zeigen – und oft sind sie vollkommen zufrieden damit. Ich habe zwar ein paar hübsche Theorien aufgestellt, die in mancher Hinsicht zutreffen, die aber doch nicht allgemein erklären, warum so viele Menschen auf der Welt das Bedürfnis haben, Geschichten zu schreiben.

In der Hoffnung, eine allgemein gültige Antwort herauszufiltern, fragte ich daher ein paar unserer Studenten und Dozenten, warum sie schreiben. Hier einige Aussagen:

Ich mag weißes Papier.

Um interessante Leute kennen zu lernen.

Schreiben versetzt mich in eine Welt, die noch nicht beschrieben worden ist.

Ich denke sehr viel über Liebe und Tod nach.

Wenn ich schreibe, bin ich vollkommen glücklich.

Um den Leser seinen eigenen Herzschlag spüren zu lassen, um ihn das hören zu lassen, was uns leise, aber beharrlich zuflüstert, dass wir am Leben sind.

Wenn es mir gelingt, seitenweise Schrott in ein kleines Kunstwerk zu verwandeln, fühle ich mich großartig.

Wenn ich schreibe, fühle ich mich wie ein Kind; ich spiele mit Wörtern, wie Kinder mit Holzklötzchen oder Ästen oder mit Matsch spielen.

Schreiben gibt mir das Gefühl, Gott zu sein; auf jeder neuen Seite kann ich erschaffen oder vernichten, nach meinem Willen.

Durchs Schreiben habe ich ein Alibi, meinem Nachbarn hinterherzuschnüffeln.

Weil ich selber gerne besondere Geschichten höre und lese.

Es ist die einzige gesellschaftlich akzeptierte Methode, anderen Lügen aufzutischen.

Ich möchte mich von der Vergangenheit befreien.

Um zu entdecken, auszudrücken, zu ehren, anzuerkennen, festzuhalten und zu begreifen, wer ich bin.

Ich kann herausfinden, was hätte passieren können, was hätte passieren sollen und was ich befürchte, dass passieren würde. Es ist eine Methode, Fragen zu stellen, obwohl die Antworten so rätselhaft wie Runen sein können.

Diese Frage macht mich wahnsinnig.

Es gibt einfach nichts, was ich lieber täte.

Meine Seele kann nicht eher ruhen, bis die Worte zu Papier gebracht worden sind.

Weil ich es kann.

Weil ich muss.

Ich kann es nicht.

Wenn ich's nicht tue, platze ich.

Ich möchte irgendwas gut können und hab schon alles andere versucht.

Mit anderen Worten: Es gibt keine allgemeingültige Antwort auf die Frage, warum wir Geschichten schreiben wollen. Die Motive sind so vielschichtig und rätselhaft wie alles, was Menschen bewegt, und wenn es nicht so wäre, bräuchten wir vielleicht gar keine Geschichten schreiben oder lesen.

2. KAPITEL

Figuren: Charaktere, die Schatten werfen

Brandi Reissenweber

Als ich einmal in der Kinderabteilung eines Krankenhauses Stunden für kreatives Schreiben gab, begegnete mir eine Dreizehnjährige, die seit ihrem zweiten Lebensjahr immer wieder lange Zeit im Krankenhaus hatte verbringen müssen. Sie hatte einen scharfen Verstand und enorm viel Witz, aber es gelang mir nicht, sie zum Schreiben zu überreden. Nicht einmal das interessanteste Projekt oder Thema konnte sie reizen! Sie saß in einer Ecke des Aufenthaltsraumes und beobachtete mich und meine »Schüler«, aber sobald ich auf sie zukam und sie zum Mitmachen aufforderte, sagte sie, sie habe keine Lust und wir wären hier schließlich nicht in der Schule.

Eines Tages entdeckte ich sie mit einem Buch in ihrem Zimmer. Ich setzte mich zu ihr und bat sie, mir vorzulesen, was sie auch tat. Es stellte sich heraus, dass sie Bücher liebte, und wir unterhielten uns über unsere Lieblingsgeschichten. Schließlich stellte ich ihr eine Frage, die ich für sehr einfach zu beantworten hielt: »Warum liest du so gerne?«

Sie schaute mich an, kratzte sich am Kopf und schlug ihr Buch wieder auf. Als ich sah, wie ihr Blick über die Zeilen glitt, war ich sicher, dass sie mir nicht antworten wollte. Doch nach einer Weile blickte sie wieder auf. »Weil ich eine Menge total unterschiedlicher Leute kennen lerne«, sagte sie.

Schließlich schrieben wir beide zusammen eine Geschichte. Eine fantastische Geschichte, bevölkert mit den Personen, mit denen sie sich gerne umgeben hätte: Menschen, die fliegen konnten, Aliens, die sich mit ihr anfreundeten, Personen, die wie sie aufmüpfig, mutig und klug waren. Doch was mich am meisten berührte, war ihre Antwort auf meine Frage – dass sie lesen würde, um Leute kennen zu lernen. Für mich hat dieser Satz all das ausgedrückt, was die Essenz einer gut erzählten Geschichte ausmacht.

Wenn Sie ein Buch lesen, lernen Sie vor allem andere Personen kennen. Die Charaktere sind das Herz einer Geschichte und beeinflussen jedes andere Element beim Erzählen. Charaktere bringen die Geschichte voran, wecken das Mitgefühl des Lesers, nehmen ihn an die Hand und führen ihn von der ersten bis zur letzten Seite durch das Geschehen. Was bliebe von der Faszination für Ken Keseys *Einer flog über das Kuckucksnest* ohne Randle MacMurphy, den rebellischen Insassen, der das ganze Anstaltssystem in seinen Grundfesten erschüttert? Carson McCullers »Die Ballade vom traurigen Café« wäre ohne Miss Amelia, der selbstsicheren, mürrischen Ladenbesitzerin, die unglücklich verliebt ist, wohl nichts als eine Geschichte über eine langweilige, verstaubte Stadt. Und F. Scott Fitzgeralds *Der große Gatsby* wäre ohne den mysteriösen und schillernden Jay Gatsby alles andere als großartig.

Gute Schriftsteller erschaffen Figuren, die mehr als Figuren sind – die fühlende, denkende, echte, lebende Menschen sind. Je besser es Ihnen gelingt, Ihren Figuren »echtes« Leben einzuhauchen und die Illusion zu erzeugen, dass es sich um reale Menschen handelt, umso leichter wird sich der Leser der Geschichte hingeben, sich aus der Realität zurückziehen und der fiktionalen Welt, die Sie für ihn kreiert haben, verfallen. Geben Sie dem Leser das Gefühl, dass Ihre Charaktere authentisch und dreidimensional sind und Substanz besitzen. Machen Sie sie so wirklich, dass sie Schatten werfen. Charaktere zu erschaffen, die lebensecht sind, erfordert sicherlich einiges an Kunstfertigkeit, aber mit Hilfe einiger Techniken lässt sich die Arbeit vereinfachen. Untersuchen wir, wie.

Der Wunsch als treibende Kraft

In jedem dreidimensionalen Charakter steckt eine Sehnsucht. Eine Figur muss etwas wollen. Das Verlangen nach etwas ist eine treibende Kraft der menschlichen Natur, und auf Figuren angewandt, erzeugt sie den heißen Dampf, der die Maschinerie der Geschichte in Bewegung setzt und in Gang hält. Es reicht nicht, Ihre Figur mit seltsamen Angewohnheiten, hoher Intelligenz und einem vagen Hang zum Abenteuer auszustatten, wenn sie dann doch nur auf der Couch sitzt, fernsieht und Chips futtert. Der Leser wird sich rasch langweilen und sich lieber die Nägel maniküren. Geben Sie der Figur jedoch den Wunsch, mit einem Heißluftballon von Maine nach Florida zu fliegen, zündet der Motor der Geschichte – und dies umso kraftvoller, wenn Ihre Hauptfigur weder weiß, woher sie einen Heißluftballon bekommen kann, noch wie man so ein Fluggerät steuert.

Der Wunsch einer Figur kann groß, brennend oder übermächtig sein – zum Beispiel das Verlangen nach Rache, nach Liebe, oder das Bedürfnis, einer Herausforderung zu begegnen. Oder er kann klein und schlicht sein, wie das Bestreben, einer keifenden Ehefrau zu entkommen, die Orchideen im Vorgarten zum Blühen zu bringen oder ein passendes Geschenk für den Liebsten aufzutreiben.

Es ist nicht wichtig, wie klein oder wie groß ein Wunsch ist, solange die Figur von ganzem Herzen wünscht. In Katherine Anne Porters Kurzgeschichte »Theft« will die Hauptfigur nichts anderes, als ihre leere Tasche zurückbekommen. Für sie ist das sehr wichtig, und für den Leser wird es ebenso wichtig. Ein brennender Wunsch hilft dem Leser, sich mit der Figur zu identifizieren und sich auf ihre Gefühle einzulassen, während eine Figur ohne Verlangen den Leser zu Tode langweilt. Wieso sollte man sich auch emotional für eine Person engagieren, die es bloß *ganz nett* fände, wenn sie ihre Tasche wiederbekäme?

Sich Zeit zu nehmen, eine Hauptfigur mit einem brennenden Wunsch zu entwickeln, hat einen Nebeneffekt: Die Storyline ergibt sich beinahe wie von selbst aus diesem Verlangen. In *Lolita* von

Vladimir Nabokov zum Beispiel begehrt die Hauptfigur, Humbert Humbert, vorpubertäre Mädchen, die er als Nymphchen bezeichnet. Die Story entsteht aus seinem Verlangen, Lolita, Tochter seiner Vermieterin, zu besitzen und ihre Zuneigung zu gewinnen. Hätte Humbert sich nicht mit solcher Inbrunst nach Lolita gesehnt, hätte es keine Story gegeben.

Was geschieht, wenn die Figuren keinen Wunsch, keine Sehnsucht besitzen? Ich hatte einmal einen Studenten, der eine Geschichte über zwei Jungen schrieb, die das alte Herrenhaus ihrer Großmutter erforschten. Die Kinder führten den Leser knarrende Treppen hinauf, auf finstere Dachböden, hinter falsche Wände und zu großen alten Koffern voller ebenso alter Fotos. Die Beschreibung las sich herrlich, doch die Geschichte versandete rasch. Warum?

Weil die Figuren nach nichts strebten. Sie schauten sich nur um, waren zufrieden mit dem, was sie erlebten. Beschreibungen – und seien sie noch so brillant – können keine Geschichte tragen. Dieser Text brauchte eine treibende Kraft, einen Motor, etwas, was den Leser vorwärts katapultiert. Stellen Sie sich vor, die Jungs wären plötzlich auf dem Speicher gefangen gewesen. Die Sommersonne hätte das Dach aufgeheizt und die Luft dort oben langsam immer unerträglicher gemacht. Nun hätten die Jungen den dringenden Wunsch, sich ins Kühle zu retten, und die Story hätte Spannung und Schwung bekommen. Die Maschine der Geschichte springt erst an, wenn Sie den Charakteren ein starkes Verlangen mitgeben.

Die Sehnsüchte und Wünsche müssen jedoch nicht immer so direkt und erkennbar sein wie die in *Lolita* oder Porters »Theft«. In Raymond Carvers »So viel Wasser so nah bei uns« muss Claire mit der Entscheidung ihres Mannes zurechtkommen, den Angelausflug mit seinen Freunden fortzusetzen, obwohl sie die Leiche einer Frau im Wasser gefunden haben. Sie befestigen den toten Körper an einem Baum, damit er nicht fortgetrieben wird, und benachrichtigen die Polizei erst auf dem Weg nach Hause, als sie ohne große Umstände ein Telefon finden können.

Claire möchte verstehen, was an diesem Wochenende geschehen ist und wieso ihr Mann und seine Freunde so gefühllos mit der Leiche der Frau umgehen konnten. Ihr Bedürfnis, zu begreifen, führt dazu, dass sie ihren Mann und ihre Beziehung zu ihm anzweifelt, und es kommt zu Streit zwischen den beiden. Später durchforstet sie Zeitungen auf der Suche nach einer Meldung über die tote Frau und reist zu ihrem Begräbnis. Sie beginnt, im Gästezimmer zu schlafen und erwacht eines Nachts davon, dass ihr Mann das Schloss aufbricht ... einfach nur um zu beweisen, dass er so etwas tun kann. Claires Wunsch, zu verstehen und die Entscheidung ihres Mannes zu verarbeiten, ist komplex und manchmal weitschweifig dargestellt, aber dennoch ungeheuer packend.

☞ *Sie sind dran:* Denken Sie sich eine Figur aus. Wenn Ihnen das zu weit gefasst ist, nehmen Sie einen Künstler – einen Schauspieler, Sänger, Zauberer – mittleren Alters, der feststellen muss, dass sein Ruhm verblasst ist. Oder entwickeln Sie einen Elternteil oder eine Tochter/einen Sohn mit einem problematischen Verhältnis zu einem Elternteil oder Kind. Überlegen Sie sich nun, welchen besonderen Wunsch diese Figur haben könnte. Suchen Sie sich statt etwas Abstraktem wie Liebe oder persönliche Weiterentwicklung lieber etwas Konkretes – Geld, einen Karriereschub, die Berührung einer anderen Person. Machen Sie sich Notizen zur Figur und ihrem Wunsch. Wir kommen später auf diesen Charakter zurück.

Der Mensch ist komplex

Nichts ist weniger spannend als eine Figur, die handelt wie Millionen anderer Menschen und nur eine einzige Facette ihrer Persönlichkeit zeigt: die liebe Oma, der gerissene Anwalt, der heroische Patient. Es ist leider leicht, in diese Falle zu tappen, weil es so schön bequem ist, Menschen zunächst in solche Schubladen einzusortieren. Denken Sie zum Beispiel an den gut situierten Investment-Banker – na, sehen Sie nicht auch einen teuren Anzug und ein aalglattes Lächeln? Handys, einen schicken Organizer, den Wirtschaftsteil einer Zeitung? Es ist sicher nicht schlecht, mit solchen Einzelheiten zu beginnen, doch Ihre Figur sollte über diesen Stereotyp hinauswachsen. Richard, der Investment-Banker, mag ja mit großen Geldsummen umgehen und massenweise Überstunden machen, aber er könnte auch heimlich an eine lokale Wohltätigkeitsorganisation spenden. An den Abenden, an denen er zu viel Importbier getrunken hat, versucht er gewöhnlich, seine Schwester anzurufen, obwohl er genau weiß, dass sie unter dieser Nummer seit über einem Jahr nicht mehr zu erreichen ist.

Solche Besonderheiten unterscheiden Richard von jeder anderen Person, die diesem Stereotyp zuzuordnen ist. Wenn Sie Charaktere entwickeln, müssen Sie die besonderen und einzigartigen Einzelheiten hervorheben, die die Figur komplex machen, denn nur so entsteht eine reale Person, die sich von einem Klischee unterscheidet. Jeder Mensch schleppt seine Geschichte, seine Erfahrungen und seine Erinnerungen mit sich herum, und keine ähnelt der eines anderen Menschen. Genauso sollten Sie auch Ihre Figuren entwickeln.

In »Wo willst du hin, wo kommst du her« von Joyce Carol Oates, geht es um eine in sich gekehrte, unsichere Fünfzehnjährige, Connie. Doch Oates beließ es nicht bei dieser Charakterisierung. Sie versah ihre Connie mit Qualitäten, die sie über einen bloßen Stereotyp heraushoben. Connie hat eine »hohe, atemlose, amüsierte Stimme, die alles, was sie sagte, etwas gezwungen wirken ließ, ob sie es nun aufrichtig meinte oder nicht.« Sie lässt ihren Freund ohne zu überlegen sitzen, als sich einer der beliebtesten Jungen der Schule an sie heranmacht. Sie verachtet ihre Schwester, weil diese mit vierundzwanzig immer noch zu Hause wohnt und nicht so hübsch ist wie Connie. Sie ist überzeugt, dass ihre Mutter sie wegen ihrer Schönheit bevorzugt und dass ihre ständigen Streitereien nur Fassade sind, »eine vorgetäuschte Verärgerung, da sie beide spürten, dass sie um Dinge kämpften, die ihnen wenig bedeuteten«. Als die anderen Familienmitglieder bei einem Grillabend sind und der finstere Arnold Friend auftaucht und droht, er würde ihrer Familie etwas antun, wenn sie sich ihm nicht hingibt, opfert sich Connie aber schließlich, indem sie auf Arnold zugeht – auf etwas zugeht, »das sie nicht erkannte, von dem sie nur wusste, dass sie darauf zuging«.

Die Einzelheiten wie der Klang ihrer Stimme und die Beweggründe für ihre letzte Entscheidung machen Connie zu einem komplexen Charakter. Nicht jeder fünfzehnjährige Teenager besitzt eine solche Kombination von Charakterzügen. Nicht jeder fünfzehnjährige Teenager würde sich entscheiden, am Ende durch diese Tür zu gehen. Connie ist kein Stereotyp. Sie ist ein dreidimensionaler Charakter mit genügend Substanz, um Schatten zu werfen.

Manchmal lassen sich Schriftsteller verlocken, einen ganz und gar guten oder schlechten Charakter zu entwerfen, was eine andere Variante von Stereotypenentwicklung ist. Falls Sie nicht gerade ein Märchen schreiben wollen, sollten sie solche Extreme vermeiden. Aristoteles war der Meinung, dass das Unglück einer Person »durch einen Fehler oder eine Schwäche verursacht wird«. Aber ob Ihre Figuren nun ins Unglück gestürzt werden oder nicht – Schwächen und Laster machen sie in jedem Fall interessanter und authentischer.

Frankie Machine, die Hauptfigur aus Nelson Algrens *Der Mann mit dem goldenen Arm*, der im nächtlichen Chicago als Kartengeber arbeitet, ist ein vorwiegend guter Charakter, hat aber einige Schwächen. Die offensichtlichste ist seine Drogenabhängigkeit. Außerdem sucht er Trost in den Armen von Molly-O, durch die er seine Frau vergessen möchte, die zu Hause an einen Rollstuhl gefesselt ist. Die Schuldgefühle, die Frankie wegen seiner Frau empfindet, sind so niederdrückend, dass er sie schließlich verlässt.

Figuren, die *nicht* unbedingt gut sind, müssen ebenfalls mit einer Vielzahl interessanter Seiten ausgestattet werden. Die bösen Buben sind nicht jede Sekunde eines Tages böse. Manchmal essen Sie einfach nur mit ein paar Kumpels Chop Suey zum Mitnehmen, warten brav in der Schlange des Supermarkts oder tun sogar etwas Nettes, wie zum Beispiel einer alten Dame die Äpfel aufheben, die ihr aus dem Korb gekullert sind.

Der Roman *Lolita* sorgte für einigen Aufruhr, als er veröffentlicht wurde, und Nabokov musste nicht nur einmal versichern, dass sein Wissen über »Nymphen« rein theoretisch war. Mit diesem Werk bewies er enormen Mut, denn er wagte es, einen verwerflichen Charakter so darzustellen, wie er wirklich war – und nicht von dieser Linie abzuweichen. Humbert Humbert ist eine abstoßende und bemitleidenswerte Figur, und es wäre ein Leichtes gewesen, ihn in einem ausschließlich schlechten Licht zu zeigen. Nabokov stattete ihn jedoch mit einigen sympathischen Zügen aus: Er hat Charme, ist intelligent und schämt sich in gewisser Hinsicht für seine Schwäche für kleine Mädchen. Und letztendlich ist seine Liebe zu Lolita aufrichtig und echt.

In der Literatur wimmelt es von großartigen Bösewichten. Sie sind für uns deshalb oft so fesselnd, weil sie uns einen Spiegel vorhalten: Meistens können wir in ihnen etwas von uns selbst wiederfinden. Bei *Lolita* kann sich der Leser mit Humberts Unfähigkeit identifizieren, einer Versuchung zu widerstehen; auch wenn Humberts Verlangen extrem ist, weiß jeder Mensch, wie ungeheuer reizvoll es ist, etwas zu tun, was man nicht tun dürfte – fettiges Fastfood essen, rauchen, stundenlang vor der Glotze sitzen. Indem Nabokov seine Hauptfigur nicht als unmenschliches Monster darstellt, ist die Wirkung, die ihre Schandtat auf den Leser hat, weit stärker.

☞ *Sie sind dran:* Denken Sie an den unangenehmsten Menschen, der Ihnen je begegnet ist. Ein jähzorniger Chef, ein Freund, der Sie verraten hat, einen Schläger aus der Disco. Oder erfinden Sie einen. Als Nächstes statten Sie ihn mit einem sympathischen Zug aus – mit Freundlichkeit, Höflichkeit, Mitgefühl, der Liebe zu Tieren. Schreiben Sie nun einen Text, in dem diese Figur die Hauptrolle spielt. Vielleicht zeigen Sie einen sadistischen Ex-Mann, der einem Obdachlosen hilft, oder einen Bankräuber, der sich alle Mühe gibt, für das daheim gebliebene Kind einer Geisel einen Babysitter zu finden. Das Ergebnis? Ein dreidimensionaler Schurke.

Kontraste

Das Faszinierende an der menschlichen Natur ist ihre Widersprüchlichkeit. Und diese Widersprüchlichkeit stellt eine unerschöpfliche Quelle für Sie dar, wenn Sie Ihren Figuren Komplexität verleihen wollen.

Bei der Hauptfigur von Joyce Carol Oates' »Wo willst du hin, wo kommst du her?« treten die gegensätzlichen Züge besonders deutlich hervor. Connie benimmt sich beispielsweise bei ihrer Familie vollkommen anders als bei ihren Freunden:

Alles an ihr hatte zwei Seiten – eine für zu Hause und eine für überall dort, wo nicht zu Hause war: Ihr Gang, der kindlich und wippend sein konnte oder auch träge, damit alle glaubten, sie höre Musik in ihrem Kopf; ihr Mund, der meistens blass und grinsend war, aber hellrosa leuchtete, wenn sie abends ausging; ihr Lachen, das zu Hause zynisch und aufgesetzt klang – »*Ha, ha, sehr lustig*« *–, doch hoch und nervös wie das Klimpern der Anhänger an ihrem Armband, wenn sie woanders war.*

Details wie der kindliche Gang zu Hause und das Schlendern auf der Straße zeigen dem Leser ihren widersprüchlichen Charakter und deuten sowohl ihre kindliche Unschuld als auch ihre falsche, heimlichtuerische Seite an. Dieser Kontrast in Connies Charakter zeugt wieder von der Komplexität ihrer Person und deckt den inneren Kampf ihrer Identitäten auf: Wir sehen, wie sie als Kind war und wer sie als erwachsene Frau sein wird.

Vielleicht denken Sie bei widersprüchlichen Charakteren an überraschend auftretende Eigenschaften oder welche, die nicht so recht überzeugen. Aber ein Footballheld vom College, der tapfer gegen die Leukämie kämpft, muss nicht erst zum Feigling werden, um eine kontrastreiche Persönlichkeit zu offenbaren. Im Gegenteil – der Autor sollte subtiler vorgehen. Sein Stolz könnte durch einen beleidigenden Zwischenruf bei einem Match verletzt werden, er könnte rücksichtslos Auto fahren, obwohl sein kleiner Bruder bei ihm ist, oder er könnte das Geheimnis seines Freundes verraten.

All diese Möglichkeiten machen den Charakter komplexer, ohne vorhersehbar oder klischeebehaftet zu sein. Aber welche widersprüchlichen Elemente Sie Ihrer Figur auch mitgeben wollen, denken Sie daran, dass diese Kontraste nicht plötzlich aus dem Nichts hervorspringen oder sich mit einer Fanfare ankündigen. Die beste Charakterisierung lässt Widersprüche so nahtlos ineinander übergehen, dass sie kaum auszumachen sind; der Leser soll die Spannung innerhalb der Persönlichkeit *spüren*.

☞ *Sie sind dran:* Nehmen Sie sich erneut die Figur vor, der Sie einen Wunsch gegeben haben. Nun statten Sie sie mit zwei sich widersprechenden Charakterzügen aus. Sie könnten zum Beispiel eine Schauspielerin zeigen, die unbedingt eine bestimmte Rolle bekommen möchte. Sie könnte anderen gegenüber rücksichtsvoll sein, sich aber in eine Furie verwandeln, sobald sie glaubt, man würde ihr auf die Zehen treten. Notieren Sie diese kontrastierenden Züge. Wir werden später noch einmal auf diese Figur zurückkommen.

Beständigkeit

Wenn Sie nicht gerade eine Jekyll/Hyde-Persönlichkeit entwickeln, ist es nicht besonders geschickt, diese Figur den größten Teil der Geschichte über auf eine bestimmte Art agieren zu lassen, um dann plötzlich auf eine andere umzuschalten. Jede Handlung, jedes Benehmen sollte authentisch und glaubhaft sein und sich im Rahmen des von Ihnen entwickelten Charakters bewegen. Kontrastierende Züge sind wichtig, aber der Charakter sollte beständig bleiben. Das klingt wie ein Widerspruch, nicht wahr? Die Figuren sollten kontrastierende Züge haben, aber gleichbleibend agieren.

Gemeint ist Folgendes: Widersprüchliche Eigenschaften sind menschlich. Eine beständige Figur zeugt von einer guten Charakterisierung. Rod könnte ein zorniger, trotziger Mensch sein, der auf alle Konventionen pfeift und sich an der Supermarktkasse vordrängelt, wenn er bloß eine Sache kaufen will. Aber er könnte anhalten und interessiert ein Jahrmarktsplakat betrachten. Aha – da scheint etwas vor sich zu gehen. Vielleicht ist sein Trotz, seine Frechheit bloß aufgesetzt, und er wünscht sich in Wirklichkeit, sorglos wie ein Kind Spaß zu haben und zu spielen. Oder vielleicht erinnert ihn das Plakat auch an seinen eigenen Sohn, für den er das Sorgerecht verloren hat. So oder so – hier sehen wir zwei widersprüchliche Elemente seines Charakters: Er gibt sich hart und kalt, ist aber gleichzeitig fasziniert von etwas, das mit Kindheit und Spiel verbunden wird. Dieses Verhalten ist glaubhaft und kann logisch erklärt werden. Wenn wir Rod aber die ersten zehn Seiten über als grobe, zynische, freudlose Person erleben und auf Seite elf dann sehen, wie er plötzlich unbedingt Achterbahn fahren will, empfinden wir das als unpassend, als nicht glaubwürdig. Die Figur tut etwas, was nicht zu ihrem Charakter passt.

Figuren können durchaus »charakterfremd« handeln – solange Sie schon lange vorher andeuten, dass dies möglich und im Rahmen des Charakters liegen könnte. Falls ein schüchterner, zurückhaltender Charakter plötzlich etwas Mutiges oder Riskantes tut, muss der Leser lange vor dieser Tat sehen können, dass dies im Bereich seiner Fähigkeiten liegt.

Nichts ist schlimmer, als wenn der Leser sich von der Geschichte abwendet, weil er der Person nicht glaubt. Selbst wenn der Leser die Tat Ihrer Figur als sehr überraschend empfindet (was sehr gut ist), muss die Charakterisierung beständig sein.

In »Queen Devil« von Kathy Hepinstall tut Nick, der Bruder der Erzählerin, etwas ausgesprochen Überraschendes – er schießt auf seine Frau. Bis zu diesem Punkt in der Geschichte wird Nick als ein Mann dargestellt, der seine Frau und Kinder, von denen er vor kurzem verlassen wurde, innig liebt. Als er den rosafarbenen Kamm seiner Tochter in seiner Angelkiste entdeckt, reagiert er mit einem zärtlichen Satz: »Meine Kleine«, sagt er. »Mein kleines Mädchen.«

Warum kommt uns Rods Verhalten dennoch glaubhaft und beständig vor? Trotz der echten Liebe, die Nick für seine Familie empfindet, ist der Zorn über ihren Verrat die ganze Zeit über spürbar. Er spricht über seine Frau und über die Wut, die er empfindet,

Figuren | 51

und er trinkt viel. Beides zeigt einen Hang zur inneren Instabilität, verweist auf einen ungefestigten Charakter und lässt die zerstörerische Energie in ihm auf jeder Seite durchschimmern.

In Dialogen mit seiner Schwester Jill wird deutlich, wozu er fähig ist. Als seine Frau ihn verlässt, ruft Nick Jill an: »Als Nicks Frau ihm erklärte, sie würde ihn verlassen, rief er mich an und war plötzlich nicht mehr mein Bruder. ›Du weißt, ich bin ein Jäger‹, sagte er. ›Ich habe einen ganzen Schrank voller Gewehre.‹«

Später sagt er über seine Frau: »Das wird sie bereuen.« Als Jill nachhakt, was er damit meint, macht er schnell einen Rückzieher. »Ich meine bloß‹, sagt er, nun wieder liebenswürdig, ›dass sie den alten Nick irgendwann vermissen wird.‹«

All diese Hinweise motivieren seine Verzweiflungstat hinreichend, und die Autorin sorgt dafür, dass der Leser das auch spürt. Was er am Ende tut, ist glaubhaft und keinesfalls charakterfremd.

Natürlich ist es wünschenswert, dem Leser Überraschungen zu bereiten; er will unterhalten werden, etwas entdecken können, und eine Überraschung kann der befriedigende Abschluss einer spannenden Reise sein. Wir erleben das in *Einer flog über das Kuckucksnest*, wenn der devote und unterwürfige Häuptling Bromden am Ende dem tyrannischen Wärter entkommt, oder wenn die verbitterte Joy in Flannery O'Conners »Good Country People« ihr Holzbein abschnallt und sich dem Bibelverkäufer, den sie zunächst nicht ausstehen kann, vollkommen schutzlos zeigt. Gestalten Sie Ihren Charakter beständig und glaubhaft, aber nicht durchschaubar oder so eingefahren, dass er sich nicht verändern oder weiterentwickeln kann.

Entwicklung und Veränderung

Figuren müssen die Fähigkeit besitzen, sich zu verändern, und der Leser sollte das Potenzial dazu erkennen. Besonders wichtig ist die Veränderung für die Hauptfigur der Geschichte. Und obwohl diese Veränderung – die überaus dramatisch oder auch ganz subtil sein kann – oft den Höhepunkt der Geschichte markiert, muss sie keinesfalls am Ende der Geschichte stehen oder am Ende vollzogen und komplett sein. In jedem Fall sollte der Leser aber im gesamten Verlauf der Story spüren, dass die Figur sich verändern *kann* – sie muss stets eine Wahl haben. Wenn Sie für Ihre Figur kein Entwicklungspotenzial vorgeben, wird sie berechenbar, sodass der Leser rasch das Interesse an ihr verliert.

In Anton Tschechows »Die Dame mit dem Hündchen« verändert sich Dimitri, die Hauptfigur, drastisch. Zu Beginn der Geschichte hat er Frauen gegenüber eine ausgesprochen negative Einstellung: Er hält sie für eine minderwertige Rasse, obwohl er durchaus erkennt, dass er keine zwei Tage ohne sie auskommen kann. Er bescheinigte seiner Frau eine »beschränkte Intelligenz«, fürchtet sie allerdings und stürzt sich von einer Affäre in die nächste. Doch dann hört er von dieser Dame »mit dem Schoßhündchen« in Jalta, und was zunächst nur eine Art Neugier ist, wächst rasch zu einem Verlangen, das im Laufe der Affäre an Intensität zunimmt. Zum Schluss erkennt Dimitri, dass er zum ersten Mal in seinem Leben wirklich liebt, und fragt sich frustriert, ob Anna und er wohl jemals eine Chance haben werden. Seine Haltung verändert sich im Laufe der Geschichte von einem Extrem zum anderen: Hält er Frauen zu Beginn noch für weitgehend entbehrlich, so muss er diese eine am Schluss um jeden Preis haben.

Kehren wir noch einmal zu *Lolita* zurück: Der Leser weiß, das Humbert Humbert in der Lage wäre, den kleinen Mädchen *nicht* nachzustellen. Nicht, dass es ihm leicht fallen würde. Aber der Leser sieht, dass es ihm möglich wäre, weil er sich beispielsweise in Gegenwart von Lolitas Mutter zurückhält. Er klagt über sein Verlangen nach Nymphen und wünscht sich, er könne öfter widerstehen. Doch am Ende kehrt er zu einer siebzehnjährigen, schwangeren Lolita zurück, die nichts mehr von einer Nymphe hat, und stellt fest, dass er sie immer noch liebt. Es hat also eine Veränderung stattgefunden – seine Liebe zu ihr ist stärker als seine krankhafte Veranlagung. Es besteht jedoch kein Zweifel, dass er einen »Rückfall« erleiden würde, wenn man ihn mit einem anderen

Figuren | 53

jungen Mädchen alleine ließe. Humbert Humbert ändert sich zwar, aber er ändert sich nicht vollkommen.

☞ *Sie sind dran:* Nehmen Sie sich die Figur noch einmal vor, die Sie mit einem Verlangen und widersprüchlichen Zügen ausgestattet haben. Es ist Zeit, sie zum Leben zu erwecken. Schreiben Sie ein paar Absätze darüber, wie diese Figur versucht, ihr Ziel zu erreichen (ob sie es tatsächlich erreicht, ist nebensächlich). Die Schauspielerin könnte zum Beispiel zu einem Vorsprechen fahren, zu dem sie nicht eingeladen wurde. (Oh ja, es ist äußerst hilfreich, Ihrer Figur ein paar Steine in den Weg zu legen.) Auf dem Weg zu ihrem Ziel sollte etwas geschehen, das ihre widersprüchlichen Züge hervortreten lässt; außerdem sollte spürbar werden, dass diese Figur das Potenzial für Veränderungen hat. Das alles zusammenzubringen, ist nicht einfach; seien Sie daher nicht frustriert, wenn sich der Text zunächst holprig anhört.

Der Ursprung Ihrer Figuren

Um faszinierende und packende Figuren entwickeln zu können, brauchen Sie einen Anfang, vielleicht ein Vorbild. Woher nehmen? Nun, schauen Sie sich um und suchen Sie in Ihrer Erinnerung. Ihre Figuren entstehen aus Personen, die Sie kennen, die Sie treffen oder die Sie sich vorstellen. Die Inspiration, die Sie brauchen, lässt sich überall finden.

Schriftsteller entwickeln ihre Figuren oft aus interessanten realen Personen oder aus verschiedenen Charakterzügen von Menschen, die sie kennen. Einige nehmen sogar die eigene Person dazu. Nelson Algren kannte sich in den zwielichtigen Gegenden Chicagos, über die er in *Der Mann mit dem goldenen Arm* schrieb, bestens aus. Seine Hauptfigur, Frankie Machine, hat er wahrscheinlich nach einem Mann modelliert, der Doc genannt wurde und der an den Pokertischen in der Division Street, wo Algren selbst spielte, Karten austeilte. Aber auch Eigenschaften von Algren selbst flossen in die Figur Frankie Machine mit ein. Wie Frankie war Algren Soldat im Zweiten Weltkrieg und kam mit wenig Geld in den Taschen nach Hause. Vertraute Personen – Sie selbst eingeschlossen – sind eine solide Grundlage für die Entwicklung von Figuren, denn die Kenntnisse, die Sie haben, und Ihre Gefühle für diese Personen, machen Ihre Charaktere lebendiger und glaubhafter.

Denken Sie aber daran, dass Sie genügend Raum für Ihre Kreativität lassen, wenn Sie Ihre Figur einer realen Person nachbilden wollen. Ich habe mit Autoren gearbeitet, die viel Zeit darauf verwendeten, die Handlungen ihrer Figuren, die sie echten Menschen nachempfunden hatten, ebenfalls der Realität anzupassen. Statt sich zu fragen, *Was würde meine Figur in der jeweiligen Situation tun?*, machten sie sich Gedanken darüber, was die echte Person unternehmen würde. Man kann sich damit verrückt machen, wenn man sich ständig fragen muss, ob man die Geschichte auch »richtig« schreibt und ob die wirkliche Person das auch getan hätte, was Sie Ihre Figur tun lassen. Besser ist es, diese Person als fiktive Figur neu zu erfinden und sie in einen Charakter zu verwandeln, der den Bedürfnissen Ihrer Geschichte entspricht.

Natürlich können Sie sich dabei auch von Personen inspirieren lassen, die Sie nicht kennen. Beobachten Sie fremde Menschen. Beobachten Sie, wie sie sich verhalten, und überlegen Sie, warum sie sich so verhalten. Sehen Sie das Mädchen auf der Bank an der Bushaltestelle, die sich gerade über die Augen wischt und offensichtlich versucht, die Tränen zurückzuhalten? Was könnte passiert sein? Oder sehen Sie das Grüppchen von Flugbegleitern dort an der Bar? Wie kommen sie wohl untereinander zurecht? Was geht zwischen diesem rothaarigen Typen und der Frau vor, die ihn demonstrativ ignoriert?

Oder gehen Sie einen Schritt weiter. Stellen Sie sich vor, was wäre, wenn sich jemand neben das Mädchen setzen und versuchen würde, sie zu trösten? Wenn jemand der Frau, die den Rothaarigen ignoriert, eine Hand aufs Knie legen würde?

Möglicherweise stellen Sie fest, dass in Ihrer Fantasie bereits jede Menge Charaktere vorhanden sind. Um so besser – suchen Sie sich einen heraus, der Ihnen besonders viel versprechend erscheint, und machen Sie sich mit ihm bekannt.

Lernen Sie Ihre Figuren kennen

Nehmen Sie sich Zeit, Ihre Figuren so genau kennen zu lernen, als wären sie gute Freunde – auch den unsympathischen Charakter, mit dem Sie im wahren Leben wahrscheinlich nichts zu tun haben möchten. Viel Zeit in das Entwicklungsstadium der Figuren zu investieren, zahlt sich aus; je besser Sie Ihre Charaktere kennen, umso authentischer und lebendiger werden Sie sie in der Erzählung darstellen können.

Versetzen Sie Ihre Figuren in verschiedene Szenarien und überlegen Sie, wie sie reagieren würden. Wie befreien sie sich aus verfahrenen Situationen? Oder verstricken sie sich vielleicht hoffnungslos darin? Was würde Ihre Figur beispielsweise tun, wenn sie in einem Geschäft ein teures Armband anprobiert, es vergisst und mit dem guten Stück versehentlich den Laden verlässt? Charaktere existieren nicht in einem Vakuum – sie agieren und reagieren innerhalb der Welt, die Sie für sie erschaffen haben. Der in Brooklyn geborene und aufgewachsene Chris wird sich in der New Yorker U-Bahn anders verhalten als in einem Bus in Atlanta. In New York ist er zu Hause und kennt wahrscheinlich jede Bahnstation. Im Bus in Atlanta könnte er aus dem Fenster sehen und nach Schildern suchen, die ihm verraten, wann er sein Ziel erreicht hat. Vielleicht stellt er seinen Rucksack neben sich auf den Sitz, was er in der übervollen New Yorker Bahn niemals tun würde.

Wenn Sie Ihre Figuren mit Substanz versehen, sollten Sie sich an folgenden Kategorien orientieren:

Äußere Erscheinung
Man sollte sich nie von Äußerlichkeiten leiten lassen, aber das Äußere kann informativ sein und Erwartungen wecken. Welche Haltung Ihre Figur zur Schau trägt, was sie anzieht und wie sie sich bewegt, wenn sie die Straße entlanggeht – all das gehört mit zu ihrer Persönlichkeit. Auftreten, Präsenz und Äußeres verraten eine Menge über Einstellung und Charakter.

Hintergrund
Eine Frau, die in einer Großfamilie aufgewachsen ist, hat andere Erfahrungen gemacht als eine Frau, die ein Einzelkind war. Jeder Mensch und jede Figur wird durch die eigenen Geschichte geprägt. Die Kindheit, schöne und traumatische Erlebnisse, die Einstellung der Eltern und viele andere Faktoren tragen dazu bei, einen Charakter zu formen.

Persönlichkeit
Sie wird zum größten Teil durch die ersten beiden Kategorien ausgebildet. Sie ist das Endergebnis all dessen, was die Person war und heute ist. Was macht Ihre Figur aus? Wie arbeitet ihr Verstand? Welche Vorlieben hat sie? Welche Launen? Perspektiven? Hoffnungen? Ängste? Die Persönlichkeit einer Figur bestimmt ihre Taten und Reaktionen in der jeweiligen Geschichte.

Selbstbild (oder die »primäre Identität«)
Wie sieht Ihre Figur sich selbst? Stellen Sie verschiedenen Menschen die Frage: »Wer bist du?« Manche werden mit ihrem Beruf oder ihrer ethnischen Zugehörigkeit antworten, andere Alter oder Geschlecht nennen. Die Antworten offenbaren, womit sich die Person am stärksten identifiziert, worüber sie sich selbst definiert. Eine Person, die auf Ihre Frage »Ich bin Anwalt« antwortet, hat eine andere primäre Identität als ein Mensch, dessen spontane Antwort »Ich bin Hindu« lautet. Auch wenn beide hinduistische Anwälte sind, ist die Identifikation mit diesen Seiten ihrer Identität unterschiedlich stark.

Stellen Sie Fragen

Um eine Vorstellung vom Wesen Ihrer Figuren zu bekommen, stellen Sie sich die verschiedensten Fragen. Viele Autoren machen sich eine Liste aller Fragen, die sie während des Schreibens beantworten wollen. Betrachten Sie dies als »Hausaufgaben«, durch die Sie sich mit Ihren Charakteren bekannt machen können.

Es ist sinnvoll, mit Fragen zu beginnen, die das Wesentliche betreffen:

Wie heißt die Figur? Hat sie einen Spitznamen?

Welche Augen-, Haarfarbe hat sie?

Wie sieht sie aus? Hat sie ein Muttermal? Wo? Hat sie Narben? Woher stammen sie?

Mit welchen Menschen ist Ihre Figur verwandt? Befreundet? Mit welcher Art von Menschen umgibt sie sich? Welche Menschen stehen ihr am nächsten? Wem möchte sie näher stehen?

Wo ist die Figur geboren? Wo hat sie gelebt? Wo ist sie zu Hause?

Wohin geht die Figur, wenn sie wütend ist?

Was ist ihre größte Angst? Hat sie sie jemandem eingestanden – und wenn ja, wem? Oder warum würde sie nie jemandem davon erzählen?

Hat sie ein Geheimnis?

Worüber kann Ihre Figur lachen?

Liebt Ihre Figur? Leidet sie unter der Liebe? Ist sie verletzt worden?

Anschließend können Sie weitergehen und unkonventionellere Fragen stellen:

Was befindet sich jetzt gerade im Kühlschrank der Figur? Auf dem Boden ihres Schlafzimmers? Auf dem Nachttisch? Im Mülleimer?

Schauen Sie Ihrer Figur auf die Füße. Beschreiben Sie, was Sie dort sehen. Trägt sie Pantoffel, Turnschuhe oder gar nichts? Trägt sie löchrige Socken? Oder handgestrickte Wollstrümpfe?

Welche Gerüche nimmt Ihre Figur wahr, wenn sie an die Küche ihrer Kindheit denkt? Sauerkraut? Weihnachtsplätzchen? Farbe? Was verbindet sie mit diesem Duft?

Ihre Figur will einen Frühjahrsputz machen. Was wirft sie leichten Herzens weg? Wovon kann sie sich nicht trennen? Warum?

Samstag Mittag. Was tut Ihre Figur? Beschreiben Sie es in Einzelheiten. Frühstückt sie? Wenn ja, was? Wenn sie im Garten liegt, um zu entspannen, liegt sie auf einem Handtuch, einem Liegestuhl, im Gras?

Welche Erinnerung aus der Kindheit ist noch immer stark? Warum ist sie so stark?

Ihre Figur macht sich zum Ausgehen fertig. Wohin geht sie? Was trägt sie? Mit wem geht sie alles aus?

Natürlich werden Sie nicht alle Informationen, die Sie durch solche Fragen erhalten, verwenden können – und das sollen Sie auch gar nicht. Aber je besser Sie Ihre Figuren kennen, umso lebendiger und glaubhafter werden sie auf den Seiten agieren und reagieren. Der Autor E. M. Forster schrieb in seinem Klassiker *Aspects of the Novel*, dass ein Charakter dann echt ist, wenn der Schriftsteller alles über ihn weiß: »Er mag nicht alles verwenden, was er weiß – viele der Fakten, selbst jene, die wir offensichtlich nennen würden, können verborgen sein. Aber er wird uns das Gefühl geben, dass der Charakter, obwohl nicht erklärt, erklärbar ist.«

☞ *Sie sind dran:* Ziehen Sie hinaus in die weite Welt und suchen Sie eine Figur. Beobachten Sie jemanden, den Sie nicht kennen, zum Beispiel einen Restaurantgast, oder jemanden, den Sie nur flüchtig kennen, wie den Bankangestellten, den Sie nur einmal pro

Woche sehen. Wenn Sie sich trauen, reden Sie mit dieser Person, Sie müssen es aber nicht. Machen Sie sich Notizen. Dann füllen Sie Ihre Wissenslücken auf, indem Sie sich mit diesen Fragen beschäftigen und Antworten suchen. Natürlich müssen Sie das meiste erfinden, aber so soll es ja auch sein. Sie schreiben eine Geschichte!

Charaktertypen

Nicht alle Figuren müssen mit derselben Tiefe entwickelt werden. Konzentrieren Sie sich vor allem auf die wichtigsten Figuren, besonders auf den Protagonisten, in dem alle Elemente der Dreidimensionalität (wie es Lajos Egri in seinem Buch *Literarisches Schreiben* nennt), die wir besprochen haben – Verlangen, Komplexität, Widersprüche, Beständigkeit, Veränderung – vollständig ausgearbeitet sein müssen. Eine Geschichte hat meist nur einen Protagonisten, manchmal aber auch zwei oder mehr. Jay Gatsby ist der Protagonist des Romans *Der große Gatsby*, ein geheimnisvoller Mann, der sein Leben dem Ziel widmet, die Liebe einer Frau zu gewinnen. Der Protagonist von Raymond Carvers »Kathedrale« ist ein namenloser Mann, der mit Hilfe eines Blinden plötzlich neu zu sehen beginnt.

Manche Geschichten enthalten auch einen Antagonisten, eine Figur, die dem Helden Hindernisse in den Weg stellt. Tom Buchanan, Daisys Ehemann, ist der Antagonist in *Der große Gatsby*, weil er Gatsby daran zu hindern versucht, Daisy für sich zu gewinnen. Man könnte Tom als »bösen Buben« bezeichnen, weil er ein Schürzenjäger ist und mit Daisy manchmal ziemlich grob umgeht, doch Antagonisten müssen nicht immer böse oder schlecht sein. Robert, der Blinde, der in der Kurzgeschichte »Kathedrale« zu Besuch kommt, ist zwar der Antagonist der Geschichte und trotzdem ein netter, harmloser Mensch. Außerdem finden wir neben Protagonist und Antagonist häufig andere wichtige Figuren – besonders in Romanen. In *Der Große Gatsby* haben wir zum Beispiel Nick und Daisy, die beide sorgfältig ausgearbeitet und dreidimensional entwickelt wurden.

Nebenfiguren sind, wie Nebenrollen im Film, Charaktere mit unterstützender Funktion. Einige Nebenfiguren können durchaus eine Entwicklung durchmachen, aber nie so intensiv wie der Hauptcharakter. Die Nebenfiguren sollten sich durch einige wenige Merkmale auszeichnen, die ihr Wesen definieren und auf den Punkt bringen. Jordan aus *Der große Gatsby* ist eine Nebenfigur, die als Tennisspielerin mit Hang zu Klatsch und Tratsch vorgestellt wird. In »Kathedrale« ist es die Ehefrau: Sie ist nett zu Robert, verärgert über ihren Mann, hält sich jedoch meist im Hintergrund.

Hinzu kommen jene Figuren in der fiktionalen Welt, die nur eine ganz bestimmte Funktion zu erfüllen haben. Ihre Rolle ist begrenzt. Die Kellnerin, die nur in einer einzigen Szene auftaucht, muss nicht gründlich analysiert werden, ebenso wenig wie der Ex-Mann, der ab und zu die Kinder zu sich nimmt, sonst aber keine Aufgabe hat. Die Diener in *Der große Gatsby* sind nur dazu da, die Szenerie auszuschmücken, ebenso wie die vielen Gäste seiner Partys. In »Kathedrale« dagegen gibt es keine zusätzlichen Figuren.

Oft hört man Begriffe wie *flache* oder *abgerundete* Charaktere, wobei mit *abgerundet* die stark entwickelten, lebensnahen, dreidimensionalen Figuren gemeint sind. Ein abgerundeter Charakter ist in der Lage, den Leser überzeugend zu überraschen, was den Grundgedanken von Widerspruch und Beständigkeit in der Charakterisierung widerspiegelt. Flache Figuren sind jene, die nur durch eine einzige Handlung oder ihre Funktion charakterisiert werden – keinesfalls ein Makel; denn es ist, wie wir bereits gesehen haben, in Ordnung, unbedeutenden Figuren nur wenig mitzugeben. Sie abzurunden würde ihnen zu viel emotionales Gewicht verleihen, was den Leser in die Irre führen oder von den Hauptfiguren der Geschichte ablenken kann.

Zeigen und Erzählen

Wie können wir vermeintlich reale Personen aufs Papier bringen und sie allein mit Wörtern als menschlich darstellen? Die Möglichkeiten, die die Literatur bietet, lassen sich in »Zeigen« und »Erzählen« einteilen. Manchmal ist es für den Schriftsteller am wirkungsvollsten, dem Leser von dem Charakter zu erzählen. Wie zum Beispiel in *Der Mann mit dem goldenen Arm*:

Der stille, kleine Blonde mit dem eckigen Gesicht und den zottigen Haaren namens Frankie Machine und der zerzauste, nervöse Spinner, Spatz genannt, hielten sich für gerissen genug, es mit jedem anderen Ganovenpaar aufnehmen zu können. Diese Mauern, die sie schon öfter eingesperrt hatten, hatten sie nie lange festhalten können.

Hier werden die Figuren nicht in Aktion gezeigt, durch die sich ihre körperlichen Fähigkeiten oder ihre Reaktionen offenbaren könnten. Der Autor erzählt uns stattdessen, was er uns wissen lassen will. In knappen Worten wird dem Leser mitgeteilt, was Frankie und Spatz voneinander unterscheidet und welchen Geschäften sie nachgehen.

Erzählen Sie jedoch nicht zu oft. Dozenten notieren gerne *Zeigen, nicht erzählen* an den Rand der Manuskripte von Studenten, wobei sie diesen Satz nicht selten mit einem Ausrufungszeichen schmücken. Aus gutem Grund. Informationen durch Zeigen zu enthüllen, ist meist viel interessanter, als sie zu erzählen, denn der Leser muss sich mit den Personen beschäftigen und wird – ergo – stärker in das Geschehen hineingezogen. Ihre Charakterisierung sollte so geschehen, dass Sie dem Leser Ihre Figuren *zeigen*.

Ein Beispiel:

Greta ist eine dreiundzwanzigjährige Künstlerin und Innenarchitektin, die auf Zimmergenossen verzichten kann.

Nun hat der Leser das Wichtigste über Greta erfahren, und Sie können mit der Handlung fortfahren. Hier wird *erzählt*, wie Greta heißt, wie alt sie ist, was sie macht und was sie nicht leiden kann.

Der Autor würde aber einen stärkeren Eindruck hinterlassen, wenn er Greta dem Leser *zeigt*. Dazu muss er spezifische Details finden, die die notwendigen Informationen übermitteln, während der Leser sich auf die Gefühle und Taten der Figur konzentriert – eben auf das, was interessant ist. So zum Beispiel:

Nach einer anstrengenden Woche bei Mr. Feinmen, wo sie mit Materialien experimentiert hatten, die die Eingangshalle in einen höhlenartigen Raum mit niedriger Decke verwandeln würde, saß Greta in einer dunklen Ecke des Cafés und trank ihren Tee. Falls ihre Zimmergenossin diese Nacht außer Haus wäre, hätte sie vielleicht die Zeit, mit dem restlichen Maschendraht neue Skelett-Skulpturen zu gestalten.

Die Fakten sind auch in dieser Version enthalten: Der Leser bekommt eine Ahnung von ihrem Alter und erfährt, dass sie Innenarchitektin ist und ihre Wohnung lieber allein für sich hätte. Darüber hinaus zeigt sich, dass Greta offensichtlich einen etwas makaberen Kunstgeschmack hat, und es wird deutlich, worin ihr Problem mit der Zimmergenossin besteht: Greta fühlt sich eingeengt, kann sich künstlerisch nicht so entfalten, wie sie es gerne möchte. Außerdem erfährt der Leser, wie Greta mit Stress umgeht: Sie zieht sich in ein Café zurück, statt dem Problem entgegenzutreten. Interessanterweise scheint sie auch im Privatleben eine höhlenartige Umgebung zu favorisieren. Und sie trinkt Tee, was dem Leser etwas anderes über sie verrät, als wenn sie Bier trinken würde. Oder einen Martini.

Diese zweite Version ist interessanter zu lesen, weil der Leser Gelegenheit bekommt, in die Geschichte einzutauchen. Seine Aufmerksamkeit richtet sich auf die Handlung und Gretas Wünsche, was Spannung und eine Bewegung erzeugt, während nebenbei Einzelheiten über den Charakter enthüllt werden.

Die Figuren zu zeigen, erlaubt Ihnen auch, das Tempo zu drosseln und den Charakter langsam und schrittweise zu offenbaren. Im wirklichen Leben geben Sie einem Fremden gegenüber ja auch nicht sofort all Ihre Vorzüge und Laster preis. Stattdessen werden

Ihrem Mitmenschen diese Einzelheiten, die Sie zu einem Individuum machen, schrittweise und über einen längeren Zeitraum hinweg deutlich. In der Literatur wird es genauso gemacht – nur, dass es sich nicht ein ganzes Leben lang hinzieht.

Sie haben vier Möglichkeiten, Charaktereigenschaften darzustellen. Durch

Handlung
Sprache
Auftreten und Äußeres
oder Gedanken.

Diese vier Bereiche erlauben Ihnen, Charaktere in all ihrer dreidimensionalen Pracht darzustellen.

Handlung

Sie kennen die Klischees: *Die Tat sagt mehr als tausend Worte* und *Das glaube ich erst, wenn ich es sehe.* Handlung ist das wichtigste Element in jeder Geschichte, weil sie dem Leser so gut wie alles verrät. Die Persönlichkeit einer Figur schimmert bei allem, was sie tut, durch – wie reagiert sie auf einen Nachbarn, der seinen Müll auf dem Flur stehen lässt, bis ihn jemand anderes herunterbringt? Wie verbringt sie ihre Dienstagabende? Wie geht sie mit dem aufgebrachten Mann im Zug um? Handlung ist meistens die beste und wirkungsvollste Methode, einen Charakter darzustellen.

In *Der große Gatsby* wird Daisy sehr präzise durch ihre Taten definiert. Im folgenden Abschnitt trifft sie Nick, den Erzähler und ihren Cousin, seit vielen Jahren zum ersten Mal wieder:

Sie lachte wieder, als hätte sie etwas Geistreiches gesagt, und hielt meine Hand einen Moment lang fest. Dabei bedachte sie mich mit einem Blick, der mir das Gefühl gab, dass es niemanden gab, den zu sehen sie sich im Augenblick mehr wünschen könnte. So war sie eben.

Daisy schenkt Nick aufrichtige Aufmerksamkeit. Ihre Taten und ihre Gesten charakterisieren ihren Charme und verraten etwas über ihren Hintergrund als Südstaatenschönheit. Obwohl alle Taten und Gesten vielsagend sind, sind es die Reaktionen in Krisenmomenten, die uns einen Einblick ins innerste Wesen einer Figur erlauben. Nachdem Daisy ihrem Ehemann eröffnet hat, sie würde ihn, Tom, wegen Gatsby verlassen, steigen Daisy und Gatsby ins Auto. Daisy, die am Steuer sitzt, verliert die Kontrolle über den Wagen, tötet versehentlich eine Frau (keine geringere als Toms Geliebte!) und begeht aus Furcht Fahrerflucht – womit sich ihre Nervosität unter Druck offenbart. Um sie zu schützen, bietet Gatsby an, die Schuld auf sich zu nehmen, und setzt sie schließlich zu Hause ab. Dann wartet er draußen, weil sie abgemacht haben, dass sie sich in ihrem Zimmer einschließen und Lichtzeichen geben soll, falls Tom ihr eine Szene macht. Nick allerdings trifft die beiden unten in der Küche an:

Daisy und Tom saßen einander am Küchentisch gegenüber. Zwischen ihnen standen ein Teller mit kaltem, gebratenen Hühnchen und zwei Flaschen Bier. Er redete auf sie ein und hatte in einer Geste der Aufrichtigkeit seine Hand über die ihre gelegt. Ab und zu blickte sie zu ihm auf und nickte zustimmend.

Sie waren nicht glücklich, und keiner von ihnen hatte das Hühnchen oder das Bier angerührt – und doch waren sie auch nicht unglücklich. Das Bild, das sie beide abgaben, strahlte eine unmissverständliche Intimität aus, und jeder, der sie so zusammen sah, hätte vermutet, sie würden gemeinsam etwas aushecken.

Hier wird Daisys wahres Ich enthüllt. Sie hat zwar ihre Liebe zu Gatsby eingestanden und angekündigt, Tom zu verlassen, kehrt aber im Augenblick der Krise – sie hat durch ihren rücksichtslosen Fahrstil eine Frau getötet! – in die Sicherheit ihrer Ehe zurück und überlässt es Gatsby, die Schuld auf sich zu nehmen. Wir wissen nun sehr viel über Daisy: Von ihrer Falschheit, ihrer Unterwürfigkeit, ihrer Feigheit und ihrer Unfähigkeit, Krisen zu meistern. Das ist ein ganzes Stück entfernt von der charmanten Schönheit, die wir am Anfang kennen gelernt haben.

Flannery O'Connor erzählte in ihrem Buch *Mystery and Manners*, wie sie einmal einige ihrer frühen Geschichten einer Nachbarin gegeben hatte. Als sie sie gelesen hatte, kommentierte die Frau: »Aber die Geschichten zeigen doch einfach nur, was ein paar Leutchen machen.« O'Connors Bemerkung: »Ich kam zu dem Schluss, dass sie Recht hatte. Aber wenn man Geschichten schreibt, sollte man sich anfangs genau *damit* zufrieden geben – zu zeigen, wie bestimmte Leute in bestimmten Situationen handeln.« Versetzen Sie vierzehn verschiedenen Figuren in ein und dieselbe Situation, und Sie erhalten vierzehn verschiedene Handlungsabläufe und Lösungsansätze – vierzehn verschiedene Darstellungen von dem, was eine Figur unter den gegebenen Umständen tun würde.

Sprache

Charaktere stellen sich auch durch ihre Sprache dar. Was Leute sagen, *wie* sie es sagen und was sie nicht sagen, ist sehr aufschlussreich. Was tun Sie, wenn Sie jemanden kennen lernen möchten? Sie reden mit ihm!

Daisy aus *Der große Gatsby* spricht gerne auf kindlich verspielte Art:

»Habt ihr schon mal auf den längsten Tag des Jahres gewartet und ihn dann verpasst? Ich warte immer darauf und verpasse ihn dann regelmäßig!«
»Ich verrate dir ein Familiengeheimnis«, flüsterte sie enthusiastisch.
»Es hat mit der Nase des Butlers zu tun. Willst du das mit der Nase hören?«
»Wissen Sie, ich finde, es ist alles sowieso ziemlich schrecklich«, fuhr sie in überzeugtem Tonfall fort. *»Jeder ist dieser Meinung – selbst die gebildetsten Leute. Und ich weiß es. Ich bin überall gewesen, hab alles gesehen und alles gemacht.«*

Daisys Fragen und ihre banalen Aussagen, die sie mit Selbstsicherheit vorträgt, zeigen dem Leser, wie naiv und unreif sie eigentlich ist. Im Laufe der Geschichte jedoch beginnen wir zu ahnen, dass sich hinter dieser fröhlichen Naivität Spannung verbirgt.

Auftreten

Schon der erste Blick auf eine Person verrät viel über ihre Persönlichkeit. Man kann vom Aussehen, dem Kleidungsstil, Haltung und Gang und dem Gesichtsausdruck eine Menge Schlüsse ziehen. Wie eine Figur zum ersten Mal auftritt, verrät dem Leser, wie diese Figur sich selbst darstellen möchte und welchen Platz sie in dieser Welt einnimmt.

Hier der erste Auftritt von Tom Buchanan, Daisys Mann:

Er hatte sich seit New Haven verändert. Nun war er ein stämmiger Mann um die dreißig mit strohigen Haaren, einem harten Mund und herablassendem Gehabe. Seine arrogant funkelnden Augen beherrschten das Gesicht und verliehen seiner Haltung etwas Aggressives. Nicht einmal die weibische Aufmachung seiner Reitkleidung konnte die enorme Kraft dieses Körpers verbergen – die Schnürung seiner glänzenden Reitstiefel schien bersten zu wollen, und man sah die Bewegung der Muskelpakete unter seiner dünnen Jacke, wenn er die Schultern bewegte. Er hatte einen Körper von enormer Kraft – einen brutalen Körper.

Toms Aggressivität und sein Selbstvertrauen zeigen sich in der Art, wie er breitbeinig auf der Veranda steht. Die Beschreibung seines Mundes, seiner Augen und des Körpers unter seiner Kleidung weckt im Leser den Eindruck eines sehr starken und unnachgiebigen Mannes.

Beschränken Sie sich nicht nur auf das Offensichtliche, wenn Sie das Aussehen einer Figur beschreiben. Manchmal sagen merkwürdige Details mehr, wie Meyer Wolfsheims Manschettenknöpfe aus menschlichen Zähnen und die »zwei feinen Haare, die in jedem Nasenloch wuchsen«.

Gedankenwelt

In der Literatur lassen sich die Gedanken einer Person leichter und ungezwungener vermitteln als in anderen Erzählformen wie Filmen oder Theaterstücken. In *Der große Gatsby* hat der Leser direkten Zugang zu Nicks Gedanken, da die Geschichte aus seiner Perspektive erzählt wird.

Ich ging gerne die Fifth Avenue entlang, suchte mir aus der Menge hübsche Frauen heraus und stellte mir vor, dass ich in wenigen Minuten in ihr Leben treten würde, ohne dass es jemand bemerken oder missbilligen würde. Manchmal folgte ich ihnen im Geiste bis zu ihren Wohnungen an der Ecke einer verborgenen Straße, und sie drehten sich zu mir um und lächelten, bevor sie durch die Tür in die warme Dunkelheit verschwanden. Im magischen Zwielicht der Großstadt empfand ich manchmal eine verzehrende Einsamkeit, und ich spürte dieselbe Einsamkeit in den anderen – in armen jungen Angestellten, die vor Restaurants herumlungerten und darauf warteten, dass sie ihr einsames Abendessen einnehmen konnten, in jungen Angestellten in der Abenddämmerung, die die wichtigen Momente dieser Nacht und ihres Lebens verpassten.

Das Gefühl der Einsamkeit, das Nick uns hier enthüllt, sein Wunsch nach flüchtiger Anerkennung durch die fremden Frauen, die er beobachtet, ist Teil seiner innersten Gedanken, die er wohl mit niemandem teilen würde.

Nutzen Sie alle Möglichkeiten

Verbinden Sie Handlung, Sprache, äußere Erscheinung und Gedankenwelt, um der Geschichte in jedem Augenblick Tiefe zu verleihen. Auch in der Realität erleben wir Menschen durch die verschiedenen, oft gleichzeitig eingesetzten Möglichkeiten ihrer Selbstdarstellung. Sie erreichen denselben Effekt in Ihrem Werk, indem Sie Ihre Figuren in all den vier besprochenen Bereichen zeigen.

In »Kathedrale« erwartet die Frau des Erzählers Besuch: Robert, einen Blinden, für den sie vor vielen Jahren gearbeitet hat und mit dem sie die ganze Zeit über Kontakt gehalten hat. Der Erzähler ist gar nicht entzückt über diesen Besuch, zumal er nicht weiß, wie er mit Roberts Behinderung umgehen soll. Im Folgenden die Szene, in der sich Robert und der Erzähler zum ersten Mal begegnen:

Dieser Blinde, man male sich das aus, trug einen Vollbart! Ein blinder Mann mit Bart! Nicht zu fassen, würde ich sagen. Der Blinde griff nach hinten und zog einen Koffer heraus. Meine Frau nahm seinen Arm, schlug die Autotür zu und führte ihn, die ganze Zeit redend, die Einfahrt entlang und dann die Stufen zur vorderen Veranda herauf. Ich schaltete den Fernsehapparat ab. Ich trank meinen Drink aus, spülte das Glas, trocknete mir die Hände ab. Dann ging ich zur Tür. Meine Frau sagte: »*Das ist Robert. Robert, das ist mein Mann. Ich habe dir alles über ihn erzählt.*« *Sie strahlte. Sie hielt den Blinden am Mantelärmel.*
Der Blinde setzte den Koffer ab und streckte die Hand aus. Ich nahm sie. Er drückte meine Hand fest, hielt sie, und dann ließ er sie los.
»*Ich habe das Gefühl, dass wir uns schon begegnet sind*«*, sagte er mit dröhnender Stimme.*
»*Ebenfalls*«*, sagte ich, weil ich nicht wusste, was ich sonst sagen sollte. Dann sagte ich:* »*Willkommen. Ich hab eine Menge über Sie gehört.*«

Achten Sie darauf, wie der Autor die verschiedenen Möglichkeiten nutzt, um die drei Figuren in diesem besonderen Moment zu zeigen. Wir erhalten Einblick in die Gedanken des Erzählers, für den ein blinder Mann mit Bart offenbar ein »starkes Stück« ist, und erleben ihn nervös und verunsichert, als er sich darauf vorbereitet, dem Mann entgegenzutreten. Auch das anschließende Gespräch verrät uns, wie unbehaglich dem Erzähler zumute ist. Aber diese Szene charakterisiert auch die anderen Figuren: Der Blinde tritt selbstbewusst und sicher auf, die Frau des Erzählers zeichnet sich durch ihr strahlendes Gesicht, ihre Rücksichtnahme dem Blinden gegenüber und ihre Aufregung bei der Vorstellung der beiden Männer aus. In dieser kurzen Szene erhalten wir erstaunlich viele

Informationen über die drei Charaktere, von denen die Geschichte handelt.

Die vier Elemente, die wir einsetzen, um einen Charakter zu zeigen, können auch gegensätzlich zueinander verwendet werden, woraus sich ein interessanter Effekt ergibt. Sagen Sie immer, was Sie denken? Können Sie bei dem wichtigen, aber entsetzlich langweiligen Geschäftsessen Ihrer Frau so tun, als ob Sie sich prächtig amüsieren, obwohl Sie sich nichts weiter wünschten, als mit einem guten Buch zu Hause zu sitzen? Oder würde Ihre Körpersprache Sie verraten?

Oft wird die Wahrheit über eine Person enthüllt, wenn eine Diskrepanz zwischen zwei oder mehr der vier Elemente – Sprache, Handlung, Gedanken und Äußeres – entsteht. George kann seiner Schwester am Telefon sagen, dass dieser Single-Treff, zu dem er ihrer Meinung nach unbedingt gehen sollte, vollkommen indiskutabel sei, während er aber gleichzeitig, Datum, Zeit und Adresse aufschreibt. Georges Sprache (»*Was? Bist du verrückt? Das ist garantiert nichts für mich!*«) sagt etwas vollkommen anderes als seine Tat (»*Na ja, okay, ich kann's ja mal versuchen.*«)

In *Der große Gatsby* zeigt Daisys Verhalten, schon kurz nachdem wir sie kennen gelernt haben, eine Diskrepanz. Tom steht vom Esstisch auf, um ein Telefongespräch von seiner Geliebten anzunehmen. Daisy entschuldigt sich plötzlich und geht ihm nach. Die Dinnergäste hören, wie sie streiten. Als Daisy und Tom zurückkehren, sagt Daisy: »Das musste ja kommen«, und beginnt, über einen Vogel draußen zu plaudern, den sie sich unbedingt hat ansehen wollen. Doch das, was sie getan hat – das plötzliche Aufstehen, ihr Streit mit Tom – widerspricht ihrem sorglosen Geplauder. Obwohl Daisy tut, als ob alles in Ordnung sei, sagen ihre Taten dem Leser und den Gästen etwas ganz anderes.

Gute, fesselnde Literatur nutzt alle Möglichkeiten, den Charakter zu *zeigen*, egal ob sich die einzelnen Elemente ergänzen oder widersprechen. Bringen Sie die einzelnen Elemente miteinander in Einklang, so wie die verschiedenen Instrumente in einem Orchester aufeinander abgestimmt werden müssen. Stellen Sie sich die

Elemente als Streicher, Tasten-, Blasinstrumente und Schlagzeug eines Orchesters vor, und sich selbst als Dirigenten, der sie zu einem harmonischen – oder bewusst disharmonischen – Ganzen zusammenfügt.

☞ *Sie sind dran:* Kehren Sie zu dem Charakter zurück, für den Sie den Fragebogen ausgefüllt haben. Nun stellen Sie diese (jetzt fiktionale) Person in die Welt und geben Sie ihr eine Chance, sich zu offenbaren. Stellen Sie sich vor, diese Person betritt zum ersten Mal das Wartezimmer eines Therapeuten. Welcher Art von Therapeut bleibt Ihnen überlassen (es kann sich auch um eine Paartherapie handeln oder etwas mit dem Haustier zu tun haben) – Hauptsache, diese Person steht ein wenig unter Stress. Nun schreiben Sie ein paar Absätze über diese Person, indem Sie alle vier Bereiche – Handlung, Sprache, Äußeres und Gedanken – nutzen. Wenn Sie mögen, stellen Sie sich diese Figur in einer noch angespannteren Situation vor: Sie könnte zum Beispiel beobachten, wie eine andere Person mit einer Waffe bedroht wird. Was würde Ihre Figur in diesem Fall tun?

Nur relevante Merkmale

Haben Sie einmal einen abgerundeten, »echten« Charakter entwickelt, dann können Sie alles über ihn oder von ihm erzählen oder zeigen. Aber überlegen Sie gut, welche Einzelheiten und Merkmale Sie verwenden wollen, und widerstehen Sie der Versuchung, alles in eine Figur hineinzustopfen!

Die Tatsache, dass Ihre Figur Lance eineinhalb Jahre in Harvard studiert hat, mag nicht wirklich in eine Geschichte von Lance und seiner Frau Addie passen, die bereits seit dreiundvierzig Jahren verheiratet sind und gerade den Verlust ihres Dobermanns namens Eugene betrauern. Die Harvard-Sache könnte jedoch von Bedeutung sein, wenn sich die Geschichte um Lances Reue dreht, frühzeitig das Studium abgebrochen zu haben, weil er damals mit seiner späteren Frau nach Paris gegangen ist. Jede Einzelheit Ihrer

Charakterstudie sollte ausschließlich dazu da sein, die Geschichte, die Sie erzählen wollen, voranzubringen oder mit wirklich nötigen Informationen auszustatten. Unwichtige Details lenken nur von der Charakterisierung ab. In Flannery O'Connors »Alles, was aufsteigt, muss sich vermischen« wollen Julian und seine Mutter gerade zu ihrem allwöchentlichen Diät-Club gehen:

Sie war fast zum Gehen bereit, stand im Flur vor dem Spiegel und setzte ihren Hut auf, während er, die Hände hinter dem Rücken, am Türrahmen lehnte und gottergeben wartete wie der Heilige Sebastian, dass der Pfeil ihn durchbohren möge. Der Hut war neu und hatte sie siebeneinhalb Dollar gekostet. Immer wieder sagte sie: »Vielleicht hätte ich nicht so viel dafür ausgeben sollen. Nein, ich hätte es besser nicht getan. Ich nehme ihn jetzt ab und bringe ihn morgen zurück. Ich hätte ihn nicht kaufen sollen.«
Julian hob den Blick gen Himmel. »Doch, du hättest ihn kaufen sollen«, sagte er. »Nun setz ihn auf und lass uns gehen.« Es war ein abscheulicher Hut. Auf der einen Seite war die violette Samtkrempe heruntergeklappt, auf der anderen Seite ragte sie nach oben; der Rest war grün und sah aus wie ein Kissen ohne Füllung. Er fand, dass er weniger komisch, denn mitleiderregend aussah. Alles, was ihr Vergnügen bereitete, kam ihm klein und niederdrückend vor.
Sie hob den Hut ein letztes Mal und senkte ihn dann langsam auf ihren Kopf nieder.

Julians Mutter macht ziemlich viel Wind um diesen merkwürdigen Hut, bereut, ihn gekauft zu haben und braucht die Bestätigung ihres Sohnes, dass sie doch das Richtige getan hat. Sie ist offensichtlich eitel, unsicher und nicht die Schnellste. Aber dieser Absatz zeigt uns auch – und das ist vielleicht das Wichtigste –, dass ihr Benehmen für ihren Sohn eine Quelle ständiger Ärgernisse ist. Auf den ersten Blick mag diese Szene nicht besonders bedeutend sein, aber der Hut und die angedeuteten Charakterzüge spielen bald darauf eine große Rolle, als sie im Bus eine Frau treffen, die denselben Hut trägt!

Das Kind braucht einen Namen

Wenn es um fiktionale Personen geht, sind Namen keinesfalls bedeutungslos. Sie müssen zum Charakter passen. Ihre Eltern haben Ihnen Ihren Namen gegeben, bevor sie Sie kennen gelernt haben und ganz bestimmt, bevor Sie wussten, welche Persönlichkeit aus Ihnen geworden ist, aber als Autor können Sie Ihre Figuren entsprechend Ihrer Charakterisierung taufen.

Vermeiden Sie nichts sagende Namen wie Joe Smith oder Lisa Müller. Und hüten Sie sich davor, all Ihren Figuren ähnliche Namen zu geben wie Mike, Mark, Mick und Maria; das verwirrt den Leser. Versuchen Sie stattdessen Ihrer Figur einen Namen zu geben, der etwas über sie verrät.

Manche Schriftsteller bevorzugen Namen, die buchstäblich etwas über den Charakter aussagen. Dickens verwendete treffende und farbenprächtige Namen wie in *Nicholas Nickleby* (einem Roman, in dem es zum großen Teil um Geld geht!), wo Figuren wie Wackford Squeers, Sir Mulberry Hawk und Miss Snevellicci zu finden sind. Die Hauptfigur aus *Lolita* trägt den trägen, unbeholfen klingenden Namen Humbert Humbert.

Aber Namen können auch auf subtilere Art vielsagend sein. In Carson McCullers' *Das Herz ist ein einsamer Jäger* passt der Name Antonapoulos zu der kleinlichen, pedantischen Persönlichkeit der Figur, während der Name des Freundes – Singer – für mehr Schlichtheit und Bodenständigkeit steht. Und vergessen Sie auch Spitznamen nicht! Frankie Machine hat seinen Spitznamen von einer Verballhornung seines echten Nachnamen – Majcinek – in Verbindung mit seinem Talent, die Karten so gleichmäßig zu geben, als sei sein Arm eine Maschine.

☞ *Sie sind dran:* Nehmen Sie das Telefonbuch, schlagen Sie eine Seite auf und deuten Sie wahllos auf einen Namen. Diese Person ist Ihre Figur. Überlegen Sie, wie diese Person wohl sein mag. Oder welcher Charakter mit diesem besonderen Namen leben könnte. Machen Sie sich ein Bild von dieser Person und notieren Sie sich ein paar Merkmale. Sie können diese Figur, wenn Sie sie inspiriert, auch in einer der vorangegangenen Übungen einsetzen. Und was hindert Sie daran, diese Methode jedes Mal, wenn Sie eine Figur brauchen, zu nutzen? Es gibt eine ganze Menge Namen im Telefonbuch!

Manchmal brauchen Figuren keinen Namen, wie in Carvers Kurzgeschichte »Kathedrale«. Manche Figuren werden nur als »der Mann« oder »das Mädchen« bezeichnet, wie in Ernest Hemingways »Hügel wie weiße Elefanten«. In diesen Fällen erzeugt die Namenlosigkeit eine gewollte Anonymität, doch Sie sollten mit diesem Kunstgriff sparsam umgehen: Zum einen, weil es künstlich wirken kann, zum anderen, weil Sie sich selbst eine wunderbare Möglichkeit zur Charakterisierung Ihrer Figur nehmen.

Kehren wir noch einmal zu *Der große Gatsby* zurück; hier wird eine ganze Gruppe von Leuten allein durch ihre Namen näher definiert. Nick erinnert sich an Gäste auf einer Party:

Ich kann mich erinnern, dass Faustina O'Brien mindestens einmal da war, genau wie die Baedecker-Mädchen und der junge Brewer, dem man im Krieg die Nase abgeschossen hatte, und Mr. Albrucksburger und Miss Haarg, seiner Verlobten, und Ardita Fitz-Peters und Mr. P. Jewett, einst Kommandant der American Legion, und Miss Claudia Hip mit einem Mann, der angeblich ihr Chauffeur war und ein Prinz von irgendwo, den wir Duke nannten und dessen Namen ich, falls wir ihn je gewusst hatten, vergessen habe.

Namen sind wie das Papier, in das ein Geschenk eingehüllt wird: Es lässt erahnen, was darin verborgen ist.

3. KAPITEL

Plot: Eine Frage des Brennpunkts

David Harris Ebenbach

Als ich am Vermont College ankam, wo ich mich für das Studienprogramm »Kreatives Schreiben« angemeldet hatte, trug ich mehr als hundert Seiten meines ersten Romans bei mir. Ich hatte schon einige Monate daran gearbeitet, aber ich hatte einen Stillstand erreicht; ich wusste nicht so recht, was ich mit den geschriebenen Seiten machen sollte. Ich gab den Teilentwurf meiner Tutorin, Ellen Lesser. Natürlich hoffte ich, dass sie es als geniales Werk bezeichnen und mir damit die nötige Motivation geben würde, an meiner Idee festzuhalten und den Roman zu Ende zu schreiben. Was sie dann schließlich sagte, war zwar leider nicht so positiv, aber doch weit hilfreicher: Ellen riet mir, gut die Hälfte der Seiten zu streichen!

Mein erster Gedanke war natürlich, dass mein Entwurf nichts taugte und ich ihn ebenso gut gleich in den Schredder stecken konnte. Doch als ich mich ein wenig beruhigt hatte, nahm ich mir die Zeit, meine fertigen Seiten genauer zu betrachten und über Ellens Rat nachzudenken. Und in diesem Moment begann ich, tatsächlich etwas zu lernen.

Übrigens war Ellen von großen Teilen meines Buches sehr angetan; sie fand, dass man etwas richtig Gutes daraus machen konnte. Gerade deswegen wies sie mich darauf hin, dass meine ersten Kapitel zu viel Exposition enthielten, während zu wenig geschah. Es gab Dialoge, die sich zwar sehr echt und lebensnah anhörten, aber nichts zur Entwicklung beitrugen, und überflüssige Szenen, in denen die Figuren ganz normale Alltagsdinge erledigten: Zähneputzen, sich anziehen, von hier nach da gehen usw.

Ich erinnere mich besonders an eine Szene, in der einer meiner Hauptcharaktere mit seiner Katze auf der Schulter durch seine

Wohnung wandert. Er hatte gelesen, geschlafen, wieder gelesen; er schmierte sich ein Erdnussbutterbrot; nun sah er aus diesem Fenster, dann aus jenem; draußen war es heiß. Es geschah nicht viel. Während er durch seine Wohnung ging, dachte er über sein Leben nach – Fakten, die der Leser meiner Meinung nach unbedingt wissen wollte und sollte. Doch der Leser war inzwischen eingeschlafen.

Ellen vermutete, dass ich diese Abschnitte im Grunde für mich selbst geschrieben hatte, um die Personen, die Schauplätze und die Situationen kennen zu lernen, damit ich anschließend authentisch über sie schreiben konnte. Und das war auch gut und schön – für mich sogar sehr wichtig. Aber der Leser brauchte diese ganze Grundlagenarbeit nicht. Er wollte eine Geschichte – und zwar gleich und sofort!

Mit anderen Worten: Ich musste mir mehr Gedanken über den Handlungsaufbau, den Plot, machen.

Plot kontra Realität

Das Leben kann ganz interessant sein. Das Leben ist oft sehr bewegend und ereignisreich. Aber ganz selten enthält das Leben einen »Plot«. Ich esse mein Brot, weil ich Hunger habe; ich gehe zur Arbeit und kehre nach Hause zurück und fühle mich am Abend nicht großartig anders als am Tag zuvor. Den ganzen Tag über treten Menschen in mein Leben und verschwinden wieder daraus, in den meisten Fällen zufällig. Selten steuert das Alltagsgeschehen auf einen Höhepunkt zu, wie es in einer guten Kurzgeschichte oder einem Roman sein sollte. Selbst der Tod, vielleicht das einzige wahre Ende, das wir als menschliche Wesen erleben können, tritt meist unvermittelt ein, wodurch man gezwungen ist, viele Dinge unerledigt zu lassen.

Sie könnten nun behaupten, ein Plot *sei* wie das wahre Leben, wenn wir, wie Elmore Leonard rät, alle langweiligen Bestandteile außen vor lassen. Aber das bringt uns nur zu meiner These zurück, dass ein Plot eben nicht wie das wahre Leben ist. Deshalb ist der Handlungsablauf ein Element des Schriftstellerhandwerks, das die reale Welt von der fiktionalen Welt trennt. Wenn jemand in Hinblick auf seine eigene Existenz »Worum geht es?« fragt, wird er vermutlich keine fertige Antwort erwarten. Aber er stellt diese Frage jedes Mal, wenn er eine Kurzgeschichte oder einen Roman zur Hand nimmt, und dann sollte er darauf eine Antwort bekommen. Erfolgreiche Literatur muss eine Richtung, muss eine faszinierende und bedeutungsvolle Sequenz von Ereignissen haben. Mit diesem Kapitel möchte ich zeigen, wie Sie das Leben zu Papier bringen können, indem Sie den Plot zum Leben erwecken.

Denken Sie einen Moment lang an eine Geschichte, die Sie wirklich genossen haben – eine von den Geschichten, die Sie einfach nicht mehr aus der Hand legen konnten. Es ist ziemlich wahrscheinlich, dass diese Geschichte einen packenden und gut ausgearbeiteten Plot hat. Ein Ereignis führt zu einem anderen, das noch fesselnder ist, als das vorherige; die Handlung wird straffer, die Spannung steigt, und alles steuert auf eine Auflösung zu, der Sie ungeduldig entgegenfiebern.

Das ist der deutlichste Nutzen, den ein Handlungsschema in die Geschichte einbringt. Obwohl man in literarischen Zirkeln gerne über die so genannte Spannungsliteratur die Nase rümpft, ist es eine Tatsache, dass einige der bekanntesten Romane – Toni Morrisons *Menschenkind* zum Beispiel, *David Copperfield* von Charles Dickens oder Richard Wrights *Sohn dieses Landes* – deshalb so gut funktionieren, weil sie einen Plot haben, der den Leser fesselt und von Anfang bis Ende nicht mehr loslässt. Die Ereignisse bewegen und berühren uns, und wir machen uns Gedanken über das, was als Nächstes geschehen wird. Denn wenn es einem Roman nicht gelingt, uns zum Mitfühlen zu bewegen, dann wird er in den meisten Fällen weggelegt, um auf irgendeinem obersten Regalfach einzustauben.

Im Kern der besten Literatur liegt die Erregung, die uns befällt, wenn wir spüren, dass das Werk ein besonderes Ziel ansteuert – wenn es einen Plot hat.

Die Methode, mit der man das erreicht, scheint einfach – wenigstens in der Theorie. Der Handlungsaufbau gibt der Fiktion den Zusammenhang, indem er alle Figuren, Schauplätze, Szenerien, die Stimme und alles andere um eine einzige organisierende Kraft zusammenzieht. Ja, genau – eine einzige Kraft. Schließlich ist eine Kurzgeschichte, so stark sie den Leser auch beeindrucken mag, eine sehr enge, begrenzte Welt, und dasselbe lässt sich überraschenderweise auch von einem Roman sagen. Literarische Werke handeln nicht von tausend Dingen – das können sie gar nicht; in der Regel geht es nur um eine einzige Sache. Und diese Kraft, die in einem guten, faszinierenden Werk alles zusammenhält, ist wiederum eine einzige, drängende Frage.

Die zentrale dramatische Frage

Sie ist meist eine einfache Frage, die am Ende der Geschichte mit Ja oder Nein beantwortet werden kann. *Wird Brian eine neue Stelle finden? Werden Jamie und Ana sich getrennte Wohnungen suchen? Wird Shira endlich aufhören, das Kind in ihrem Inneren zu ignorieren?*

Betrachten Sie die Literatur. Überall finden Sie diese zentrale Frage, die alle Elemente zusammenfasst und organisiert. Nehmen wir folgende Kurzgeschichten:

Bernard Malamuds »Das Zauberfass« ist mit faszinierenden Charakteren bevölkert und in bemerkenswertem Stil geschrieben, aber ihre bestimmende Frage lautet, ob Student Leo Finkle eine Frau findet.

In Peter Camerons »Memorial Day« fragen wir uns, ob der kleine Junge, der die Geschichte erzählt, in sein altes Leben zurückkehren kann und seine Eltern zusammenbleiben.

In »Sonnys Blues« von James Baldwin stellt der Erzähler die Frage, ob es Sonny gelingen wird, sein schwieriges Leben und sein Leid hinter sich zu lassen – womit er diese Frage indirekt uns allen stellt.

Eine solche einzelne, zentrale Frage ist selbst in der relativ komplexen Welt der Romane die organisierende Kraft:

In *Stolz und Vorurteil* von Jane Austen lautet sie, ob Elizabeth Bennet am Ende mit Mr. Darcy zusammenkommt.

In Hemingways *Wem die Stunde schlägt* wollen wir erfahren, ob Robert Jordan seine militärische Mission überlebt und seinem scheinbar unvermeidlichen Schicksal entgehen kann.

In John Steinbecks *Jenseits von Eden* wird danach gefragt, ob Cal Vergebung findet für das, was aus ihm geworden ist.

Hunderte von Seiten und in all diesen Beispielen dominiert eine einzelne Frage! Und warum können wir diese Romane nicht aus der Hand legen? Es ist die Spannung, die diese Hauptfrage erzeugt. Wir wollen unbedingt wissen, wie die Antwort lautet.

Natürlich müssen Sie, wenn sie eine Frage aufgeworfen haben, auch eine Antwort liefern. Sie haben verschiedene Möglichkeiten dazu: *Ja, Nein* und *Vielleicht* sind als Antwort alle gleich gut. Ja – es ist gut, wenn Brian eine Stelle findet. Nein – es ist ebenso gut, wenn er es nicht schafft. Immer vorausgesetzt, die Ereignisse in der Geschichte und Brians Charakter rechtfertigen das Ergebnis. Selbst ein *Vielleicht* ist legitim, wenn Sie den Leser davon überzeugen können, dass ein klares *Ja* oder *Nein* am Ende nicht ehrlich gewesen wäre.

Das heißt, die Antwort muss plausibel sein und überzeugen. Der Leser wird sehr unzufrieden, wenn die Antwort *deus ex machina* gegeben wird, der lateinische Ausdruck für ein griechisches Tragödienelement, das eine Auflösung durch einen zufälligen oder beiläufigen Akt eines Gottes, also unmotiviert und unabhängig von den Ereignissen, herbeiführt. Das ist übrigens ein Grund, warum viele Leser heute Dickens nicht mögen: Die wundersamen Auflösungen erscheinen dem modernen Leser oftmals zu billig. Die Antwort sollte sich immer unmittelbar aus der Handlung oder den Gedanken des Protagonisten ergeben.

Die wichtigste Regel jedoch lautet, dass die Antwort zur Frage passen muss. Wenn Sie die ganze Geschichte über danach fragen, ob Brian einen Job finden wird und Spannung um seine wiederholten und immer verzweifelteren Versuche herum aufbauen, können Sie Ihr Werk nicht mit der Antwort, *Ja, er wird wieder zu lieben lernen,* abschließen. Sie müssen die Frage nach seiner beruflichen Zukunft beantworten. Tun Sie das nicht, wird sich der Leser verärgert fragen, worum es in Ihrer Geschichte überhaupt geht, und das ist schließlich das Letzte, was Sie anstreben.

Die zentrale Frage mag manchem Schriftsteller wie ein Fremdelement, das man in eine Struktur zwingen muss, in die es nicht hineingehört, vorkommen. Aber diese Frage ist ein organischer Bestandteil Ihres fiktionalen Universums, sie ist mit allen anderen Elementen des Werkes verbunden. Und fast immer basiert diese Frage auf dem Zusammenspiel dreier Elemente: dem Protagonisten, dem Ziel des Protagonisten und dem Konflikt, der den Protagonisten von seinem Ziel abzuhalten droht.

☞ *Sie sind dran:* Denken Sie an einen Ihrer Lieblingsromane oder an *Vom Winde verweht, Der Name der Rose, Fegefeuer der Eitelkeiten* und versuchen Sie, die zentrale Frage darin zu formulieren. Denken Sie daran: Es ist eine Frage, die gewöhnlich mit *Ja, Nein* oder *Vielleicht* beantwortet werden kann. Manchmal ist sie nicht sofort erkennbar; vielleicht müssen Sie ein wenig blättern oder die Geschichte sogar erneut lesen.

Protagonist

Der Protagonist ist die Hauptfigur Ihres Werkes. Er oder sie ist die Figur, die am detailliertesten entwickelt ist, und die zentrale Frage hängt immer unmittelbar mit dieser Figur zusammen.

Durch die große Aufmerksamkeit, die der Protagonist erhält, gibt es in den meisten Werken nur eine oder zwei Hauptfiguren. Natürlich gibt es auch Romane mit mehreren Protagonisten – William Faulkners *Schall und Wahn*, Gabriel García Marquez' *Hundert Jahre Einsamkeit* und Rick Moodys *Ein amerikanisches Wochenende* sind Beispiele dafür –, aber meist konzentrieren sich auch umfangreiche Werke auf nur einen Protagonisten. Die Autoren nutzen die

Länge eines Romans nicht dazu, eine ganze Gruppe von Figuren darzustellen, sondern um sich sehr genau und intensiv mit einer einzigen Figur zu beschäftigen.

Ein klassisches Beispiel dafür ist Salingers *Fänger im Roggen*, der dem Leser den einzigartigen Holden Caulfield präsentiert – und nur ihn allein. Holden, der hypersensible Teenager mit der flapsigen Sprache, ist klug und unbeholfen und abgeklärt und unerfahren und hoffnungsvoll und deprimiert und einsam und jung – alles auf einmal. Er ist zu einer der berühmtesten und meist geliebten Figuren der Literatur geworden, und das zum Teil, weil wir so tief in seinen Geist eindringen können, dass wir manchmal das Gefühl haben, er zu sein.

Aber so sehr wir uns auch in Holden Caulfields Persönlichkeit einfühlen, seine Persönlichkeit allein würde nicht genügen, um uns für die Dauer des gesamten Romans zu fesseln. Damit wir gespannt Seite um Seite umblättern, muss Holden eine Geschichte haben.

Ziel

Das zweite Kapitel zum Thema Figuren behauptet, dass jeder Charakter einen übermächtigen Wunsch haben muss. Ich behaupte, dass der brennende Wunsch des Protagonisten der Schlüssel zum Plot der Geschichte ist. Wenn wir davon ausgehen, dass die Geschichte durch eine einzige Frage vorangebracht wird, dann hängt diese Frage unmittelbar mit *der einen* Sache zusammen, die sich der Protagonist zu erreichen wünscht. Nennen wir es »das Ziel«. Um das Ziel des Protagonisten dreht sich die zentrale Frage, die am Ende mit Ja oder Nein beantwortet wird.

Dieses Ziel kann etwas Bewusstes sein, d. h. der Protagonist hat vor Augen, was er erreichen will, oder etwas Unbewusstes, das den Charakter antreibt, sich ihm aber vielleicht niemals eindeutig offenbart. In beiden Fällen jedoch wirft es für den Leser die zentrale Frage auf, die das Werk wie ein roter Faden durchzieht.

Das Ziel kann also entweder ganz konkret – zum Beispiel Brians Job – oder auch abstrakt sein, wie der Wunsch nach Selbstvertrauen, Liebe oder Anerkennung. Abstrakte Ziele werden in der Realität gewöhnlich mit konkreten verbunden – und umgekehrt: Essen kann ein Gefühl des Trostes vermitteln, Macht hat oft mit Geld zu tun, und ein positives Bewerbungsgespräch kann Balsam für das Selbstvertrauen sein. Deshalb sollten abstrakte Ziele auch in der Literatur von etwas Konkretem repräsentiert werden, wenn Sie verhindern wollen, dass sich die ganze Geschichte – nun, abstrakt anfühlt.

In *Der Fänger im Roggen* sucht Holden den einen Ort, wo er hingehört. Er verfolgt diesen abstrakten Wunsch auf konkrete Weise, indem er nach New York geht und sich auf die Suche nach einer – irgendeiner – Person macht, die ihn versteht und sich nicht als »Schwindler« entpuppt. Sobald der Leser sich in den Protagonisten hineinversetzen kann und dessen Ziel erkennt, weiß er auch, wie die zentrale Frage lautet: *Wird Holden Caulfield den Ort finden, wo er hingehört?*

Ob die Figur bekommt, was sie will, ist übrigens eine vollkommen andere Geschichte.

☞ *Sie sind dran:* Stellen Sie sich einen Protagonisten vor, der alles zu haben scheint – ein Zuhause, finanzielle Sicherheit, eine liebende Ehefrau. Geben Sie dieser Person einen Namen und machen Sie sie mit ein paar Details lebendiger. Dann überlegen Sie sich ein abstraktes Ziel für diese Person. Verbinden Sie das abstrakte Ziel mit etwas Konkretem, das sich in einer Geschichte entwickeln lässt: Wenn diese Figur sich beispielsweise nach Abenteuer sehnt, möchte sie vielleicht eine Weltreise auf einer Segelyacht machen. Ein Hinweis: Das Ziel sollte aus einem Bedürfnis entstehen, etwas, das in dem vermeintlich perfekten Leben dieser Person fehlt.

Konflikt

Das Ziel des Protagonisten stimmt nicht mit dem überein, was andere Leute sich wünschen, oder fordert vielleicht sogar die Gesellschaft mit ihren Konventionen heraus. Mit anderen Worten: Auf dem Weg zu seinem Ziel werden dem Protagonisten viele Steine in den Weg gelegt. Diese Steine oder Hindernisse lösen den Konflikt aus. Nein, wir dürfen es unseren Charakteren nicht leicht machen, auch wenn wir sie ins Herz geschlossen haben. Wer in der Literatur problemlos sein Ziel erreicht, langweilt – keine gute Geschichte. Der Plot braucht den Konflikt.

Und damit es interessant *bleibt*, muss der Konflikt eskalieren. Die rivalisierenden Kräfte – das Streben des Protagonisten, das ihn in die eine Richtung zieht, und der Widerstand des »Gegners«, der dagegen angeht – steigern sich beide im Verlauf der Geschichte in gleichem Maße. Sie kämpfen wie zwei nahezu ebenbürtige Ringer immer entschlossener, bis schließlich einer aufgeben muss. Und je verbissener der Kampf, umso besser die Geschichte.

Der Konflikt kann in vielerlei Gestalt auftreten. Manche Hindernisse sind äußerlich und können durch andere Personen repräsentiert werden, zum Beispiel durch Antagonisten, Figuren, die die Hauptfigur ganz konkret von ihrem Ziel abhalten wollen. Es können aber auch gesellschaftliche Strukturen, die Natur, göttliche Taten sein. Eine Frau, die Obdach sucht, hat vielleicht nicht das Geld, um es sich zu verschaffen, und ein Mann, der sich Liebe wünscht, findet möglicherweise niemanden, der bereit ist, sie ihm zu schenken.

Andere Hindernisse sind innerlich. Die Frau glaubt vielleicht, sie sei es nicht wert, ein Dach über dem Kopf zu haben, und der Mann weiß nicht, wie man Liebe gewinnen kann. In diesen Fällen findet der Kampf zum größten Teil im Kopf unserer Figuren statt, und die gegensätzlichen Kräfte sind ihr Wunsch oder ihr Verlangen einerseits und die Ängste und die persönlichen Unzulänglichkeiten andererseits. Geschichten, die uns wirklich bewegen, Geschichten mit Tiefe, sind die, in denen zumindest ein Teil des Konflikts innerlich ausgetragen wird.

Oft findet man innerhalb eines Werkes verschiedene Quellen für Konflikte – sowohl innere als auch äußere. Und während die Hindernisse dem Protagonisten das Leben schwer machen, bereichern sie die Geschichte und ziehen den Leser in ihren Bann. Denn schließlich ist *Eine hungernde Familie will hinausgehen, um zu betteln, findet aber etwas zu essen auf ihrer Türschwelle* keine besonders packende Story – wenn es überhaupt eine ist.

Der Fänger im Roggen steckt voller Konflikte. Holden Caulfield sehnt sich nach emotionaler Sicherheit und Verständnis und versucht, beides bei verschiedenen Personen zu finden: bei Autoritätspersonen wie Mr. Spencer oder Mr. Antolini, bei Gleichaltrigen wie Stadlater oder Carl Luce, bei Sally Hayes, bei seiner Familie, sogar bei einer Prostituierten. Doch seine Versuche schlagen immer wieder fehl; überall stößt er auf externe Hindernisse, trifft »Schwachköpfe« und »Schwindler« und Menschen, die sein Vertrauen missbrauchen. Auch innere Hindernisse machen ihm zu schaffen; wenn er versucht, sich anderen gegenüber zu erklären, scheitert er, und nicht einmal sich selbst gegenüber kann er sich klar und präzise ausdrücken. Ist er sich überhaupt bewusst, dass er ein Ziel hat? Wahrscheinlich nicht. Und falls doch, weiß er nicht, wie er es erreichen soll. Dennoch verfolgt er sein Vorhaben immer nachdrücklicher und überlegt am Ende sogar, ob er nicht vielleicht nach Colorado gehen soll.

Findet Holden schließlich, wonach er sucht? Nun, er entscheidet sich, seine Coloradopläne fallen zu lassen und bei der einen Person zu bleiben, der er vertraut – seiner Schwester Phoebe –, doch dieser positive Schritt gibt seinen Eltern gleichzeitig die Chance, ihn in einer psychiatrischen Institution unterzubringen, um ihn danach in die nächste Schule zu stecken. Obwohl Holden sein Ziel offensichtlich nicht erreicht, hat er immer noch die Hoffnung, *eines Tages* dorthin zu gelangen. *Der Fänger im Roggen* ist eine der Geschichten, die mit einem *Vielleicht* enden.

☞ **Sie sind dran:** Kehren Sie zu dem Protagonisten zurück, den Sie in der letzten Übung entwickelt haben – der mit dem konkreten Ziel. Machen Sie sich eine Liste von Hindernissen – äußere wie innere –, die ihn daran hindern könnten, sein Ziel zu erreichen. Notieren Sie so viele Hindernisse, wie Ihnen einfallen – mehr jedenfalls, als Sie in einer Geschichte verwenden könnten. Formulieren Sie als Letztes in einem Satz eine zentrale Frage, die Sie in einer Geschichte mit und über diese Person verwenden könnten. Noch einmal: Die Frage sollte mit *Ja, Nein* oder *Vielleicht* beantwortet werden können.

Plotstrukturen

Werfen wir einen Blick auf die Struktur, die aus der zentralen Frage – und daher aus dem Handlungsschema, dem Plot – erwächst. Tatsächlich hängt die Struktur untrennbar mit dem Plot zusammen.

Der Plot ist die Reihe von Ereignissen, die auf die Beantwortung der zentralen Frage zusteuert.

Struktur ist die alles umspannende Form, die die Sequenz der Ereignisse in eine sinnvolle Reihenfolge bringt.

Für die Struktur steht uns bereits ein bewährtes Modell zur Verfügung. Und dieses Modell ist gründlich erprobt, denn es existiert bereits seit mehr als zweitausenddreihundert Jahren und stammt aus Aristoteles' *Poetik*, einem Diskurs über das Drama und seinen Aufbau. Die *Poetik* ist aus dem überaus populären griechischen Theater entstanden. Das griechische Theater erzählt aus der schier unerschöpflichen Quelle der Mythologie, die eine reichhaltige Sammlung an Geschichten und spannenden Handlungsabläufen enthält. Was Aristoteles in seinem Werk zusammenfasste und Gustav Freytag in *Die Technik des Dramas* auf den Punkt brachte, kommt auch heute noch in jedem neuen Stück oder Drehbuch, in jedem Roman, in jeder Kurzgeschichte zum Tragen.

Das Plotmodell ist komplexer, als es auf den ersten Blick scheint. Es besagt, dass ein fiktionales Werk Anfang, Mitte und Ende haben muss, die einzelnen Abschnitte in einer Geschichte unterschiedliche Aufgaben haben.

Welche Funktion übernehmen die drei Teile in Raymond Carvers »Kathedrale«, einer Geschichte, die vereinfacht gesagt, von einem Mann handelt, dessen Frau einen alten Freund, einen Blinden, zum Abendessen eingeladen hat.

Der Anfang

Der Anfang einer Geschichte muss drei Funktionen erfüllen: Er muss den Leser direkt in die Handlung führen, ihm die *notwendigen* Hintergrundinformationen liefern und die zentrale Frage aufwerfen. Nehmen wir uns jede dieser Funktion nacheinander vor.

Das Wichtigste zu Beginn einer Geschichte ist der richtige Zeitpunkt. Eine Story sollte nicht anfangen, wenn das Leben ganz ruhig seinen Gang geht, wenn nichts geschieht, wenn alles im Grunde so ist, wie es immer war. Wie sehr würden Sie Ihre Freunde langweilen, wenn Sie ihnen etwas wirklich Spannendes erzählen wollten, die kurze Geschichte aber zwei Tage vor dem eigentlichen Ereignis beginnen würden. Schließlich erzählen wir die Geschichte gerade deshalb, weil sich im Leben plötzlich etwas Neues ereignet hat – etwas, das aus einem bestimmten Grund nichts mit dem Alltäglichen zu tun hat. Und Sie als Autor müssen genau diesen Moment finden, in dem sich der Alltag an einem Wendepunkt befindet.

Der erste Satz von »Kathedrale« lautet so:

Dieser blinde Mann, ein alter Freund meiner Frau, war auf dem Weg, um die Nacht bei uns zu verbringen.

Die Geschichte startet nicht Wochen vorher, als von Besuch noch keine Rede war. Sie beginnt an dem Tag, an dem die Ereignisse stattfinden.

Aber am Wendepunkt zu beginnen, heißt, dass dem Leser wichtige Hintergrundinformationen fehlen, die die bevorstehenden Ereignisse erhellen, die Figuren vorstellen, Reaktionen erklären. Daher muss der Anfang einer Geschichte auch ausreichend Exposition liefern, damit der Leser weiß, was los ist. Wichtig dabei ist, die richtige Balance zu finden. Der Leser muss nicht alles wissen und auch nicht sofort; zu viele Informationen verlangsamen das Tempo und langweilen oder verwirren sogar, wenn es sich um Irrelevantes handelt. Außerdem sollten manche wichtigen Informationen um der Spannung willen für später aufgespart werden.

Exposition ist sicherlich im gesamten Werk zu finden. Die Maxime lautet, immer nur das zu verraten, was zum jeweiligen Zeitpunkt gebraucht wird – und kein bisschen mehr. Dieses Gleichgewicht zu finden, erfordert viel Übung, doch mit der Zeit wird es zu einer Frage des Instinkts.

»Kathedrale« ist insofern ungewöhnlich, weil die Geschichte zu Anfang sehr viel Exposition enthält, wodurch sie langsam startet. Dennoch sind alle Informationen wichtig: Wir lernen den Protagonisten und Erzähler kennen und erfahren beispielsweise, dass er seine merkwürdige Einstellung über Blinde aus dem Fernsehen hat, und diese führt ihn zu dem Schluss: »Ein Blinder in meinem Haus, das war nichts, worauf ich mich freute.« Wir erfahren außerdem, dass die Frau des Blinden gerade gestorben ist und dass die Frau des Erzählers vor zehn Jahren für den Blinden (so nennt der Erzähler ihn auch dann noch, nachdem er weiß, dass er Robert heißt) gearbeitet und seitdem stets den Kontakt zu ihm gehalten hat. Die wichtigste Information, die wir erhalten, ist aber vielleicht, dass unser Protagonist kein besonders großes Interesse an dieser Verbindung zeigt. Seine Frau, so erklärt er, habe ihm einmal ein Gedicht gezeigt, das sie über den Blinden geschrieben hat. Er weiß noch, »dass ich von dem Gedicht nicht viel hielt«. Sie hat ihm eine von den besprochenen Kassetten vorgespielt, die sie und der Blinde sich gegenseitig schicken, doch obwohl (oder vielleicht gerade *weil*) der Erzähler auf dem Band erwähnt wird, hat auch das ihn nicht besonders interessiert. Tatsächlich scheint der größte Teil des Lebens an ihm vorüberzuziehen, ohne dass er besonderes Engagement zeigt. Eigene Freunde besitzt er nicht. Er hat einen Job, den er nicht mag, tut jedoch nichts, um daran etwas zu ändern. Er beschreibt Trinken als »Zeitvertreib«. Kurz gesagt: Der Erzähler ist hochgradig phlegmatisch.

Das Ziel des Protagonisten ist ein wenig merkwürdig, besonders wenn wir Ziel mit Ehrgeiz gleichsetzen (was wir in der Literatur niemals tun sollten), und wahrscheinlich ist er sich dieses Ziels nicht einmal bewusst. Mehr als alles andere wünscht er sich, in seiner Unbeweglichkeit zu verharren und neue Erfahrungen zu vermeiden, die ihn zwingen würden, sich mit seinem eigenen Leben auseinanderzusetzen.

Die Geschichte beginnt mit einem Konflikt. Der Gast ist dem Protagonisten derart unwillkommen, dass sein Widerstand in jeder Handlung spürbar wird. Er und seine Frau streiten vor der Ankunft darüber:

»Wenn du mich liebst«, sagte sie, »kannst du jetzt etwas für mich tun. Wenn du mich nicht liebst, okay. Aber wenn du einen Freund hättest, irgendeinen Freund, und der Freund käme zu Besuch, würde ich alles tun, damit er sich wohl fühlt.«

Obwohl noch nicht einmal angekommen, stört der Besucher bereits das ereignislose, starre Leben des Erzählers. Und schon früh spüren wir, wie die zentrale Frage der Geschichte lauten muss. Der Autor hat sie in die Gedankengänge des Protagonisten eingebettet:

[Der blinde Mann und seine Frau] hatten geheiratet, hatten zusammen gelebt und gearbeitet, zusammen geschlafen – hatten Sex, klar –, und dann musste der blinde Mann sie begraben. All das, ohne dass er jemals gesehen hatte, wie die gottverdammte Frau eigentlich aussah. Das überstieg mein Vorstellungsvermögen. Als ich das hörte, tat mir der blinde Mann ein bisschen leid. Und dann ertappte ich mich dabei, dass ich dachte, was für ein jammervolles Leben die Frau geführt haben musste. ... Eine Frau, die Tag für Tag um ihn war und nie das geringste Kompliment von ihrem Geliebten zu hören bekam. Eine Frau, deren Ehemann nie den Ausdruck in ihrem Gesicht sehen konnte, ob es Traurigkeit oder etwas Schöneres war.

Mit diesem Abschnitt hätte der Erzähler genauso gut seine Beziehung zu seiner eigenen Frau beschreiben können, und der Leser beginnt die Parallelen zwischen ihm und dem Blinden zu erkennen. Aus dieser Erkenntnis und den anderen Hintergrundinformationen, die wir erhalten, materialisiert sich die zentrale Frage: *Wird der Erzähler sich im Verlauf der Geschichte so weit ändern, dass er sich und sein Leben endlich wirklich »sieht« (sprich: versteht)?* Der Leser hofft es wahrscheinlich, der Protagonist ganz sicher nicht. Jedenfalls ist an diesem Punkt der Beginn der Geschichte abgeschlossen, und wir, die Leser, haben eine Menge erfahren und verstanden.

Trotz der Funktionen, die der Beginn einer Geschichte erfüllen muss – mit Handlung beginnen, Hintergrund erhellen, die zentrale Frage aufwerfen –, ist er in der Regel kurz, oft sehr viel kürzer als der Anfang von »Kathedrale«. Der Leser will nicht viel Zeit damit vergeuden, den Protagonisten einzuholen, daher muss die Exposition kurz sein. Dem Leser geht es darum, rasch zu dem zu kommen, was wirklich interessiert – Handlung, Konflikt, Drama … zu der wahren Geschichte also!

Die Mitte

Obwohl Anfang und Mitte einer Geschichte meist ein wenig überlappen, sind beide ganz verschiedene Abschnitte. Die Mitte nimmt gewöhnlich den meisten Platz des Gesamtwerkes ein und hat weit mehr Seiten als der Anfang oder das Ende. Kein Wunder – hat sie doch auch die meisten Funktionen zu erfüllen. Die Mitte einer Geschichte enthält ebenfalls Exposition und beschreibt die weitere Entwicklung von Charakteren und Situationen, die uns zu Beginn vorgestellt wurden. In der Mitte spielt sich die Kernhandlung ab, eigentlich alles bis auf die Eröffnungs- und Schlussereignisse.

Das Wichtigste ist jedoch, dass sich der Protagonist im mittleren Abschnitt der Geschichte auf dem Weg zu seinem Ziel immer mehr Hindernissen gegenüber sieht, und die Kräfte, die sich ihm widersetzen, werden stärker und stärker. Der Konflikt steigert sich so lange, bis er nicht mehr zu steigern ist. Manche Menschen stellen sich dieses Ansteigen gerne als eine Linie vor, die von links nach rechts immer steiler wird, um an einem Punkt – am Ende – plötzlich abzufallen. Aber wie immer Sie es darstellen wollen – die miteinander verbundenen Ereignisse müssen an Spannung zunehmen, ansteigen und auf einen Höhepunkt zusteuern.

Natürlich sind die Ereignisse im Mittelteil keine zufälligen Geschehnisse. Die fiktionale Welt funktioniert ausschließlich über Ursache und Wirkung. E. M. Forster bemerkt, dass »Die Königin starb, und dann starb der König« kein Plot ist, wohl aber »Die Königin starb, worauf der König an seinem Kummer ebenfalls starb«, weil die erste Aussage die zweite bedingt. Im fiktionalen Universum wird alles, was geschieht, durch die Taten der Charaktere erzeugt, und die Taten der Charaktere sind Reaktionen auf die Dinge, die geschehen. Die Mitte Ihrer Geschichte darf kein bunter Mix aus Vorfällen in beliebiger Reihenfolge sein – es muss sich um eine Kette von Ereignissen handeln, die aufeinander aufbauen und fest miteinander verbunden sind.

In »Kathedrale« ist die Grenze zwischen Anfang und Mitte zwar ein wenig verwischt, doch wir können sie etwa an jenem Punkt ziehen, an dem der Blinde am Haus des Protagonisten eintrifft. Was folgt, ist eine *Kette* von Ereignissen: Jeder ungelenke Schritt, den der Protagonist unternimmt, wird gekontert von einem Schritt des blinden Mannes, der den Antagonisten (wenn auch einen freundlichen) darstellt. In dem Moment, in dem der Gast endlich auftaucht, setzt die Mitte ein, und Spannung und Konflikt steigern sich.

Der Protagonist hat keine Ahnung, worüber er mit dem Gast reden soll; er fragt ihn, auf welcher Seite er in der Bahn gesessen hat, weil der Ausblick auf der einen besser als auf der anderen sei. Der Protagonist ist von Anfang an verwirrt: Dieser Blinde passt so gar nicht in das vorgefertigte Bild, das er sich über Blinde im Allgemeinen gemacht hat – Robert trägt keine dunkle Brille, hat viele verschiedene Jobs gehabt, raucht und hat einen Bart. Wenn der Protagonist sich also mehr als alles andere wünscht, neuen Erfahrungen aus dem Weg zu gehen, steckt er bereits in Schwierigkeiten.

Während des Aperitifs und des anschließenden Essens erfährt der Erzähler immer mehr über den Gast. Die Aufmerksamkeit seiner Frau ist vollkommen auf den Blinden gerichtet; ihren Mann ignoriert sie fast gänzlich. »Ich wartete vergeblich darauf, meinen Namen über die süßen Lippen meiner Frau kommen zu hören«, sagt er missgelaunt an einer Stelle. Einerseits ist er recht froh, nicht einbezogen zu werden, da er ja ohnehin lieber für sich bleibt, andererseits jedoch ist ihm die ganze Szene auch unangenehm. Außerdem wird er langsam ein wenig eifersüchtig auf Robert. »Ein regelrechter blinder Tausendsassa«, nennt er ihn im Stillen, als er hört, was Robert in seinem Leben schon alles gemacht hat.

Der Konflikt steigert sich weiter, als die Frau auf der Couch einschläft, während die beiden Männer vor dem Fernseher sitzen. Nun kann nur noch der Protagonist dem Blinden Gesellschaft leisten. Der Erzähler versucht, seinen Gast dazu zu bringen, schlafen zu gehen, doch dieser bleibt lieber auf, um mit seinem Gastgeber zu reden. Weil er eine zu große Nähe vermeiden möchte, lässt der Erzähler den Fernseher laufen; die beiden rauchen zusammen einen Joint.

Doch dann geschieht etwas Interessantes. Der Erzähler scheint sich Roberts aufdringlichem Charme nicht mehr entziehen zu können. Er versucht, dagegen anzukämpfen, und konzentriert sich verzweifelt auf die Fernbedienung und die verschiedenen Programme, muss sich aber auch eingestehen, dass er ganz froh ist, nicht wie üblich allein dazusitzen und auf den Fernseher zu starren. Nachdem seine Programmsuche nichts gebracht hat, lassen sie eine Sendung über Kirchen und Kathedralen laufen.

Zu diesem Zeitpunkt setzt im Erzähler ein innerer Konflikt ein. Obwohl er versucht, es zu verdrängen, beginnt er, die Leere und Einsamkeit seines eigenen Lebens zu erkennen, während er gleichzeitig immer mehr Interesse und Sympathie für Robert entwickelt. Plötzlich fragt er den Blinden:

»Hast du eigentlich eine Vorstellung, was eine Kathedrale ist? ... Wenn jemand mit dir spricht und Kathedrale sagt, hast du dann eine Ahnung, wovon die Rede ist?«

Der Blinde gibt zu, dass er wenig darüber weiß, und bittet den Erzähler, zu beschreiben, was er im Fernsehen sieht. Der Erzähler gibt sein Bestes. Ein Teil von ihm möchte es sogar besonders gut machen, obwohl ein solches Verhalten ganz im Gegensatz zu seinem Ziel steht, in der Erstarrung zu verharren. Aber er tut sich schwer damit, die Kathedrale zu beschreiben.

Nachdem der Blinde ihn ein wenig über Religion ausgefragt hat, fährt der Erzähler fort:

»Ich nehme an, ich glaube nicht daran. An nichts. Manchmal ist es schwer. Du verstehst, was ich meine?«

Und:

»Du musst mir verzeihen«, sagte ich. *»Aber ich kann dir nicht sagen, wie eine Kathedrale aussieht. Es ist mir einfach nicht gegeben. Ich kann nicht mehr tun, als ich getan habe.«*

Der innere Kampf des Erzählers nimmt gefährliche Ausmaße an. Er ist hin- und hergerissen: Obwohl er sich noch immer an den Status Quo klammert (sein ursprüngliches Ziel), muss er gleichzeitig einsehen, dass ein Teil von ihm in diesem Augenblick gar nichts dagegen hätte, wieder Kontakt mit dem Leben und seinem Sinn aufzunehmen.

Diese Entwicklung kann aber nicht als Antwort auf unsere zentrale Frage dienen, denn wir haben nicht danach gefragt, ob er sich ändern *will*, sondern ob er es *tut*. Denken Sie daran, dass die Geschichte nicht *irgendeine* Frage beantworten soll, sondern genau die, die sich wie ein roter Faden durch die Handlung zieht. Obwohl unser Protagonist dabei ist, sich zu ändern, ist die Geschichte noch nicht zu Ende. Tatsächlich steht er nun dem größten Konflikt seines Lebens gegenüber – er muss sich entscheiden, ob er weiterhin in seiner selbstzufriedenen Starre bleiben oder sein leicht angerostetes Bedürfnis, ein bedeutungsvolles Leben zu führen, erfüllen will.

Der Blinde zwingt ihn, diesen Konflikt direkt anzugehen, indem er den Erzähler bittet, Stift und Papier zu holen, damit sie gemeinsam eine Kathedrale zeichnen können. Dadurch wird unser Protagonist dazu gebracht, die Welt aus der »Sicht« seines Gastes zu betrachten, die Welt durch ihn zu *fühlen,* wodurch die Spannung auf die Spitze getrieben wird.

Das Ende

Das Ende eines Werkes ist in den meisten Fällen der kürzeste Abschnitt der Geschichte – besonders in der zeitgenössischen Literatur. Mag der Abschnitt auch der kürzeste sein – hier kommt alles zusammen.

Das Ende folgt meist einem Muster, das als die »drei Ks« bezeichnet werden könnte:

Krise,
Klimax,
Konsequenz.

Die Krise ist der Punkt, an dem die Spannung am größten ist, der Klimax oder Höhepunkt der, an dem der Knoten der Spannung gelöst wird und wir die Antwort auf unsere zentrale Frage bekommen. Danach werden die Konsequenzen angedeutet, meistens allerdings in aller Kürze. »Kathedrale« hält sich, wie die meisten Geschichten, an dieses Muster.

Kehren wir zum Erzähler zurück, der versucht, eine Kathedrale zu zeichnen. Die Hand des Blinden liegt über seiner, damit er die Bewegung und die Führung des Stiftes spüren kann. Diese Situation erzeugt die Krise, in der der Konflikt zwischen dem ursprünglichen Ziel des Protagonisten und den inneren und äußeren Hindernissen für ihn nicht mehr zu ertragen ist. Zu Anfang scheint noch alles in Ordnung:

Zuerst zeichnete ich eine Schachtel, die wie ein Haus aussah. Es hätte das Haus sein können, in dem ich lebte. Dann setzte ich ein Dach darauf. An beiden Enden des Dachs zeichnete ich spitze Türme. Verrückt.

Er versucht es – versucht es wirklich! –, aber noch hat er seine inneren Grenzen nicht durchbrechen können, und die Möglichkeit, dass er aufhört und sich wieder in sein altes Leben zurücksinken lässt, ist nicht abwegig. Aber der Blinde drängt ihn die ganze Zeit weiterzumachen, und er tut es.

Ich machte weiter. Ich bin kein Künstler. Aber ich zeichnete trotzdem weiter.

Die Frau des Erzählers wacht auf und begreift, dass etwas Erstaunliches vor sich geht. »Was ist los?«, will sie wissen. Die Spannung steigert sich und bleibt auf einem hohen Niveau, während wir ernsthaft hoffen, dass der Protagonist endlich wieder zum Leben erwacht. Und dann treibt der Blinde die Geschichte weiter voran zum Höhepunkt:

»Mach jetzt die Augen zu«, sagte der blinde Mann zu mir.

Womit er von unserem Protagonisten alles verlangt. Wenn er nun die Augen schließt, um diesen Moment in aller Ernsthaftigkeit zu erfahren und zu spüren, dann wird er in Wahrheit seine Augen öffnen und endlich wieder die Welt um sich herum wahrnehmen. Der Erzähler schließt die Augen – aber was geschieht in seinem Inneren?

Also machten wir weiter. Seine Finger fuhren auf meinen Fingern mit, während meine Hand sich über das Papier bewegte. Es war anders als alles, was ich bis dahin erlebt hatte.

Und dann kommt endlich der Höhepunkt, der Moment, in dem wir die ersehnte Antwort bekommen. Unsere zentrale Frage war ja nicht, ob der Erzähler einen Moment der Erkenntnis erfahren wird – das tut er gerade –, sondern ob er tatsächlich *zu sehen* lernt. Unsere Antwort findet sich in den letzten Zeilen, als der Blinde den Erzähler bittet, die Augen wieder aufzumachen:

Aber meine Augen waren geschlossen. Ich dachte, ich sollte sie noch ein bisschen länger so lassen. Ich dachte, genau das sollte ich machen.
»Na?«, sagte er. »Guckst du jetzt?«
Meine Augen waren noch geschlossen. Ich war in meinem Haus. Das wusste ich. Aber es fühlte sich nicht so an, als wäre ich irgendwo drinnen.
»Das ist wirklich was«, sagte ich.

Ein Ende wie dieses kann einen Leser zu Tränen rühren – was für eine Auflösung, was für eine ergreifende Weise, unsere Frage mit Ja zu beantworten. Unser Erzähler ist zum ersten Mal seit einer offenbar langen, langen Zeit wieder vollkommen offen und sieht sich und die Welt auf ganz neue Art. Und wir wissen es ausgerechnet deshalb, weil er seine Augen geschlossen hält! Er behauptet, nicht länger in seinem Haus zu sein, und wir begreifen, dass er meint, er sei nun nicht mehr eingesperrt. Als Antwort auf die letzte Frage des Blinden ist unser Erzähler endlich wieder aufnahmebereit und *sieht*.

Der Höhepunkt der Geschichte enthält natürlich alle Folgen, obwohl sie sich eher im Kopf des Lesers als auf dem Papier abspielen. Wir wissen nicht, ob der Erzähler eine Kehrtwendung machen wird wie einst Ebenezer Scrooge in Dickens *Weihnachtsgeschichte*, aber wir ahnen, dass die Dinge für ihn nie wieder so wie früher sein werden. Alles, was am Anfang zu Tage getreten ist – die Furcht des Erzählers vor neuen Erfahrungen, seine Vorurteile über andere Menschen, sein Desinteresse an seiner Frau, an sich und seiner eigenen Existenz – ist nun infrage gestellt. Natürlich ist es möglich, dass der Erzähler nach einer Weile in sein altes Leben zurücksinken wird, aber wir wissen, dass zumindest in diesem Moment alle Weichen für eine einschneidende Veränderung gestellt sind. Das wird nicht ausgesprochen; wie in den meisten modernen Geschichten empfindet der Leser die Konsequenzen eher, als dass sie ihm beschrieben werden.

Es heißt, dass ein Ende unerwartet sein soll, aber als unvermeidlich empfunden werden muss. Der Leser soll im Rückblick begreifen, dass kein anderes Ende möglich gewesen wäre, obwohl es ihm in dem Moment, in dem es eintritt, überraschend und verblüffend erscheint. Denken Sie an einen guten Krimi: Am Ende erkennen wir, dass alle Spuren vorhanden waren, wir sie nur nicht richtig interpretiert haben. Nun, da wir wissen, was wir wissen, erscheint uns die Auflösung klar und richtig.

In »Kathedrale« kommt das Ende ganz sicher überraschend – wie kann jemand, der so fest auf sein begrenztes Weltbild fixiert ist, sich plötzlich wieder der ganzen Welt öffnen? Doch wenn wir zurückblicken, sehen wir überall versteckte Hinweise darauf, dass der Protagonist vielleicht doch nicht so abgeneigt war: Wir erfahren von seinem Neid auf den weiten Horizont des Blinden, von seinem Mitleid mit dessen Frau, die nie von ihrem Geliebten gesehen wurde, spüren, dass er trotz allem gerne allein mit seinem Gast aufbleibt und über das Fernsehen plaudert. Wenn wir zurückschauen, erkennen wir, dass alle Spuren und Fährten von Anfang an auf dieses Ende hingedeutet haben.

☞ *Sie sind dran:* Kehren Sie zu der Figur zurück, die Sie zuvor entwickelt haben – die, mit dem scheinbar perfekten Leben. Schreiben Sie nun eine Geschichte, die sich um die von Ihnen formulierte zentrale Frage dreht. Ihre Geschichte sollte einen Anfang, eine Mitte mit einem eskalierenden Konflikt und ein Ende mit Krise, Klimax und Konsequenzen haben. Und noch etwas: Diese Geschichte darf nicht länger als fünfhundert Wörter sein. Nicht fünfhundert Seiten. Fünfhundert Wörter! Nachher können Sie sie, wenn Sie wollen, in ein längeres Werk verwandeln.

Struktur und Roman

Zum größten Teil lässt sich das, was wir am Beispiel »Kathedrale« besprochen haben, auch auf Romane anwenden. Auch Romane brauchen einen Anfang, eine Mitte, ein Ende, und die drei Abschnitte haben dieselben Funktionen zu erfüllen wie in Kurzgeschichten. Jane Austens *Stolz und Vorurteil* zum Beispiel beginnt mitten in einer aufregenden Entwicklung: Ein reicher und alleinstehender Mr. Bingley zieht in die Nähe der Bennets, und Mrs. Bennet plant bereits, eine ihrer Töchter mit ihm zu verheiraten. Womit wir uns direkt zu Anfang denken können, dass die zentrale Frage nur »Wird Elizabeth heiraten?« lauten kann. In der Mitte des Romans wird das Verlangen der Protagonisten stärker und der Widerstand von außen (und innen) immer heftiger, bis wir schließlich mit einem glücklichen Ende belohnt werden, an dem unsere Frage beantwortet wird: Ja, Elizabeth kriegt den Mann.

Um es noch einmal zu betonen: Was die Struktur betrifft, gibt es zwischen Roman und Kurzliteratur keine gravierenden Unterschiede. Wohl aber einige Besonderheiten, und die sollten wir uns genauer ansehen.

Zuerst ist da natürlich die Länge des Romans, die zur Folge hat, dass die drei Abschnitte der Struktur in Umfang und Inhalt variieren. In einem Roman darf der Beginn durchaus das komplette erste Kapitel einnehmen, manchmal sogar mehr, sodass wir mehr Hintergrundinformationen erhalten – immer vorausgesetzt, bereits die Exposition ist mit bedeutungsvoller Handlung verwoben. Schließlich lernen wir in Romanen die Figuren und ihre Welt intensiver kennen als in Kurzliteratur, und obwohl sich die Exposition auch in solchen Werken durch das ganze Werk zieht, ist es sinnvoll, bereits zu Beginn mehr zu verraten als in Kurzgeschichten. Der Leser, der sich auf eine lange Reise vorbereitet, ist ja auch gewillt, sich gleich zu Beginn genauer zu informieren.

Dasselbe gilt für den Schluss. In manchen Fällen – *Stolz und Vorurteil* ist ein gutes Beispiel dafür – darf man die Konsequenzen ruhig ausführlicher darstellen und dem Leser zeigen, wie die Dinge sich anschließend entwickeln. In zeitgenössischer Literatur finden wir das seltener – in *Jenseits von Eden* fällt die Entscheidung erst im letzten Satz. In Russell Banks' *Gangsta Bone,* so lautet auch der deutsche Titel, zum Beispiel ist das ganze letzte Kapitel den Folgen und Auflösungen gewidmet. Die Länge eines Romans erlaubt auch dem Ende mehr Raum.

Während die Mitte in einer Kurzgeschichte viel Platz einnimmt, umfasst die Mitte in einem Roman sehr, sehr, *sehr* viel Platz. Das macht Hunderte von Seiten, um Figuren zu entwickeln, die Hindernisse zu erhöhen und zahlreiche Ereignisse miteinander zu verbinden. Wie bei einer Kurzgeschichte sollte jede Seite der fest verbundenen Ereigniskette folgen und in einem ansteigenden Bogen von Konflikt und Spannung auf den Höhepunkt zuführen.

Nebenhandlung

Bedingt durch den Umfang des Romans darf der Plot komplexer sein als der einer Kurzgeschichte. Er kann viel mehr überraschende Wendungen und Begebenheiten enthalten und darf Nebenhandlungen – Subplots – haben. Der Subplot ist ein Handlungsstrang, der neben der Haupthandlung des Buches herläuft, sie durchzieht und immer wieder kreuzt. Ein Subplot kann eine andere Figur betreffen oder sich auf eine Sache konzentrieren, die nicht direkt zum Hauptthema gehört, wohl aber mit ihm verbunden ist. Die Funktion eines Subplots besteht darin, die Haupthandlung weiter auszuführen, sie zu erhellen oder sie zu kommentieren. Die Verbindung zwischen den beiden Handlungssträngen muss nicht immer deutlich sichtbar sein, aber sie muss existieren.

Manchmal ist der Subplot auch eine weniger ausgearbeitete Parallele des Haupterzählstranges. In Chaim Potoks *Die Erwählten* kämpft nicht nur die Hauptfigur Danny Saunders darum, mit Religion und Zukunft zurechtzukommen; auch Freund Reuven, der Erzähler, steckt in einem ähnlichen Dilemma. Andere Parallelhandlungen finden wir in Anne Lamotts *Rosie:* Hier müssen sich die Titelfigur und ihre Mutter in der realen Welt zurechtfinden, die häufig beängstigend und manchmal gefährlich ist. Und in *Stolz und Vorurteil* ist die Ehe zwischen Elizabeth und Mr. Darcy nicht die einzige, die gestiftet wird.

In anderen Fällen wird der Subplot als Kontrast zum Hauptplot entwickelt. Salman Rushdies *Mitternachtskinder* zum Beispiel konzentriert sich auf den Aufstieg und Fall seiner Hauptfigur – Saleem Sinai –, doch im Hintergrund steht der Fall und Aufstieg (und erneute Absturz) des Antagonisten Shiva. Das Leben hält stets für beide Schicksalsschläge bereit, doch wenn der eine eine Glückssträhne hat, wird der andere vom Pech verfolgt. Obwohl die Schicksale von Shiva und Saleem unterschiedlich sind, hängen sie doch zusammen. Obwohl sie gegensätzlich verlaufen, sind sie fest miteinander verbunden. Einen ähnlichen Kontrast erleben wir in Tolstois *Anna Karenina* in den Schicksalen von Anna einerseits und Levin andererseits. Die eine ist dem Untergang geweiht, der andere wird gerettet. In Charles Dicken's *David Copperfield* muss erst der Uriah Heep stürzen, bevor wir Davids Happy End erleben können.

Wenn die Haupthandlung durch eine Nebenhandlung unterstützt wird, haben wir statt einem oft mehrere Höhepunkte. Auf Uriah Heeps Niederlage folgt Davids Sieg – zwei Höhepunkte, bei denen der zweite stärker und bedeutender ist. Während die zentrale Frage des Romans erst am Ende beantwortet werden darf, können weniger wichtige Fragen im Laufe der Geschichte geklärt werden. In Harper Lees *Wer die Nachtigall stört* stellt Tom Robinsons Schuldspruch sicherlich einen Höhepunkt dar und beantwortet auch die Frage nach seinem Schicksal, aber er gibt uns nicht die endgültige Antwort, die wir von diesem Buch erwarten. *Jenseits von Eden* bietet uns eine ganze Reihe von Auflösungen, von denen manche schmerzvoll, manche wie eine Erleichterung sind: Die bösartige Kate stirbt, dann läuft der naive Aron davon, *dann* erleidet der Patriarch Adam einen Schlaganfall, und *erst dann* erhalten wir die Antwort auf die zentrale Frage dieses Werkes. Jeder Höhepunkt bringt etwas zu Ende, während der Haupthandlungsstrang immer weiter ansteigt, bis er im Moment höchster Spannung zerreißt und die zentrale Frage beantwortet.

Ein Roman muss aber keine Nebenhandlung haben. *Der Fänger im Roggen* beispielsweise hätte eine weit weniger intensive Wirkung, wenn ein Subplot die Konzentration auf Holden Caulfield stören würde. Der größere Umfang des Romans erlaubt Ihnen zu entscheiden, wie Sie Ihre Haupthandlung und Ihren Protagonisten entwickeln: Indem Sie sich ausschließlich und direkt auf beides konzentrieren oder indem Sie in anderen Figuren und Konflikten einen Widerhall der Haupthandlung erzeugen?

Die Entwicklung des Handlungsaufbaus

Vielleicht sind Sie inzwischen in Panik geraten. *Erwarten Sie ernsthaft*, könnten Sie mich jetzt möglicherweise fragen, *dass ich in der Lage bin, meine zentrale Frage zu finden, den Ansprüchen des aristotelischen Anfang-Mitte-Ende-Modells zu genügen und die zigtausend Einzelheiten meiner Handlung auszuarbeiten, bevor ich noch zu schreiben begonnen habe?*

Die Antwort darauf lautet: Nein.

Aber es ist möglich, dass Sie, noch bevor Sie zu schreiben anfangen, einige recht klare Ideen und Vorstellungen zu diesem Punkten haben. Vielleicht gehören Sie zu den Autoren, die gerne vorher ein mehr oder weniger detailliertes Exposé verfassen. Auch wenn Sie nicht zu diesen Menschen gehören, dürfen Sie sich entspannen. Viele Schriftsteller lassen beim ersten Entwurf ihrer Fantasie freien Lauf und schaffen ein chaotisches, undiszipliniertes Werk, das niemals gedruckt werden könnte. Für eine sorgfältige Planung des Handlungsablaufs fehlen dabei in dieser Phase oft Ruhe und Geduld. Der Plot zeigt sich oft erst im Laufe mehrerer Fassungen oder Entwürfe. Wann genau das geschieht, ist nicht so wichtig – irgendwann muss er sich zeigen!

Ich möchte noch einmal auf den überlangen Entwurf meines eigenen Romans zurückkommen, den ich damals im Gepäck hatte. Ja, ich musste die Hälfte der Seiten, die ich geschrieben hatte, streichen, aber ich weiß noch genau, dass meine Lehrerin sie keinesfalls für Zeitverschwendung hielt. Sie meinte, ich hätte diese Seiten schreiben müssen, um meine Figuren kennen zu lernen – um zu sehen, wie sie in verschiedenen Situationen reagierten, und vor allem, um zu beobachten, wie sie sich verhielten, wenn sie für sich waren und nichts Besonderes vorhatten. Und es funktionierte natürlich. Nach etwa 100 Seiten zeigte ich alle Symptome eines Menschen, der anderen sehr nahe gekommen ist: Selbst wenn ich nicht schrieb, dachte ich unaufhörlich an meine Figuren, fühlte mit ihnen und verfiel sogar manchmal in ihre Sprachmuster, wenn ich mich mit Freunden unterhielt. Die vielen Seiten waren sehr nützlich gewesen.

Denn immerhin sind Handlung und Charakter nahezu untrennbar miteinander verwoben. Tatsächlich hängen sie so eng zusammen, dass sich oft die Huhn-oder-Ei-Frage stellt: Es lässt sich nicht immer zweifelsfrei sagen, was beim Schreiben zuerst kommt, denn das eine beinhaltet das andere – und umgekehrt.

Vielleicht haben Sie bereits einen faszinierenden Charakter im Sinn. Aber was immer Sie an dieser Figur so fasziniert, es hat wahrscheinlich etwas mit ihrem großen Ziel, ihrer Sehnsucht, ihrem Begehren zu tun. Und das bringt wiederum bringt die zentrale Frage hervor ... und schließlich den Plot. Oder Sie haben eine packende zentrale Frage. Doch diese kann nur dann wirklich gut sein, wenn sie mit einer Person verbunden ist. *Wird eine Person eine religiöse Erfahrung haben?*, ist weit weniger interessant als *Wird dieser teilnahmslose buddhistische Mönch seine Erleuchtung finden?*

Aber ob nun zuerst die Handlung oder zuerst der Charakter steht, ist eigentlich zweitrangig. Wichtig ist nur, dass beide faszinierend und fesselnd sein und sich gegenseitig beeinflussen müssen. Wenn Sie zu den Autoren gehören, die brillante Charaktere entwerfen, sich aber mit Handlungsentwürfen schwer tun, dann schauen Sie sich Ihre Figuren genauer an – wahrscheinlich wissen die eher als Sie, was für eine Geschichte sich entwickeln wird.

Statt Ihnen eine abstrakte Idee von der Handlung und ihrem Aufbau von oben aufzudrücken, sehen wir uns lieber gleich die Geschichte an. Was hat sie zu sagen? Wenn Sie sie mehrmals gelesen haben, entscheiden Sie vielleicht, dass es hauptsächlich darum geht, ob der Protagonist seine Sehnsucht nach Liebe stillen kann. Oder ob der Protagonist seine Heimat verlassen, seine Unschuld bewahren oder endlich in den Ruhestand gehen kann. Wie immer Ihre zentrale Frage lautet, sie ist wahrscheinlich schon in Ihrer ersten Fassung verborgen, selbst wenn Sie sie beim Schreiben nicht entdeckt haben.

☞ *Sie sind dran:* Nehmen Sie eine der Figuren, mit denen Sie im zweiten Kapitel gearbeitet haben. Suchen Sie sich eine zentrale Frage, die mit dieser Person zusammenhängt. Lesen Sie dazu genau, was Sie bisher über die Figur geschrieben haben. Wahrscheinlich kennt diese Figur bereits die Antwort ... oder sagen wir in diesem Fall besser: die Frage.

Der Höhepunkt ist der Ort, wo Sie Ihre zentrale Frage ganz sicher finden können. Dort erhalten Sie eine Antwort, übrigens sogar dann, wenn Sie nicht gewusst haben, dass Sie eine Frage hatten. Es ist durchaus üblich, eine Geschichte auf einen starken Höhepunkt zu gründen, egal ob Sie diesen vorher entwickelt hatten oder er Ihnen einfällt, während Sie Ihren ersten Entwurf durchsehen. Lesen Sie jedoch Ihre Erstfassung so oft, bis Sie die Frage deutlich erkennen können. Sie ist der Schlüssel zu allem anderen.

☞ *Sie sind dran:* Stellen Sie sich folgendes Szenario als Höhepunkt einer Geschichte vor: Eine Figur hastet über einen chaotischen Platz – Times Square, Pamplona, wo gerade die Stiere losgelassen wurden, Mekka inmitten lauter Pilger ... Entscheiden Sie, wohin die Figur will und warum sie dorthin will. Vergessen Sie nicht, dass es sich um den Höhepunkt der Geschichte handeln soll. Nun schreiben Sie eine Geschichte, die auf diesen Höhepunkt zusteuert. Vielleicht nehmen Sie eine Figur aus einer der vorangegangenen Übungen. Schreiben Sie so viel oder so wenig, wie Sie wollen; aber selbst wenn Sie nur einen einzigen Satz schreiben, sollte dieser auf den Gipfel zustürmen.

Nachdem Sie eine zentrale Frage gefunden haben, mit der Sie arbeiten können, möchten Sie vielleicht eine Gliederung entwerfen. Ja, eine Gliederung. Auch wenn Ihnen das im ersten Moment wie ein potenzieller Spaßverderber erscheint, halten viele Schriftsteller an einem bestimmten Punkt – noch vor dem ersten Entwurf oder danach – Gliederungen (oder Skizzen oder Outlines) für absolut unerlässlich. Besonders bei Romanen, die manchmal widerspenstige Schöpfungen sein und sich regelrecht renitent gebärden können, wenn man den Überblick verliert. Gliederungen funktionieren, weil sie dem Autor erlauben, seine amorphen Kreationen in eine lesbare Form zu bringen und die Stellen zu erkennen, wo die Spannung gesteigert, wo die Krise einsetzen oder wo der Höhepunkt stattfinden muss.

Wenn Ihnen der Gedanke gefällt, beginnen Sie am besten, sich ein paar Notizen zu der Einteilung Ihrer Geschichte oder Ihres Romans in Anfang, Mitte und Ende zu machen. Anschließend machen Sie sich erste Gedanken zu jedem Abschnitt. Wo sollte die Geschichte beginnen? In welcher Form und in welchem Ausmaß sollte die Exposition eingebracht werden? Wie lautet Ihre zentrale Frage? Was brauchen Sie in der Mitte an zusätzlicher Exposition? Wann und wie werden Sie die Informationen enthüllen? Welchem Konflikt ist der Protagonist ausgesetzt – und wie wird sich dieser Konflikt steigern? Was das Ende betrifft – wie sieht die Krise aus, wie der Höhepunkt, und welche Konsequenzen ergeben sich daraus? Hat alles die richtige Reihenfolge?

Sie können auch damit beginnen, alle Ereignisse aufzuschreiben, die in Ihrem Werk enthalten sein sollen. Jedes Ereignis soll den Konflikt zwischen dem Protagonisten und seinem Ziel steigern. Verdichten Sie die Fülle an Ideen und Informationen und finden Sie heraus, ob sie stimmen und in der richtigen Reihenfolge stehen. Sie müssen auch nicht an der ersten Skizze festhalten – denn Sie werden beim Schreiben weitere, neue Ideen haben und andere verwerfen –, aber wenn Sie die erste Skizze als vorläufige Leitlinie betrachten, kann sie Ihnen helfen, nicht den Faden zu verlieren.

Sie müssen also Ihren Handlungsverlauf nicht endgültig fertig haben, bevor Sie zu schreiben beginnen. So wie es mich viele Seiten gekostet hatte, meine Figuren kennen zu lernen, brauchen auch Sie Zeit und etliche Seiten, um herauszufinden, wovon Ihre Geschichte eigentlich handelt. Glauben Sie an sich – Sie hätten nicht mit Ihrem Werk angefangen, wenn es keine starke Handlung hätte!

☞ *Sie sind dran:* Entwerfen Sie eine Gliederung für eine Kurzgeschichte, eine Novelle oder einen Roman, die wie folgt strukturiert ist: Die Geschichte sollte mit einem Protagonisten beginnen, der einen Ausflug unternehmen will. Sein Zielort kann der Laden an der Ecke oder die andere Seite der Welt sein. Die Geschichte sollte damit enden, dass der Protagonist entweder sein Ziel erreicht oder zum Ausgangspunkt zurückkehrt. Ihre Gliederung sollte Anfang, Mitte und Ende haben, außerdem Krise, Höhepunkt und Folgen enthalten. Machen Sie sich keine Gedanken, wenn nicht alles perfekt passt. Sie können sich immer noch anders entscheiden, falls Sie das Stück anschließend ausarbeiten. Auch auf einer Reise bleiben wir auch nicht immer auf der geplanten Route.

Form kontra Formel

Über den Plot zu sprechen, schreckt manche Autoren ab. Strukturmodelle und Handlungskurven zu entwerfen, hört sich nach Meinung vieler Schriftsteller nicht spannender an, als Formulare auszufüllen oder Daten zu übertragen. Und obwohl die Arbeit eines Schriftstellers nicht vergleichbar ist mit dem Ausfüllen von Formularen, stellt die Form bestimmte Anforderungen, die selbst ein Genie beachten muss, wenn es verstanden werden will. Im Grunde gibt es keinen echten Konflikt zwischen den Anforderungen der Form und der kreativen Grenzenlosigkeit.

Es wurde behauptet, es gebe nur zwei Plots in der gesamten Literatur: Jemand geht auf eine Reise, oder ein Fremder kommt in die Stadt. Diese Theorie reduziert die Weite der Literatur, um uns begreifen zu helfen, dass eine Geschichte durch die Handlungen der Charaktere angetrieben wird und dass sie davon erzählen muss, was sich im Leben dieser Charaktere ändert.

Aber handelt es sich nicht um eine krasse Vereinfachung? Heißt das nicht, dass es nur zwei Geschichten in der Weltliteratur gibt? Keinesfalls. Allein in diesem Kapitel haben wir vollkommen verschiedene Varianten von »Jemand geht auf eine Reise« kennen gelernt – von »Sonnys Blues« über *David Copperfield* bis zu *Wem die Stunde schlägt* und *Der Fänger im Roggen*. Wir könnten bis zur *Odyssee* oder dem biblischen Exodus zurückgehen, um weitere Beispiele zu finden. Den Plot »Ein Fremder kommt in die Stadt«

finden wir zum Beispiel in *Menschenkind, Stolz und Vorurteil*, »Das Zauberfass« und natürlich in »Kathedrale«.

Die Auswahl der Grundformen mag begrenzt sein, doch die Variationen sind endlos. Und auch das Verständnis, dass ein Plot einen Protagonisten, eine zentrale Frage, einen Konflikt und Anfang, Mitte und Ende braucht, schränkt uns keineswegs ein. Stattdessen gibt es uns etwas Konkretes, mit dem wir arbeiten können, wenn wir den Strom unserer Kreativität in lesbare Bahnen lenken wollen.

Die Möglichkeiten sind unzählig, und es gibt sehr viele Beispiele für Werke, bei denen die Autoren sich erfolgreich über die Konventionen des Geschichtenerzählens hinweggesetzt haben. Unkonventionelle Werke sind Bestandteil der Literaturtradition, und wir lernen von ihnen, dass es viele Möglichkeiten gibt, eine Geschichte zu erzählen.

Zum einen müssen wir die Ereignisse einer Geschichte nicht in chronologischer Reihenfolge erzählen. Morrisons *Menschenkind* bewegt sich zum Beispiel auf zwei Zeitebenen, die sich nebeneinander entwickeln und die Protagonistin sowohl in ihrem Leben als Sklavin als auch danach zeigen. In *Schall und Wahn* verwendet Faulkner nur dann eine lineare Abfolge, wenn es ihm gerade passt. Im ersten Kapitel, in dem Benjys Gedanken durch freies Assoziieren fließen, erleben wir gegenwärtige Ereignisse simultan mit anderen, die Wochen, Monate oder Jahre her sind.

Schriftsteller experimentieren ständig mit der Struktur von Geschichten. Tim O'Briens »Was sie trugen« baut sich um die lange Liste von Dingen auf, die eine Gruppe von Soldaten in Vietnam bei sich haben. Der Roman *Rolltreppe oder Die Herkunft der Dinge* von Nicholson Baker umfasst die Zeitspanne, die es braucht, um eine Rolltreppe hinaufzufahren, und der Text wird regelmäßig von Fußnoten unterbrochen.

Während diese Beispiele im Hinblick auf eine spezifische Form unkonventionell sind, folgen sie doch den allgemeinen Regeln der Struktur, des Plots, von Anfang, Mitte und Ende. Alle Werke sind zum großen Teil deshalb erfolgreich, weil sie sich auf den

Plot konzentrieren. Selbst Jean Paul Sartre, dessen existenzialistische Philosophie jedes konventionelle Muster abzulehnen schien, konnte nicht widerstehen und zwang seinen Protagonisten in *Der Ekel,* gegen Widerstände zu kämpfen und sich am Ende zu ändern. Was die Handlungsstruktur betrifft, so bleiben die Grundregeln in den meisten Fällen gültig. Selbst wenn wir versuchen, einem Plot aus dem Weg zu gehen, wenn wir Geschichten erzählen, haben wir am Ende sehr oft doch einen entwickelt. Und das ist vermutlich gut so.

4. KAPITEL

Perspektive: Das komplette Menü

Valerie Vogrin

Wenn ich ein Foto von mir sehe, das mit ein paar Schritten Abstand aufgenommen wurde, sehe ich eine Karikatur – komisch hochgezogene Augenbrauen und ein schiefes Kinn. Wenn meine Mutter mich anschaut, sieht sie sich selbst als jüngere Frau. Wenn mein Mann mich anschaut, sieht er ein breites Lächeln, strahlende Augen, einen Wust wirrer Haare und zwölf Jahre gemeinsame und komplizierte Geschichte. Von einem Verkehrshubschrauber aus betrachtet, bin ich einer von zig Miniatur-Autofahrern, die sich auf der Interstate 5 voranquälen. Was mich mal lustig, mal ähnlich, mal schön und mal unbedeutend macht, ist eine Frage der Perspektive. Und auch in der Literatur spielt die Perspektive (in der Filmbranche auch POV = Point of View genannt) eine große Rolle.

Denken Sie an eine klassische Dreiecksgeschichte. Stellen Sie sich vor, wie Sie auf die Geschichte reagieren würden, wenn sie hauptsächlich aus der Sicht des Ehemanns präsentiert würde, der mit seinem Sohn zu Hause bleibt, während sich seine Frau mit ihrem Liebhaber ein Wochenende lang in einer Berghütte vergnügt. Und welche Wirkung hätte dieselbe Geschichte aus der Sicht der untreuen Frau, deren Mann, seit sie im sechsten Monat schwanger war, kein freundliches Wort mehr mit ihr gesprochen hat? Oder aus der Sicht des Liebhabers, der vor kurzem vom Jurastudium ausgeschlossen worden ist und nun verzweifelt nach jemandem sucht, der ihm Halt gibt und ihm sagt, was er als Nächstes tun soll? Oder was, wenn die Geschichte von einer vierten Person erzählt werden würde, von dem Sohn zum Beispiel oder einem Privatdetektiv, den der Mann engagiert hat, um die Frau observieren zu lassen?

Da haben Sie es – die Perspektive, die Sie wählen, um Ihre Geschichte zu erzählen, beeinflusst mehr als alles andere die Art, wie die Leser emotional auf Ihre Figuren und ihre Taten reagieren. Die Wahl der Perspektive beeinflusst außerdem andere Elemente Ihres Werkes wie Stimmung und Thema. Abhängig vom jeweiligen Erzähler könnte der Tonfall unserer Dreiecksgeschichte reuevoll, grausam, sarkastisch, sehnsüchtig oder verbittert sein. Das Thema der Geschichte könnte die Schwierigkeiten einer neuen Beziehung sein, die Unmöglichkeit von Treue, die Bedeutung des Ehegelübdes, die Natur der Liebe, die Wankelmütigkeit der Frauen, die Perfidie der Männer etc. Und all das hängt davon ab, welche Sichtweise der Autor für seine Erzählung wählt. Wie ich schon sagte – verdammt wichtige Sache, diese Perspektive.

Perspektive ist mein Lieblingsstoff – es ist das, was ich meinen Studenten am liebsten beibringe. Es gefällt mir, dass es so viele Variationen gibt. Aber ich weiß auch zu schätzen, dass die Perspektive und alles, was damit zusammenhängt, auf dem grundlegenden Konzept beruht: Die Dinge sehen anders aus, je nachdem, wer gerade hinsieht und aus welchem Blickwinkel er sie betrachtet. Die Perspektive kann wie ein Mikroskop oder ein Teleskop Dinge enthüllen, die man gewöhnlich nicht sieht. Dennoch wird dieser Themenbereich oft sträflich vernachlässigt; viele Autoren – darunter auch erfahrene – schenken ihr kaum Beachtung. Die Armen!

Wenn wir uns mit Perspektive beschäftigen, müssen wir uns fragen:

> Wer spricht? Eine Figur oder ein Erzähler?
> Durch wessen Augen werden die Ereignisse gezeigt?
> Zu wessen Gedanken hat der Leser Zugang?
> Aus welchem Abstand werden die Ereignisse beobachtet?

Es gibt zahlreiche Möglichkeiten, mit diesen Fragen umzugehen, und das macht die Perspektive zu einem recht umfassenden Thema. Es ist, als ob Sie zum ersten Mal ein Restaurant betreten. Sie haben Hunger, kennen die Küche nicht, und der Kellner drückt Ihnen eine zentnerschwere Karte mit zehn laminierten Seiten kulinarischer Möglichkeiten in die Hand. Für einen angehenden Schriftsteller kann der Themenbereich Perspektive ähnlich überwältigend wirken. Unter der Rubrik Vorspeisen findet sich etwas, das man »die Außenperspektive des am Rande involvierten Erzählers in der ersten Person« nennt. *Hä? Kann ich Ketchup dazu haben?* Das ist der Grund, warum einige Schriftsteller nur mit den Achseln zucken und auf ein Gericht deuten, das Ihnen irgendwie bekannt vorkommt. Ich halte es jedoch für besser, die Karte mit jemandem zu studieren, der sich auskennt und nur Ihr Bestes will – jemand wie ich zum Beispiel. Und daher möchte ich die Rolle des erfahrenen, engagierten Kellners übernehmen, Ihnen die Karte erklären und Ihnen dabei helfen, die Wahl zu treffen, die Ihrem Geschmack am besten entspricht.

Erste Person

Eine aus der Sicht der ersten Person erzählte Geschichte wird von einer Figur *aus* der Geschichte präsentiert, wobei es sich oft um den Protagonisten der Story handelt. Der Erzähler berichtet, was *ich* tat. Wenn es um ein Verbrechen geht, ist der Erzähler am Schauplatz des Verbrechens. Während die Polizei mit Blaulicht heranjagt, kann der Erzähler entweder mit einem Rasiermesser in einer Blutpfütze stehen, durch die Heckscheibe des Fluchtwagens starren oder die Szenerie unter ihm vom Fenster im zweiten Stock aus betrachten. Der Erzähler ist der Augenzeuge; durch ihn nimmt der Leser wahr, was geschieht. Der Leser erlebt die fiktionale Welt durch die Augen, Ohren, Nase und Haut des Erzählers. Er ist das Medium.

Ich sah meine Frau lachen, während sie das Auto abstellte. Ich sah, wie sie ausstieg und die Tür schloss. In ihrem Gesicht stand noch immer ein Lächeln. Einfach erstaunlich. Sie ging herum, auf die andere Seite des Autos, wo der Blinde schon dabei war, auszusteigen. Dieser Blinde, man male sich das aus, trug einen Vollbart! Ein blinder Mann mit Bart! Nicht zu fassen, würde ich sagen.

Wie an diesem Beispiel aus »Kathedrale« deutlich wird, tut der Erzähler mehr als nur beobachten. Als Leser bekommen wir nur das zu sehen, was der Erzähler sieht und *wie* er es sieht. Der Erzähler selektiert und kommentiert.

Nun schauen Sie sich an, wie die Ich-Erzählerin aus Margaret Atwoods »Gewicht« uns sagt, was sie denkt und wie sie empfindet:

Ich nehme zu. Ich werde nicht dicker, nur schwerer. Es zeigt sich nicht auf der Waage; technisch betrachtet bin ich dieselbe. Meine Kleider passen noch, es ist also nicht der Umfang, auch wenn immer behauptet wird, Fett nimmt mehr Raum als Muskeln ein. Die Schwere, die ich spüre, ist die Energie, die ich verbrenne, um mich zu bewegen: auf den Gehwegen, die Treppe hinauf, durch den Tag. Es ist die Last auf meinen Füßen. Es ist die Dichte der Zellen, als ob ich Schwermetall getrunken hätte.

Hier steht nichts zwischen den Gedanken der Erzählerin und dem Leser.

Wenn Sie in der ersten Person schreiben, schreiben Sie gleichsam mit der Stimme – mit den Worten und der Färbung – des Charakters. Viele Schriftsteller haben bemerkenswerte Stimmen für Ihre Ich-Erzähler entwickelt. Hier ist Richard, der Erzähler von Thom Jones' »Cold Snap«:

Verdammter Mist, wir haben einen Kälteeinbruch, und ich mach diese Nummer mit den laufenden Wasserhähnen, weil mein Haus und die meisten anderen Häuser hier an der Westküste keine »richtigen« Häuser sind – sie haben keine Fenster, die man hochschieben kann, oder Keller (die die Leitungen schützen würden), oder Gehwege vor dem Haus mit ein paar hübschen großen Eichen oder Ulmen, wie sie diese guten alten Häuser im Mittelwesten haben. Hier draußen gehen die Fenster zur Seite auf. Hier gibt's keine Keller. Keine Gehwege und keine echten Bäume, nur Immergrünes, und wenn es kalt wird und zu schneien anfängt, weiß niemand, was er tun soll.

Jones kann uns glaubhaft machen, dass wir Richards Stimme hören. Er könnte ein paar Barhocker weiter in der Dorfkneipe sitzen und auf jemanden einreden, nah genug, dass wir seinen Whiskyatem bemerken.

Der Ich-Erzähler kann den Leser sogar als Vertrauten betrachten, ihn vielleicht direkt ansprechen. Ich habe mich in meiner Geschichte »Who can say otherwise« für diesen Kunstgriff entschieden. In dieser Story erzählt ein Teenager von seiner Affäre mit einem mittelalten Rockstar:

Ich erzähle Ihnen das, damit Sie Bescheid wissen, damit ich genau erklären kann, wie das so ist. Sie sehen die Fotos in den Illustrierten und denken, »Aber die ist doch nichts Besonderes«. Und dann ihn, der nicht mehr ganz so wüst aussieht, aber immer noch das berühmte, fertige Gesicht hat, und Sie fragen sich vielleicht, was denn mit diesem Mann überhaupt los ist. Ich schreibe, um das alles klarzustellen.

Manchmal spricht ein Erzähler eine besondere Person an. Alexander Portnoy aus Philip Roths *Portnoys Beschwerden* erzählt seine Geschichte zum Beispiel einem Psychotherapeuten. Oder der Erzähler schreibt die Geschichte für sich selbst auf, vielleicht in Form eines Tagebuchs wie die Protagonistin in Helen Fieldings *Schokolade zum Frühstück*. J. M. Coetzees Roman *Eiserne Zeit* besteht aus einem einzigen Brief, den eine Mutter an ihre Tochter schreibt. Es kann sehr hilfreich für die Entwicklung der Stimme sein, sich die Person vorzustellen, zu der der Erzähler spricht.

Der Hauptvorteil der Perspektive aus der ersten Person ist die Nähe. Der Autor kann die Distanz zwischen dem Leser und der Geschichte beinahe ganz verringern, indem er den Leser in die Haut des Erzählers schlüpfen lässt. Außerdem verrät die Stimme des Erzählers sehr viel über ihn als Person. Wenn wir Richard aus »Cold Snap« eine Weile zugehört haben, erscheint vor unserem inneren Auge ein Bild von ihm. Und wir würden nicht erwarten, ihn in teuren italienischen Schuhen oder mit einem Champagnerglas in der Hand zu sehen.

Aber die Ich-Erzähler-Perspektive hat auch einige Schwierigkeiten. Nicht nur der Leser, auch der Autor ist in der Haut seines Erzählers gefangen. Er kann ausschließlich mit den Gedanken und Beobachtungen dieser Figur arbeiten. Er kann nicht gehen, wohin er will, wenn der Erzähler nicht mit ihm kommt.

Auch die Intelligenz und das Vokabular des Ich-Erzählers können einschränken. Sagen wir, Ihre Geschichte handelt von einer Elfjährigen, die den Sommer bei ihrer Mutter, einer Ballettlehrerin, in New Orleans verbringen will, während ihr Vater, ein snobistischer Rechtsanwalt aus Washington, das kategorisch ablehnt. Ist das Mädchen in der Lage, ihre eigene Geschichte glaubwürdig zu erzählen? Ist sie reif genug? Versteht sie genug von der Beziehung ihrer geschiedenen Eltern, um sie dem Leser nahe bringen zu können? Werden ihre Beobachtungen interessant genug sein, um den Leser ein ganzes Buch lang zu faszinieren? Schließlich gibt es Elfjährige, die auf einer Reise eine wunderbare Begleitung abgeben, während man andere am liebsten bei der ersten Station aus dem Zug schubsen möchte.

☞ *Sie sind dran:* Schlüpfen Sie in die Haut einer anderen Person. Schreiben Sie einen Abschnitt aus der Sicht einer Person, die zum Briefkasten geht, um einen Brief mit unangenehmem Inhalt – ein Geständnis, die Ankündigung einer Trennung etc. – einzuwerfen. Dann lassen Sie eine andere Figur, die sich von der ersten – in Geschlecht, Alter, Herkunft, sozialem Status unterscheidet – dasselbe tun. Wichtig: Beide Figuren sind Ich-Erzähler. Reden Sie so, wie sie reden würden, fühlen Sie, wie sie fühlen würden.

Erste Person: Multi-Perspektive

Meist gibt es nur einen Ich-Erzähler, gelegentlich aber auch mehrere. Eine Kurzgeschichte hat weniger Umfang, deshalb verzichtet der Autor auf mehrere Erzähler zugunsten einer straffen, zusammenhängenden Geschichte.

Ein Romanautor dagegen kann entscheiden, ob es seiner Geschichte zugute kommt, wenn mehr als ein Augenzeuge die Ereignisse beschreibt.

In *Das süße Jenseits* setzt Russell Banks vier Ich-Erzähler ein, um uns immer wieder von derselben traurigen Geschichte eines Schulbusunfalls zu berichten: Der Busfahrer, ein Mann, dessen beide Kinder bei dem Unfall getötet wurden, ein New Yorker Anwalt, der hofft, mit den Geschädigten eine Menge Geld zu machen, und ein weiblicher Teenager, der als Folge des Unfalls nie wieder gehen wird. Jede Figur bekommt die Gelegenheit, ihre Version der Vorfälle zu erzählen. Da haben wir zum Beispiel Billy Ansel, den jungen Vater:

Und dann waren da die Leute, die glauben wollten, dass der Unfall kein wirklicher Unfall gewesen war, dass man jemanden würde finden können, dem man die Schuld geben konnte […] Natürlich leisteten die Anwälte diesem Bedürfnis Vorschub und kultivierten es unter denen, die es hätten besser wissen müssen. Wie Haie schwärmten sie aus Albany und New York City in Richtung Norden […] schoben ihre Visitenkarten in die Taschen der Trauernden, die den Friedhof verließen, und bevor man sich versah, hatte ein neuer Abschnitt der Geschichte begonnen, und der handelte von Prozessen und all dem Ärger und der Abscheulichkeit und der Gier und allem, was geschieht, wenn sich Menschen von der schlimmsten Seite zeigen.

Der Leser könnte Mitchell Stephens für einen geldgierigen Anwalt halten, aber vielleicht steckt etwas mehr in ihm:

Die Leute nehmen automatisch an, dass wir gierig sind, dass wir nur hinter dem Geld her sind; sie nennen uns Ambulanzjäger, als wären wir die Proktologen der Branche, und, ja, solche Vertreter gibt es durchaus. Aber tatsächlich leiten die guten Anwälte für einen Schekel dieselben Schritte ein wie bei einer Zehn-Millionen-Dollar-Einigung. Weil es der Zorn ist, der uns antreibt.

Doch Nichole Burnell, das Mädchen, das durch den Unfall gelähmt ist und die allen Grund hätte, wütend zu sein, denkt vollkommen anders über den Vorfall:

Es war einfach nicht recht – am Leben zu sein, dem Tod, wie die Leute sagen, von der Schippe gesprungen zu sein, und dann loszugehen und einen Anwalt zu engagieren, es war nicht recht […]. Nicht, wenn ich, wie die anderen sagten, wirklich so viel Glück gehabt hatte […] Mom und Daddy ließen sich allerdings nicht aufhalten. Sie hatten ihren Entschluss gefasst. Dieser Mr. Stephens hatte sie überzeugt, dass sie eine Million Dollar vom Staat New York kriegen würden und vielleicht noch eine Million von der Stadt Sam Dent. Daddy sagte, die hätten alle eine Versicherung für solche Sachen; es sei ja nicht so, als ob jemand persönlich tief in die Tasche greifen müsste, meinte er. Aber trotzdem machte mich die Sache nervös.

Banks *zwingt* den Leser förmlich, sich die Bedeutung der Geschichte selbst zu erarbeiten, indem er ihn die Ähnlichkeiten und Unterschiede der vier Versionen analysieren und vergleichen lässt. Wer sagt die Wahrheit über den Unfall? Wessen Motive sind edel, wessen nicht?

Eine Variation der Ich-Perspektive mit mehreren Erzählern ist die Brieftechnik: Die Geschichte wird in Form eines Briefwechsels zwischen verschiedenen Figuren dargestellt. Obwohl diese Form vor allem in vergangenen Jahrhunderten populär war (in Romanen wie *Pamela* von Samuel Richardson und *Gefährliche Liebschaften*), gibt es auch in der zeitgenössischen Literatur einige Beispiele. Eines davon ist die Griffin & Sabine-Trilogie von Nick Bantock.

Ganz selten finden wir auch die erste Person Plural, wie in William Faulkners »Eine Rose für Emily«, wo das *Wir* an Stelle des *Ich* verwendet wird, obwohl nur eine Person für das *Wir* spricht.

Eine der größten Stärken der ersten Person mit mehreren Erzählern ist die intellektuelle Beteiligung des Lesers an der Geschichte. Er kann sich nicht gemütlich zurücklehnen und sich sagen lassen, was er denken und fühlen soll. Er muss sich die Dinge wie Puzzleteile selbst zusammensetzen, sich immer wieder in eine andere Person einfühlen und sich seine eigenen Gedanken machen, was als Lesererfahrung ausgesprochen interessant sein kann.

Sie können diese Perspektive oder Perspektiven für Ihren Roman wählen, wenn Ihre Figuren eine sehr unterschiedliche Sicht haben und Sie dem Leser jede Stimme direkt präsentieren wollen, damit er seine eigenen Schlüsse ziehen kann. Allerdings finden viele Autoren es schon schwer, nur eine einzige überzeugende Stimme zu entwickeln – von mehreren ganz zu schweigen. Hinzu kommt, dass Sie damit rechnen müssen, dass der Leser mehreren Ich-Erzählern nur geteilte Aufmerksamkeit widmen kann.

Erste Person: Der Beobachter am Rand

Obwohl der Ich-Erzähler meistens auch der Protagonist ist, können Sie auch eine andere Figur aus der Geschichte erzählen lassen. Ein berühmtes Beispiel für den Beobachter ist Nick Carraway aus *Der große Gatsby*, dessen Hauptaufgabe es ist, dem Leben und Leiden des Jay Gatsby zuzusehen:

Und während ich dasaß und über die alte, unbekannte Welt nachgrübelte, dachte ich daran, wie Gatsby gestaunt haben mochte, als er zum ersten Mal das grüne Licht am Ende von Daisys Bootssteg ausgemacht hatte. Es war ein weiter Weg bis zu diesem blauen Rasen gewesen, und seine Träume mussten ihm plötzlich zum Greifen nah erschienen sein.

Die Randperspektive ist dann wirkungsvoll, wenn der Protagonist der Geschichte blind für seine Taten ist und wenn diese Blindheit und ihre Konsequenzen bedeutend genug sind, um jemanden, der außerhalb der Haupthandlung steht, in Mitleidenschaft zu ziehen.

Nehmen wir an, Sie wollten eine Geschichte über eine zerrüttete Ehe schreiben, in der sich beide Ehepartner unverstanden fühlen. Beide sind gefangen in ihrer Art zu denken, beide sind blind für die Tatsachen und den wahren Zustand ihrer Beziehung. Statt nun entweder die Frau oder den Mann als Erzähler zu wählen, könnte eine Person, die in der Lage ist, relativ unparteiisch die Dinge von außen zu betrachten – vielleicht der erwachsene Sohn des Paares – die bessere Wahl sein. Dieser Sohn kann nichts tun, um seinen Eltern zu helfen; er kann nur beobachten und wahrnehmen. Das macht ihn zu einem Randbeobachter.

Aber es gibt eine Schwierigkeit bei dieser Perspektive: Der Beobachter muss über den Protagonisten berichten, während er in seinem eigenen Körper gefangen ist. Nick ist nicht Gatsbys Schatten. Manchmal muss er auch nach Hause gehen. Und er hat Gatsby vor kurzem erst kennen gelernt. Ein Schriftsteller muss ausgesprochen kreativ werden, um dieses Problem zu umgehen, wie zum Beispiel Fitzgerald, der Jordan, Nicks Freundin, von der Liebesbeziehung zwischen Gatsby und Daisy berichten lässt.

Der unzuverlässige Ich-Erzähler

Alle Ich-Erzähler sind unzuverlässig. Selbst der abgeklärteste Charakter kann, durchaus unbewusst, die Wahrheit beschönigen oder die eine oder andere Tatsache stärker hervorheben, um sich selbst ein wenig besser dastehen zu lassen. Ein Junge, der erzählt, wie seine Schwester von zu Hause ausgerissen ist, wird vielleicht seine eigene Rolle in ihrem unglücklichen Leben verschweigen. Selbst ein aufrichtiger Kerl wie Nick Carraway mag die Wahrheit ein wenig verzerren.

Ist der Ich-Erzähler jedoch zum Beispiel ein Autist, ein kleines Kind, ein Psychopath, eine Katze, ein eifersüchtiger Liebhaber oder ein Gewohnheitslügner, merkt der Leser, dass hier seine übliche Skepsis nicht ausreicht. Der Version dieses Erzählers kann man nicht trauen.

In Edgar Allan Poes »Das verräterische Herz« weiß der Leser beispielsweise schon nach wenigen Sätzen, dass der Erzähler verrückt ist – obwohl er uns vom Gegenteil überzeugen will:

Es ist wahr! Nervös, schrecklich nervös war ich und bin ich noch; aber weshalb soll ich wahnsinnig sein? Mein Übel hat meine Sinne nur geschärft, nicht zerstört oder abgestumpft. Vor allem war mein Gehörsinn außerordentlich empfindlich geworden. Ich hörte alle Dinge, die auf der Erde und im Himmel vor sich gingen, und auch vieles, was in der Hölle geschah.

Poes Erzählung bringt den Leser aus dem Gleichgewicht; er kann nicht mehr zwischen Realität und Täuschung unterscheiden. Die

Unzuverlässigkeit des Erzählers trägt zu der beunruhigenden Wirkung der Geschichte bei.

Zeitgenössische Autoren setzen den unzuverlässigen Erzähler bewusst ein und unterstreichen damit, dass es so etwas wie einen verlässlichen Erzähler gar nicht gibt. Und der unzuverlässige Erzähler unterstreicht wiederum die philosophische Sichtweise, dass es keine einzige, statische, unauslegbare Realität geben kann.

Einen unzuverlässigen Erzähler einzusetzen, zwingt den Autor dazu, zwei Versionen der Wahrheit zu entwickeln – und das ist eine große Herausforderung. Doch wenn die Perspektive gut und geschickt ausgearbeitet wird, kann das Ergebnis außerordentlich effektvoll sein.

☞ *Sie sind dran:* Schreiben Sie einen Abschnitt aus der Sicht eines unzuverlässigen Erzählers, der die Fakten – absichtlich oder unbeabsichtigt – falsch auslegt. Was zum Beispiel würde ein Kind auf einer protzigen Cocktail-Party seiner Eltern über die Gäste sagen? Welche irrigen Schlüsse könnte es aus ihrem Verhalten und ihren Scherzen ziehen? Wird seine falsche Auslegung die kalte, harte Wahrheit betonen? Wenn Sie natürlich eine getäuschte oder verlogene Person vorziehen, lassen Sie diese zu Wort kommen. Doch wen immer Sie auswählen, sorgen Sie dafür, dass der Leser die Unzuverlässigkeit des Erzählers erkennt.

Dritte Person: Ein einzelner Erzähler

Ein Erzähler, der aus der Sicht einer dritten Person berichtet, ist eine vom Autor entwickelte Stimme, die die Ereignisse präsentieren soll. Der Erzähler berichtet, was *er* tat oder *sie* sagte. Die dritte Person hat zahllose Varianten mit sperrigen Bezeichnungen. Aber machen Sie sich keine Sorgen. Diese Variationen sind ganz gut zu handhaben, wenn man sie ordnet und analysiert.

Die vorherrschende Version des Erzählers in der dritten Person ist die Perspektive eines Einzelnen. Damit hat der Autor jedoch nur Zugang zu den Gedanken einer einzigen Figur. Die Geschichte wird *durch* den Erzähler aus der Sicht eines einzelnen Teilnehmers dieser Geschichte wiedergegeben. Die ganze Geschichte wird durch das Bewusstsein dieser Figur gefiltert.

In Elizabeth Tallents Kurzgeschichte »Earth to Molly« ist deutlich, dass die vom Erzähler geäußerten Meinungen Mollys sind.

Im Hotel, kaum mehr als eine schäbige Übernachtungsmöglichkeit mit Frühstück, kniff die Besitzerin missbilligend die Lippen zusammen, als sie sich aus ihrem Sessel hieven musste. Sie ließ Molly in ihr Zimmer eintreten und ging. Sie brauchte lange, um sich über den Flur zu entfernen. Ihr quälend langsamer Rückzug, der immer wieder durch Pausen unterbrochen wurde, hatte jedoch nichts mit Lauschen, sondern mit Arthritis zu tun. Es tat Molly leid, dass die Frau ihr steifes Bein wegen ihr die Treppe hatte hinaufschaffen müssen, aber andererseits musste sie ja ständig Gästen die Zimmer zeigen. Oh, wie konnte jemand hier ernsthaft übernachten wollen? Ein kratziger, grauer Teppich spannte sich straff von Wand zu Wand. Es war die Farbe der Erstarrung und mindestens genauso abscheulich.

Es ist Molly, die sich fragt, wie überhaupt jemand hier übernachten wollen kann, und Molly, die den Teppich so abscheulich findet. Während dieser Erzähler direkt hinter Molly zu stehen scheint oder sogar in ihren Kopf schaut, kann ein Erzähler der dritten Person aber auch ein paar Schritte zurücktreten. Das kann komisch wirken, wie zum Beispiel in dem folgenden Auszug aus Kingsley Amis' *Glück für Jim*, in dem ein angehender Akademiker auf einen jämmerlichen Scherz seines Vorgesetzten reagiert:

[Dixon] versuchte, seine Gesichtszüge in eine belustigte Miene zu prügeln. Mental jedoch zog er ein ganz anderes Gesicht und schwor sich, sich keinen Zwang mehr anzutun, sobald er allein war. Er würde seine Unterlippe zwischen die Schneidezähne saugen, sein Kinn so weit wie möglich zurücknehmen, die Augen aufreißen und die Nasenflügel blähen. All dies, dessen war er sich sicher, würde bewirken, dass eine dunkle und gefährliche Röte sein Gesicht erhitzte.

Ein Erzähler in der dritten Person hat viele der Vorteile eines Ich-Erzählers, aber die Distanz des »Außenstehenden« erlaubt es dem Autor, die Sprache so zu gestalten, wie sie aus dem Mund eines Ich-Erzählers vielleicht nicht glaubhaft wäre. Außerdem vermeiden Sie, für vermessen gehalten zu werden, falls Ihr Erzähler eine fiktionalisierte Version Ihrer selbst ist.

Der einzelne Erzähler in der dritten Person ist dann die beste Perspektive, wenn die Figur, aus deren Sicht erzählt wird, eine Person mit eingeschränkten intellektuellen oder verbalen Fähigkeiten ist. Was wäre zum Beispiel, wenn das Mädchen, das in den Ferien zu seiner Mutter nach New Orleans möchte, autistisch ist? Sie kann ihre Geschichte nicht erzählen, wenn sie keine Worte dafür hat, ihre Welt zu beschreiben. Ähnlich wäre die Situation mit einer Figur ohne Schulbildung. Selbst wenn sie die gerissenste und klügste Person in der ganzen Geschichte ist, wird sie sich vermutlich selbst nicht so gut präsentieren können, wie es ein Erzähler, der ein wenig Distanz einnimmt, tun kann.

Der vielleicht einzige Nachteil dieser Perspektive ist, dass die Figur, der der Erzähler folgt, ebenso wie der Ich-Erzähler, immer dort sein muss, wo etwas passiert. Wenn Ihre Figur eine Unterhaltung mithört, kann sie es dem Leser mitteilen. Wenn dieses Gespräch jedoch in einem Bioladen am anderen Ende des Viertels stattfindet, hat der Erzähler – und der Leser – keine Chance.

☞ *Sie sind dran:* Stellen Sie sich Verkäufer und Kunde vor, die plötzlich wegen irgendetwas – Diebstahl, Unhöflichkeit, Rassendiskriminierung – in einem kleinen Laden aneinandergeraten. Beschreiben Sie diesen Zusammenstoß aus der Kundensicht, aber in der dritten Person, die Gedanken des Kunden sollten Sie mit einbeziehen.

Dritte Person: Multi-Perspektive

Der Autor kann auch der Meinung sein, dass zwei oder mehr Erzähler in der dritten Person wirkungsvoller sind, weil die Mehrfachperspektive erlaubt, die Geschichte aus verschiedenen Blickwinkeln zu zeigen.

Die dritte Person mit mehreren Stimmen oder Erzählern finden wir hauptsächlich in längeren Werken, in Novellen oder Romanen. In Kurzliteratur ist dafür meist nicht genug Raum. Schließlich muss der Leser jede Person, die von einem Erzähler »begleitet« wird, genau kennen, um zu verstehen, wie sie denkt und fühlt. Tatsächlich verwenden Schriftsteller diese Mehrfachperspektive oft, um die Verschiedenartigkeit der Persönlichkeiten seiner Figuren zu betonen.

The Watch von Rick Bass wird aus der Sicht von drei Personen erzählt: Hollingsworth, der Besitzer eines Geschäfts in Mississippi, sein siebenundsiebzig Jahre alter Vater, Buzbee, der im Wald in einem Baum lebt, und Jesse, ein Radrennfahrer im Training. Die folgenden Absätze zeigen zwei der drei Figuren:

Hollingsworth hockte auf den Fersen auf der Treppe und erbebte, wann immer Jesse und die anderen vorbeifuhren, und die Male, die Jesse anhielt und zum Laden hinaufkam, war Hollingsworths Hast, sich eine Zigarette anzuzünden, so groß ..., dass ihm zwei Zigaretten hinfielen, und er hatte sich kaum eine dritte angezündet und einmal gezogen, als Jesse, der seine Cola getrunken hatte, aufgestanden war und die nasse Flasche in das Drahtregal zurückgestellt hatte, auch schon winkte und wieder davonfuhr, während die Muskeln unter den breiten Flächen seiner Waden und Oberschenkel in regelmäßigen zuckenden Bewegungen auf und ab glitten, als seien sie ein Tier, das in einem Sack gefangen war.

Das erste, was Jesse jeden Morgen tat, wenn er aufwachte, war, einen Blick auf den Himmel zu werfen, und dann nackt hinaus auf die Veranda zu treten, um den Wind zu überprüfen. Wenn sich nichts rührte, war er zufrieden und glücklich mit seinem Leben. Wenn es windig war

– selbst wenn nur die leichteste Brise über seine rasierten Waden und seine prallen Beine strich – runzelte er die Stirn, eine Grimasse der Konzentration, und ging hinein, um sich Kaffee zu machen.

Beide Figuren haben ein reges »Innenleben«, doch Hollingsworth richtet seine Gedanken nach außen. Er sehnt sich nach Gesellschaft, Freundschaft; in einem vorangehenden Abschnitt erfahren wir, dass er sich Namen für die anderen Radfahrer in Jesses Gruppe ausdenkt. Jesse ist selbstbezogen. Der Wind hat nur eine Bedeutung im Zusammenhang mit den Bedingungen für sein Radfahrtraining. Dies sind die Schlüsse, die ich als Leser ziehe – ganz wie es Bass beabsichtigt hat.

Machen Sie auf jeden Fall deutlich, von welchem Standpunkt aus die Geschichte gerade erzählt wird; es ärgert den Leser, wenn er nicht sicher ist, durch wessen Augen ein Ereignis präsentiert wird. Rick Bass wechselt die Perspektive niemals mitten im Absatz, und der Übergang von einer zur anderen ist unter anderem durch Leerzeilen gekennzeichnet. Romanautoren wechseln oft zu Beginn eines neuen Kapitels und halten die Perspektive dann bis zum nächsten Kapitel durch.

Viele gute Romane verwenden die Technik der wechselnden Perspektive. Manchmal werden jeder Perspektive gleich viel Zeit und Raum gewidmet. Ein Buch kann jedoch ebenso gut von dem Standpunkt einer Figur beherrscht werden und nur hin und wieder zu einer zweiten Sichtweise überwechseln. Manchmal alternieren die Perspektiven in einer Art Muster, sodass der Wechsel dem Leser nicht mehr so bewusst ist. In *Sie und er – er und sie* von Carol Shields ist es dem Leser unmöglich, den Perspektivenwechsel zwischen Ehemann und Ehefrau zu ignorieren: Der Leser muss nämlich dazu das Buch auf den Kopf drehen und von hinten blättern, um den zweiten Teil lesen zu können. Und Shields gibt keinerlei Empfehlung, welchen Teil – welchen Standpunkt! – wir uns zuerst ansehen sollten. Wie der Leser das Buch erfährt, liegt buchstäblich in seinen eigenen Händen.

Aber welche Variation oder welchen Kunstgriff Sie auch anwenden – wenn Sie Ihre Geschichte vom Standpunkt mehrerer Figuren aus erzählen, dann sollten Sie auch einen guten Grund dafür haben. Es macht keinen Sinn, verschiedene Figuren sprechen zu lassen, die ähnliche Ansichten haben. Wie auch in Geschichten mit mehreren Ich-Erzählern erzeugen Unterschiede und Kontraste zwischen verschiedenen Standpunkten weit mehr Spannung.

Mehrere Personen mit verschiedenen Sichtweisen erweitern außerdem den Horizont Ihrer Geschichte; manchmal wird dadurch ein Collage-Effekt erzeugt. In *The End of Vandalism,* beschreibt der Autor Tom Drury verschiedene Episoden aus der Sicht vieler Figuren, wodurch das Bild einer ganzen fiktionalen Welt entsteht – Grouse County. Der Fokus liegt auf der Gemeinde.

Der Autor, der Zugriff auf die Gedanken mehrerer Figuren hat, kann flexibler arbeiten. Die Geschichte selbst wirkt offener, weiter. In einer Story, die aus der Sicht mehrerer Figuren erzählt wird, ist die Erfahrung jeder Figur interessant, doch der Autor hebt hervor, was in seinen Augen am interessantesten ist, indem er die unterschiedlichen Ansichten nebeneinander stellt.

Wie in der Variation mit mehreren Ich-Erzählern geht die Flexibilität bei mehreren Standpunkten zulasten der Konzentration auf bestimmte Ereignisse. Der Leser muss seine Aufmerksamkeit und seine Anteilnahme unter mehreren Figuren aufteilen. Das kann auch als Vorteil gewertet werden. Wenn Sie Ihrer Geschichte nur *eine* weitere Figur, zu deren Gedanken und Gefühle wir Zugang haben, hinzufügen, wird der Leser stärker und auf komplexe Weise in das Geschehen einbezogen. Er muss aus seinen Beobachtungen, wie die verschiedenen Standpunkte sich ergänzen oder widersprechen, seine Schlüsse ziehen. Und das Mitgefühl, das er auf verschiedene Personen aufteilen muss, kann die Wirkung und die Bedeutung der Geschichte ausmachen.

Zum Beispiel könnten Sie zeigen, wie vernichtend es sich für den einen sympathischen Charakter Ihrer Story auswirken würde, wenn ein anderer sympathischer Charakter sein Ziel erreicht: Zuerst stellen Sie dem Leser Lily, eine junge, verzweifelte Witwe, vor, die in ihrem Leben nichts als Pech gehabt hat und dennoch alles gibt, um einen Job zu kriegen: Sie braucht eine Stelle, bei der sie ihren kleinen Sohn mitnehmen kann, denn natürlich kann sie sich keine Kinderbetreuung leisten. (Hatte ich erwähnt, dass der Junge eine seltene Erbkrankheit hat, die nur in einer Spezialklinik zweitausend Meilen entfernt behandelt werden kann?) Lily bewirbt sich um eine Stelle in einem Waschsalon. Im nächsten Kapitel führen sie Jack ein, die zweite Figur aus deren Sicht erzählt wird: Jack hat vor kurzem bei einem Unfall mit einer Landmaschine seine Hand verloren. Er ist mit den Raten für sein Auto im Rückstand und sorgt sich um seine geliebten Hunde, deren Futtersack unaufhaltsam immer leerer wird. Natürlich bewirbt sich Jack um dieselbe Stelle wie Lily, denn er will unbedingt in der Stadt bleiben und wieder auf die Beine kommen, während die Stelle im Waschsalon so ziemlich die einzige ist, bei der seine fehlende Hand kein Handicap ist und er lernen kann, mit seiner neuen, noch ungewohnten Prothese umzugehen. So. Nun haben Sie den Leser in eine schwierige Situation gebracht. Für welche Figur ergreift er Partei? Welcher von diesen beiden Pechvögeln hat ein wenig Glück im Leben verdient? Die verschiedenen Perspektiven ganz unterschiedlicher Figuren können der Geschichte die erwünschte Komplexität verleihen und ganz nebenbei unterstreichen, dass alle Menschen miteinander verbunden und unsere Sympathien geteilt sind. Die Einteilung in Gut und Böse funktioniert eben meistens nicht.

☞ *Sie sind dran:* Kehren Sie zu der vorherigen Übung zurück – die Auseinandersetzung in dem Geschäft. Schreiben Sie einen Abschnitt über diesen Vorfall aus der Perspektive des Verkäufers. Dann beschreiben Sie denselben Vorfall aus der Sicht eines unbeteiligten Dritten. Nun haben Sie diesen Zwischenfall aus drei verschiedenen Perspektiven dargestellt. Welche ist die interessanteste?

Dritte Person: Der allwissende Erzähler

Denken Sie an »Gott sieht alles«. Denken Sie an Zeus auf dem Gipfel des Olymp, der aus dieser luftigen Höhe auf uns Menschen herabsieht. Er ist allwissend, und der Autor, der seine eigene fiktionale Welt erschafft, ist es natürlich auch. Der Schriftsteller muss immer alles wissen, was es über jede Figur und jedes Ereignis seiner Geschichte zu wissen gibt. Fragt sich nur, was er dem Leser mitteilt.

Bisher haben wir über Perspektive gesprochen, die durch das Bewusstsein einer (oder mehrerer) Figuren gefiltert wurde. Mit einem allwissenden oder auktorialen Erzähler, werden die Informationen durch das allwissende Bewusstsein des Erzählers gefiltert. Mit einem auktorialen Erzähler können Sie in den Kopf eines jeden Charakters eindringen und die Ereignisse der Geschichte interpretieren, Vorfälle beschreiben, die keiner der Figuren aus der Geschichte gesehen hat, die Geschichte vor einen historischen Hintergrund setzen und den Leser über etwas informieren, was in der Zukunft geschehen wird.

In der Literatur des 19. Jahrhunderts findet sich häufig ein solcher auktorialer Erzähler, unter anderem in Werken von Dickens, Fielding, Tolstoi, Flaubert und Austen. Die Stimme dieser allwissenden Erzähler hatte häufig einen autoritativen, schulmeisterlichen Klang. Wie zum Beispiel der aus Washington Irvings *Rip Van Winkle*:

Wer immer eine Reise den Hudson hinauf unternommen hat, muss sich an die Kaatskill Berge erinnern. Sie gehören zu der großartigen Apalachen-Familie und erheben sich westlich vom Fluss zu majestätischer Höhe, die das Umland beherrscht. Jeder Wechsel der Jahreszeit, jeder Wetterumschwung, ja jede einzelne Stunde des Tages erzeugen eine Veränderung in den zauberhaften Schattierungen und Umrissen dieser Berge, und alle braven Ehefrauen aus nah und fern nutzen sie als unfehlbare Barometer.

Aufgrund gesellschaftlicher Veränderungen, die mit der Entstehung von Demokratien, dem Einfluss von Freud, religiösem Skeptizismus, Feminismus und einigen anderen Entwicklungen zusammenhingen, verlor der auktoriale Erzähler, der uns heute oft herablassend, einseitig und schwerfällig erscheint, seine Beliebtheit bei zeitgenössischen Schriftstellern. Und je mehr Autoren auf diese Wahl der Perspektive verzichteten, umso altmodischer wirkte sie. Dennoch hat sie immer noch ihre Berechtigung, wenn es gilt, bestimmte Effekte zu erreichen.

Hier ein Beispiel für einen allwissenden Erzähler aus einem Werk des zwanzigsten Jahrhunderts – Eudora Weltys »No place for you, my love«:

Sie waren einander fremd, kannten auch ihre Umgebung kaum, und saßen nun Seite an Seite beim Mittagessen; sie hatten sich ganz zwanglos zusammengesetzt, nachdem ihre und seine Freunde einander quer durch Galatoire's entdeckt hatten. Es war ein Sonntagnachmittag im Sommer – jene Zeit in New Orleans, die allgemein eine Auszeit zu sein schien.

In dem Moment, als er ihr schmales, schlichtes, blasses Gesicht sah, war er sicher, dass sie eine Affäre hatte. Es war eine dieser Begegnungen, die einen solch starken Eindruck hinterließen, dass dieser augenblicklich in eine Mutmaßung münden musste.

Mit einem verheirateten Mann wahrscheinlich, dachte er, schob sie rasch in eine bequeme Schublade – er war seit langer Zeit verheiratet – und fühlte sich in seiner Neugier gleich konventioneller, während sie dort saß, das Kinn in eine Hand gestützt, und nicht weiter als bis zu den Blumen auf dem Tisch blickte. Und dieser Hut.

Er mochte den Hut nicht, so wie er auch keine tropischen Blumen mochte. Der Hut stand ihr nicht, dachte dieser Geschäftsmann von der Ostküste, der weder Interesse an Frauenkleidern noch ein Auge dafür hatte; er hielt dieses ungewöhnliche Ding für unmöglich.

Es muss mir anzumerken sein, dachte sie, sodass die Leute glauben, sie könnten mich lieben oder hassen, nur weil sie mich einmal gesehen haben. Wie konnte sie nur verschwinden – diese schöne, sichere langsame Methode, sich in jemanden hineinzuversetzen und ihn kennen zu lernen, und mit ihr das Recht, sich zurückzuziehen, wenn es das Beste zu sein schien? Liebende Menschen wie ich geben anscheinend die Abkürzungen zu jedermanns Geheimnissen preis.

Der Erzähler dringt in die Gedanken beider Figuren ein, interpretiert ihre Reaktionen und zieht darüber hinaus Schlüsse. Dennoch geht Welty dabei subtil und vorsichtig vor, ohne sich dem Leser aufzudrängen. Sie lässt ihm Raum, sich seine eigenen Gedanken zu machen.

Längst haben einige Schriftsteller entdeckt, dass die allwissende Perspektive nicht bedeuten muss, mit erhobenem Zeigefinger zu reden oder sich gottgleich auf dem Papier auszuleben. Eine moderne und subtilere Form des auktorialen Erzählers taucht in Werken von Andre Dubus, Michael Ondaatje, Nicola Barker, Ellen Gilchrist und Alice Munroe auf, um nur einige zu nennen.

Postmoderne Autoren wie Milan Kundera bedienen sich gerne einer sehr augenfälligen Form der Allwissenheit, um jede Wahrscheinlichkeit von vornherein auszuschließen: Sie stellen klar, dass ein Roman etwas Ausgedachtes, Erfundenes ist. Sie prahlen mit ihrer »göttlichen« Macht. In *Die unerträgliche Leichtigkeit des Seins* unterbricht Kundera den Erzählstrom oft, um die Geschichte, die Themen oder Literatur an sich zu kommentieren:

Es wäre sinnlos für einen Autor, den Leser überzeugen zu wollen, dass seine Figuren einst gelebt haben. Sie wurden nicht aus dem Mutterleib geboren, sondern aus ein oder zwei inspirierenden Sätzen einer Grundsituation. Tomas wurde aus dem Spruch »Einmal ist keinmal« geboren. Tereza aus einem knurrenden Magen.
Als sie zum ersten Mal Tomas Wohnung betrat, begann ihr Magen zu knurren. Kein Wunder: Sie hatte seit dem Frühstück bis auf das Sandwich auf dem Bahnsteig, bevor sie in den Zug gestiegen war, nichts mehr gegessen ...

Sobald Kundera uns daran erinnert hat, dass seine Geschichte erfunden und erdacht ist, nimmt er den Faden wieder auf und erzählt weiter.

In mancher Hinsicht ist Allwissenheit auch Freiheit. Statt von Intelligenz, Reife oder geistiger Gesundheit Ihrer Figuren abhängig zu sein, können Sie mit einem auktorialen Erzähler die Macht übernehmen und das seltsame Verhalten Ihrer Figuren interpretieren oder die Gebräuche auf einem erfundenen, bizarren Planeten erklären.

Sie können Ihre Allwissenheit dazu nutzen, Spannung zu erzeugen, indem Sie dem Leser Dinge mitteilen, die die Figuren nicht wissen. Der Erzähler könnte zum Beispiel verraten, dass eine riesige Flutwelle an die Küste heranrollt, an der Sue und Harry gerade die letzten Hochzeitsvorbereitungen treffen. Er könnte verraten, dass dieser Tsunami in einer Stunde aufs Festland trifft und nur einer von ihnen überleben wird. Der Erzähler könnte andeuten, dass Miss Harriet Wood, allseits beliebte Lehrerin, geschätzte Kollegin und Anlaufstelle für herrenlose Hunde, zu Hause keinesfalls einen biederen Schulbuchvertreter bewirtet, sondern einen gefährlichen Kriminellen (was *sie* natürlich nicht weiß). Der Erzähler kann die Spannung der Geschichte bis zum Äußersten treiben, indem er immer wieder kleine Hinweise gibt, sodass der gepeinigte Leser hastig die Seiten umblättert und innig hofft, Miss Harriet werde begreifen und sich retten, bevor der Schurke ihr etwas antun kann.

Bei all den Segen und Vorzügen der Allwissenheit – es gibt gute Gründe, warum diese Perspektive heute nicht mehr besonders oft verwendet wird. Allwissenheit richtet gewöhnlich die Aufmerksamkeit des Lesers auf den Autor – ein unerwünschter Effekt für den Schriftsteller, der vom Leser bedingungslose Hingabe an die Geschichte verlangt. Außerdem kann Allwissenheit sehr unpersönlich wirken, zumal der Leser heute daran gewöhnt ist, sich mit ein oder zwei Figuren zu identifizieren oder zumindest mit ihnen mitzufühlen. Noch ein weiterer Nachteil: Es ist gar nicht so leicht, sich allen Figuren und Schauplätzen zu widmen. Die meisten Autoren ziehen es vor, sich auf ein oder zwei Charaktere zu beschränken und ausschließlich deren Gedanken und Gefühle zu vermitteln. Zu viel Freiheit kann wie ein Seiltanz ohne Netz sein: Sehr schnell verliert man das Gleichgewicht und stürzt in bodenlose Tiefen.

☞ *Sie sind dran:* Schreiben Sie aus der Perspektive des auktorialen Erzählers eine Szene von einem Hochzeitsempfang, auf dem etwas zerbricht – ein Geschenk, eine Flasche oder das Herz einer Ihrer

Figuren … Zeigen Sie anhand dieser Szene mindestens drei der Vorzüge dieser Perspektive: die Darstellung von Gedanken einer beliebigen Person, Interpretation von Ereignissen, Beschreibung von Ereignissen in Abwesenheit der Figuren, Andeutung von zukünftigen Ereignissen etc. Sie haben jede Menge Möglichkeiten, da auf einer Hochzeit gewöhnlich viele Menschen anwesend sind. Genießen Sie es, Gott zu spielen, alles zu sehen und alles zu wissen.

Dritte Person: Der objektive Beobachter

Hier nun die ultimative Herausforderung, eine echte Prüfung für Ihr Talent, in einer Szene Informationen zu enthüllen: Der objektive Beobachter in der dritten Person hat keine Möglichkeit, die Gedanken irgendeiner Figur zu lesen. Der Autor muss alles, was für die Geschichte wichtig ist (Hintergrund, Charakterisierung, Konflikt, Thema etc.), über Dialog und Handlung vermitteln. Das Ergebnis erinnert ein bisschen an eine journalistische Darstellung von Ereignissen: Es sind ausschließlich die Tatsachen, die genannt werden.

Raymond Carver, Meister der Kurzgeschichte, beweist mit seiner Story »Volkstümliche Mechanik«, dass er der Herausforderung gewachsen ist:

Er war im Schlafzimmer und stopfte Kleider in den Koffer, als sie in der Tür erschien.
Ich bin froh, dass du gehst. Ich bin froh, dass du gehst! Sie begann zu weinen. Du kannst mir nicht einmal in die Augen sehen, oder?
Dann entdeckte sie das Bild des Babys auf dem Bett und hob es auf.
Er sah sie an, und sie wischte sich die Augenwinkel und erwiderte seinen Blick einen Moment lang, bevor sie sich umwandte und wieder ins Wohnzimmer ging.
Gib das wieder her, sagte er.
Pack einfach deine Sachen und verschwinde, sagte sie.
Er gab keine Antwort. Er schloss den Koffer, zog seinen Mantel an und schaute sich im Schlafzimmer um, bevor er das Licht ausschaltete.

Dann ging er hinaus ins Wohnzimmer.
Sie stand im Türrahmen der kleinen Küche und hielt das Baby auf dem Arm.
Ich will das Baby, sagte er.
Bist du verrückt?
Nein, aber ich will das Baby. Ich schicke jemanden, der seine Sachen holt.
Du fasst das Baby nicht an, sagte sie.

Das namenlose Paar streitet weiter über die Frage, wer das Baby bekommt. Am Ende packt jeder von ihnen das Kind und zieht. »Auf diese Weise wurde die Angelegenheit entschieden«, schreibt Carver lapidar. Eine scheußliche Tat, derer sich wohl kein normaler Mensch für fähig halten würde. Wie also kann Carver uns als Lesern das Gefühl vermitteln, etwas Derartiges könne sich tatsächlich ereignen? Die Perspektive des objektiven Beobachters erledigt das für ihn. Indem er berichtet, statt zu erklären, glauben wir ihm, was so unglaublich erscheint.

Die Stärke der objektiven Perspektive ist, dass sie eine Aura von Integrität und Unparteilichkeit verbreitet. Die objektive Perspektive hindert den Autor daran, übermäßig erklären zu wollen, weil er eigentlich gar nichts erklären *kann!*

Aber alles hat zwei Seiten. Hier der Nachteil: Die Faszination, als Leser in die Gedanken fremder Köpfe eindringen zu können – anders, als im wahren Leben –, wird uns durch die Objektivität des Erzählers verweigert, sodass wir – wie in der Realität – nur vermuten oder raten können, was hinter dem Grinsen eines Kindes, der hochgezogenen Augenbraue des Geliebten oder der undurchdringlichen Miene des Chefs steckt. Eine Geschichte, von einem objektiven Erzähler präsentiert, ist wie eine Blume ohne Duft und Farbe, eine interessante Seltsamkeit, die eines geschickten Autor bedarf, um mehr als nur flüchtige Aufmerksamkeit zu erregen.

☞ *Sie sind dran:* Wenden Sie sich noch einmal Ihrem Hochzeitsempfang zu und überarbeiten Sie die Szene, indem Sie einen objektiven Erzähler statt des allwissenden einsetzen. Jetzt müssen Sie sich allein auf Beschreibung verlassen, denn – nicht vergessen! – dieses Mal dürfen Sie in keinen Kopf hineinschauen. Aber auch das *Verhalten* der Figuren sagt viel über ihre Gedanken aus.

Zweite Person

Ein Erzähler in der zweiten Person spricht – genau wie bei Perspektiven aus der dritten Person – mit der Stimme des Autors. Nur, dass der Erzähler dem Leser berichtet, was *du* getan oder gesagt hast.

Als Jay McInerney 1987 seinen Roman *Ein starker Abgang* veröffentlichte, verursachte die Verwendung der zweiten Person in literarischen Kreisen einige Aufregung. Etliche Kritiker bezeichneten seine Perspektivenwahl als reinen Gag, der nur auf Wirkung zielte. Die Leserschaft konnte sich nicht erinnern, je zuvor etwas Derartiges gelesen zu haben; ganz gewiss war sie nicht daran gewöhnt, vom Autor direkt angesprochen zu werden:

Du bist im Nachtclub und sprichst mit einem glatzköpfigen Mädchen. Der Club ist entweder das Heartbreak oder die Lizard Lounge. Alles könnte etwas klarer werden, wenn du nur mal eben in die Toiletten verschwinden und ein bisschen bolivianisches Marschpulver zu dir nehmen könntest ... Dein Hirn ist in diesem Moment zusammengesetzt aus Brigaden winziger bolivianischer Soldaten. Sie sind müde und staubig von ihrem langen Marsch durch die Nacht. Sie haben Löcher in den Stiefeln und sind hungrig. Sie müssen essen. Sie brauchen bolivianisches Marschpulver.

Die Perspektive des Romans schaffte es, in vielen Lesern das Gefühl zu erzeugen, sie seien der Protagonist, der da durch die Clubs streift und sich Line um Line Kokain reinzieht. Doch obwohl das Buch ein Bestseller war, zogen andere Autoren keinesfalls nach. Sicher – McInerney hatte etwas Neues gewagt, aber es war auch etwas Einmaliges, das sich bei Mehrfachverwendung rasch abnutzen musste.

Lorrie Moore bedient sich der zweiten Person in ihrem Geschichtenband *Leben ist Glücksache* auf ganz andere Art. Die Erzähler der meisten Geschichten (zum Beispiel »Scheidungsratgeber für Kinder« und »Wie werde ich Schriftsteller«) imitieren die Ratgeber-Stimme der beliebten Selbsthilfe-Bücher. Der folgende Auszug stammt aus der Geschichte »Wie«:

Du begegnest ihm in einer Klasse, in einer Bar oder auf einem Basar. Vielleicht ist er Lehrer für eine sechste Klasse. Eisenwarenhändler. Vorarbeiter in einer Kartonfabrik. Er wird tanzen können. Exakt frisiert sein. Er wird über deine Witze lachen.

Eine Woche, ein Monat, ein Jahr. Fühl dich entdeckt, geborgen, gebraucht, geliebt und fange an, dich manchmal, irgendwie, gelangweilt zu fühlen. Wenn du traurig oder verwirrt bist, geh in die Stadt ins Kino. Kauf dir Popcorn. So was kommt und geht. Eine Woche, ein Monat, ein Jahr.

Versuch es mit unverbindlichen Abmachungen. Sieh zu, wie sie wie Luftballons die Luft verlieren und schrumpeln. Er wird dich bitten, bei ihm einzuziehen. Tu es zögernd, mit gemischten Gefühlen. Mach ihm klar: die Mieten sind hoch, nichts Langfristiges, Liebe ist ja gut und schön, Schätzchen, aber es muss frei und unbeschwert sein. Erkläre ihm wortreich die Regeln. Betone die Offenheit, die Nicht-Ausschließlichkeit. Schaff dir Platz in seinem Badezimmerschrank, aber räume die Möbel nicht um.

Wie könnte Ihre Selbsthilfe-Geschichte aussehen? Überlegen Sie, wie Sie so etwas umsetzen würden.

Allerdings muss ich darauf hinweisen, dass die zweite Person meist mit Moore oder McInerney in Verbindung gebracht wird. Diese Perspektive hat ihre Möglichkeiten, und es macht Spaß, sich darauf einzulassen, aber wenn Sie Ihre Geschichte veröffentlichen wollen, müssen Sie etwas Eigenes schaffen und mit dem »du« einen frischen, neuen Effekt erzielen.

Eine Autorin, die dies kürzlich geschafft hat, heißt Helen Dunmore. Ein Auszug aus ihrem Roman *With your crooked heart*:

Du legst dich auf den warmen Stein und schmiegst dich an, bis dein Körper perfekt passt. Dann entspannst du dich, und die Terrasse trägt dich, als ob du hinaus auf die See schwebst. Die Sonne scheint seit sieben Uhr morgens, und jedes Körnchen Stein ist mit Hitze vollgesogen. Die Sonne ergießt sich auf die glänzende Rundung des Bauches, auf die geöffneten Schenkel, deine Arme, deine Finger, dein Gesicht. Kein Teil von dir widersetzt sich, kein Teil, das nicht glänzt. Die feuchten Lippen deiner Vulva sind in einem schimmernden Gewirr aus Haar gefangen.

Obwohl ich beim ersten Mal durchaus das seltsame Gefühl empfand, jemand rede mit mir, glaube ich nicht, dass Dunmores Motive, die Perspektive der zweiten Person zu verwenden, viel mit einer direkten Leseransprache zu tun haben. Stattdessen glaube ich, dass die Stimme die besondere Erfahrung einer Figur ausdrücken will, die mit einer anderen Perspektive nicht so intensiv hätte vermittelt werden können. Die Stimme erzeugt eine extreme Nähe und Vertrautheit, als ob der Erzähler der Frau, die dort auf den heißen Steinen liegt, direkt ins Ohr flüstert.

Wenn es Ihnen gelingt, die zweite Person auf originelle und packende Weise einzusetzen, dann los – tun Sie es! Wenn nicht, gehen Sie vorsichtig damit um.

☞ **Sie sind dran:** Schreiben Sie einen Ihrer Texte aus der Perspektive eines Ich-Erzählers in die zweite Person um. Obwohl Sie nicht viel mehr tun müssen, als das *ich* durch ein *du* zu ersetzen, kann die Wirkung verblüffend sein. Und natürlich dürfen Sie überall ändern, wo es notwendig ist, um es der neuen Perspektive anzupassen. Vergleichen Sie anschließend beide Versionen und analysieren Sie die unterschiedliche emotionale Wirkung.

Distanz

Die Perspektive bestimmt die Frage, aus welcher Distanz die Ereignisse betrachtet werden. Überlegen Sie gut, welche Perspektive Sie wählen.

Emotionale Distanz

Dies ist die Distanz, die wir zwischen Erzähler und Figuren spüren, eine Distanz, die darüber entscheidet, wie nahe sich der Leser den Figuren fühlen wird. Gewöhnlich denken wir bei dem Begriff emotionale Distanz an etwas Abstraktes. Aber wir können sie im Hinblick auf die Perspektive durchaus messen, wenn wir sie mit Hilfe von filmtechnischen Begriffen ausdrücken:

Fernaufnahme/Totale:
Der Mann hastete durch die kalte Nacht
Mittlere Brennweite:
Der Mann hastete durch die Nacht und kniff die Augen gegen die eisige Luft zusammen.
Nahaufnahme:
Als der Mann durch die Nacht hastete, spürte er die eiskalte Luft auf seinen trockenen Lippen.

Wenn der Erzähler der Figur nah genug ist, um die Kälte auf ihren Lippen zu spüren, können wir annehmen, dass er ihr nahe genug ist; die emotionale Distanz ist sehr gering.

Oft wählt ein Autor eine bestimmte Distanz und bleibt die ganze Geschichte über dabei. Doch manchmal verändert der Abstand sich auch mittendrin.

Jane Smiley beginnt ihren Roman *Tausend Morgen* mit einer Panoramaaufnahme:

Mit sechzig Meilen pro Stunde war man in einer Minute an unserer Farm vorbeigefahren, wenn man auf der County Road 686 fuhr, die nach Norden führte, bis sie in die Cabot Street Road mündete. ... Weil die Einmündung sich auf einer kleinen Anhöhe befand, konnte man von dort aus in einer Meile Entfernung die Gebäude am südlichen Rand unserer Farm sehen. Eine Meile gen Osten sah man die drei Silos, die die nordöstliche Ecke markierten, und wenn man den Blick von den Silos zum Haus und der Scheune und wieder zurück schweifen ließ, konnte man die ganze immense Größe des Landes, das meinem Vater gehörte, in sich aufnehmen, diese sechshundertvierzig Morgen Land, ein ganzes Gebiet, bezahlt und ohne Schuldenlast, so flach und fruchtbar, schwarz und mürbe und ungeschützt wie jedes andere Stück Land auf der Erdoberfläche.

Weil dieses Stück Land im Mittelpunkt des Konflikts steht, ist es wichtig, dass Smiley es als etwas Materielles, Existierendes einführt und in seiner ganzen Größe präsentiert. Doch wenn wir wollen, dass der Leser sich mit den Figuren anfreundet, dürfen wir eine solche Distanz nicht für die komplette Geschichte wählen. Aus diesem Abstand wären die Charaktere nur ameisengroß. Aber Smiley weiß das natürlich und verringert die Distanz schon im nächsten Kapitel. Tatsächlich zoomt sie die Kamera so nah heran, dass das Objektiv die Haut der Figur berühren könnte:

Linda war gerade geboren, als ich meine erste Fehlgeburt hatte, und eine Weile lang, vielleicht ein halbes Jahr, war der Anblick der zwei Babys [ihrer Nichten], die ich aufrichtig und mit Zufriedenheit geliebt hatte, wie Gift für mich. Mein ganzes Körpergewebe schmerzte, wenn ich sie sah, wenn ich Rose mit ihnen sah, als ob meine Blutgefäße Säure bis in den hintersten Winkel meines Stoffwechsels transportierten.

Zeitliche Distanz

Wenn nichts anderes vermerkt ist, gehen wir davon aus, dass die Ereignisse der Geschichte, die wir lesen, erst kürzlich stattgefunden haben. In diesem Fall können wir sagen, dass zwischen dem Erzähler und der Geschichte ein geringer zeitlicher Abstand besteht. Obwohl Geschichten häufig in der Vergangenheit geschrieben sind, vermitteln die meisten ein Gefühl der Gegenwart – es ist, als würde die Geschichte passieren, während wir lesen:

Der junge Mann sagte, er wolle mit Alexandra schlafen, weil sie einen interessanten Verstand habe. Er war Taxifahrer, und sie hatte seinen lockigen Hinterkopf bewundert. Dennoch war sie überrascht. Er wolle sie in ungefähr eineinhalb Stunden wieder abholen, sagte er. Weil sie ein fairer und vernünftiger Mensch war, errichtete sie zwischen ihm und sich eine Barriere von wahren Informationen.

Durch diesen Eröffnungsabsatz aus der Kurzgeschichte »Ungeheure Veränderungen in letzter Minute« beabsichtigt Autorin Grace Paley uns direkt in die Gegenwart der Ereignisse hineinzuziehen – nämlich in Alexandras Gedanken, die auf dem Weg ins Krankenhaus ist, um ihren Vater zu besuchen, und nun überlegt, wie sie auf den Taxifahrer reagieren soll.

Manchmal versuchen Autoren, diese zeitliche Distanz weiter zu verringern, indem sie im Präsens schreiben, wie Margaret Atwood in ihrem Roman *Der lange Traum*:

Er spürt, dass ich ihn beobachte, und lässt meine Hand los. Dann nimmt er sein Kaugummi aus dem Mund, wickelt es in das Silberpapier, legt es in den Aschenbecher und verschränkt die Arme. Das heißt, ich soll ihn nicht beobachten; ich schaue nach vorn.

Kommt Ihnen das unmittelbarer vor als das vorherige Zitat? Ja, nicht wahr, und das ist beabsichtigt. Aber weil die Vergangenheitsform seit so langer Zeit die Literatur beherrscht, finden die meisten Schriftsteller die Verwendung bequemer, zumal der Leser daran gewöhnt ist und eine Geschichte in der Vergangenheit ihm nicht wirklich vergangen erscheint. Doch auch das Präsens ist heute üblich; früher nahezu ungebräuchlich, erregt es heute keine Gemüter mehr.

Manchmal vermerkt ein Autor direkt am Anfang, dass seine Geschichte sich vor langer Zeit zugetragen hat, womit er eine zeitliche Distanz schafft. Wenn dies vorkommt, betrachtet der Leser die Geschichte mit anderen Augen: Sie könnte durch Nostalgie gefärbt

Perspektive | 135

sein, anders als üblich präsentiert werden, lückenhaft oder fantastisch erscheinen, weil die Erinnerung durch die lange zeitliche Distanz nachgelassen hat. In George Eliots »Hinter dem Schleier« ist der Zeitabstand Bestandteil der Geschichte:

Die Zeit meines Endes rückt näher. Ich werde seit kurzem von immer neuen Attacken von Angina Pectoris geschüttelt; und wenn die Dinge ihren normalen Lauf nehmen, wie mein Arzt mir sagt, darf ich hoffen, dass sich mein Leben nicht mehr viele Monate hinziehen wird.

Der Erzähler beginnt, über sein vergangenes Leben nachzudenken. »Meine Kindheit erscheint mir, in Anbetracht der späteren Jahre, vielleicht glücklicher, als sie wirklich war«, teilt er uns mit. Mehrere Seiten später macht er einen Sprung in die Anfänge seines Erwachsenenlebens: »In Basel gesellte sich mein Bruder Alfred zu uns, ein gut aussehender, selbstsicherer Mann von sechsundzwanzig und der krasse Gegensatz zu meiner labilen, nervösen, unfähigen Person.«

Ein Moment wie dieser, in dem der Leser sich bewusst ist, wie lange die Ereignisse bereits her sind, kann die emotionale Wirkung und Spannung der Geschichte beeinträchtigen. In Eliots Story wissen wir, dass der Erzähler sterben wird – es bleibt nicht zu hoffen, dass die Geschichte anders ausgeht. Doch diese Art von zeitlichem Abstand erlaubt dem Erzähler, seine Geschichte aus einem interessanten Blickwinkel zu erzählen, der oft die Gefühle der Vergangenheit und Gegenwart ineinander übergehen lässt.

Ein Vertrag mit dem Leser

Vergessen Sie nie, dass Sie mit der Wahl der Perspektive einen Vertrag mit dem Leser abschließen. Die Perspektive sagt ihm, welche Art von Geschichte er vor sich hat. Wenn Sie gegen diesen Vertrag verstoßen, riskieren Sie, sein Vertrauen zu verlieren. Es ist wie ein Misston in der Harmonie des Handlungsverlaufs, und für den Leser fühlt sich die Geschichte danach nicht mehr »echt« an.

Angehenden Schriftstellern passiert es häufig, dass sie diesen Vertrag brechen. Manchmal ist es nur ein Ausrutscher. Eine meiner Studentinnen wählte für ihre Geschichte einen einzelnen Erzähler in der dritten Person aus. Hauptfigur und jener Charakter, aus dessen Perspektive die Ereignisse betrachtet wurden, war Barbara, Geschäftsführerin einer Kosmetikgesellschaft. Der Vertrag lautete daher: Alles, was geschieht, muss durch Barbaras Bewusstsein gefiltert werden.

Die Geschichte meiner Studentin entwickelte sich gut; sie hatte ihre Charaktere und den Konflikt sorgsam ausgearbeitet. Doch dann – Bang! – drang der Erzähler in die Gedanken einer unbedeutenden Figur ein und brachte die Geschichte damit zu Fall:

Barbara verbrachte die nächsten zehn Minuten damit, ihrem Buchhalter zuzuhören. Aber sie konnte sich weder auf die Papiere, mit denen er vor ihrer Nase wedelte, noch auf seine Worte konzentrieren. Ihre Gedanken kreisten um die Nachricht, die John ihr auf dem Anrufbeantworter hinterlassen hatte. Ich bin auf dem Weg nach Montana. Ich weiß, das kommt plötzlich, und ich fühle mich auch wie der klassische Schuft, aber ich muss wirklich für eine Weile verschwinden, um mir über ein paar Dinge klar zu werden.
Sie schob den Stuhl zurück, griff nach ihrer Jacke und dankte Ted für seine sorgfältige Arbeit. »Sobald ich meine Termine von heute erledigt habe, werde ich mir die Bücher ansehen.«
Ted, der sich einmal mehr grob entlassen und gedemütigt fühlte, verstand selbst nicht, warum er sich für eine derart undankbare Chefin solche Mühe gab. Er begann, die Papiere auf dem Tisch einzusammeln.
»Sie können die Seiten ruhig liegen lassen, Ted. Wie ich schon sagte, ich sehe sie mir später an.«

Ohne Angestellte beleidigen zu wollen, Ted spielt hier in dieser Geschichte nur eine untergeordnete Rolle. Seine einzige Aufgabe ist es, Barbara mitzuteilen, dass einer ihrer Angestellten offensichtlich Geld unterschlägt. Meine Studentin gestand mir, dass sie den Ausrutscher nicht einmal bemerkt hatte. Dabei hätte sie sich ohne

Mühe weiterhin an ihren Vertrag halten können, wenn sie einfach nur beschrieben hätte, was Ted tut. Zum Beispiel so:

Ted seufzte und begann, die Papiere auf dem Tisch aufzusammeln. »Okay, schon okay«, murmelte er. »Ich setze mich also in die Ecke und warte darauf, dass Madame ein wenig Zeit für mich erübrigen kann.«

Um sich abzusichern, können Sie sich die Perspektive-Regeln in Hinblick auf Allwissenheit, Verlässlichkeit und Distanz aufschreiben. Wenn Sie dann einen Entwurf fertig haben, können Sie Ihren Text anhand der Liste prüfen.

Doch wie man weiß, sind Vertragsbrüche manchmal unvermeidlich. Gelegentlich kann ein mutiger Schriftsteller einen absichtlichen Bruch wagen, um damit einen besonderen Effekt zu erzielen – *falls* es das ist, was die Geschichte benötigt.

In Richard Russos *Empire Falls* begegnen wir im Vorwort einem allwissenden Erzähler. Im Anschluss daran folgt der Erzähler dem Protagonisten über zwei Kapitel. Dann erleben wir ein Kapitel aus der Perspektive von Miles' Frau, ein anderes (in dem plötzlich von Vergangenheit in die Gegenwart gewechselt wird) aus der Sicht seiner Tochter. Anschließend hören wir mehrere Erzähler der dritten Person, wobei mit jedem Kapitel eine neue Perspektive beginnt. In Kapitel sieben befinden wir uns dann in einer Kneipe, und dort wechselt die Perspektive plötzlich zwischen dem Besitzer des Ladens und seinen zwei Gästen hin und her, sodass es verdächtig nach einem auktorialen Erzähler aussieht. Doch auch wenn es verwirrend und verworren klingt – der Autor möchte, dass wir die Einwohner dieser Stadt auf unkonventionelle Art kennen lernen, und wir vertrauen darauf, dass er weiß, was er tut.

Welche nehmen?

Ich bin sicher, dass Sie jetzt verstanden haben, wie wichtig die Wahl der Perspektive für Ihr Werk ist. Alles wird davon beeinflusst. Aber wie bei allen schwierigen Entscheidungen wird diese Aufgabe leichter, wenn Sie in der Lage sind, die Auswahl etwas einzuschränken.

Stellen Sie sich zuerst die Frage, wessen Story Sie vor sich haben. Geschichten in der ersten Person gehören meistens zum Erzähler, so wie Geschichten in der dritten Person mit nur einem Erzähler in der Regel zu der Figur gehören, aus deren Sicht die Ereignisse dargestellt werden. Wenn also Ihre Geschichte deutlich die eines einzelnen, dominanten Charakters ist, wählen Sie am besten den Ich-Erzähler oder die dritte Person mit nur einem Erzähler. Anschließend müssen Sie nur noch entscheiden, ob Sie in der Stimme der Figur erzählen wollen oder nicht.

Romane, die von Großfamilien, Familienverbindungen, Eheschließungen, Fußballmannschaften, U-Boot-Besatzungen und Menschen, die durch eine bestimmte Situation miteinander verbunden sind, handeln, haben normalerweise mehr als nur einen Protagonisten. Oftmals hat jeder einzelne Charakter ein Ziel, und häufig stehen die Ziele der einzelnen Charaktere im Konflikt zueinander. In diesem Fall sollten Sie sich fragen: »Was interessiert mich an der Geschichte am meisten?« Sagen wir, Ihre Story handelt von einem erfolgreichen Jazzquintett, dessen Trompeter trotz Ruhm und Reichtum aussteigen will. Stellen Sie sich das Szenario vor. Was fasziniert Sie daran? Wie der Trompeter sich mit seiner Verpflichtung den anderen Musikern gegenüber und den Folgen, die sein Ausstieg für die anderen hat, umgeht? Falls ja, dann sollten Sie eine der beiden Einzelperspektiven wählen. Vielleicht interessiert Sie aber auch, was mit der Gruppe als Ganzes geschieht. Tut sich ein Anführer hervor? Helfen andere Bandmitglieder dem Trompeter heimlich? Bleibt die Band zusammen, obwohl der Trompeter geht? Ihr Interesse an der Geschichte der Gruppe macht eine Mehrfachperspektive nicht unbedingt nötig – es könnte eine

Figur als Sprachrohr für die anderen geben, Sie sollten sie wegen der Flexibilität, die sie Ihnen bietet, in Erwägung ziehen.

Eine andere, diesmal sehr einfache Frage könnte einfacher kaum sein: *Welche Art von Geschichten lese ich am liebsten?* Wenn Sie ein ganzes, herrliches Wochenende nur zum Lesen hätten, was würden Sie sich zuerst aus dem Regal holen? Ein Familienepos oder eine packende Geschichte mit einem einzigen Protagonisten? Interessiert Sie vor allem die psychologische Dynamik, die Reaktionen und Entwicklungen von Personen, die Widerstand oder gesellschaftlichem Druck ausgesetzt sind? Oder finden Sie es spannender, Individuen zuzusehen, die sich gegenseitig ausspielen und versuchen, ihr eigenes Ziel um jeden Preis zu erreichen? Welcher Film trifft eher Ihren Geschmack – *Rocky* oder *Eine Klasse für sich*?

Allerdings können Sie *nicht* sicher sein, die beste Perspektive für Ihre Story gefunden zu haben, wenn Sie nur eine abstrakte Idee davon haben. Sie müssen die Perspektive ausprobieren! Ganz wie ein Weinkenner einen Schluck nimmt und im Mund hin und her bewegt, damit sich der Geschmack voll entfalten kann, so müssen auch Sie erst entdecken, ob die Perspektive zu Papier gebracht auch wirkt. Klingt es so, wie Sie es sich wünschen? Hat es das vielschichtige Aroma, das die Geschichte braucht?

Es kann sein, dass Sie bereits nach ein, zwei Seiten alles erfahren haben, was Sie wissen müssen. Vielleicht sind Sie sich schon sicher, nachdem Sie ein oder zwei Perspektiven ausprobiert haben. Vielleicht auch nicht.

Ich habe einmal einen halben Roman in der ersten Person geschrieben, weil mir beim Morgenspaziergang die Inspiration in Form eines Satzes kam. Die Stimme sagte: »Mein Name ist Eleanor Sweetleaf, und ich lebe in diesem Haus, seit ich drei Tage alt war.« Nun – wer war ich, mich gegen den Kuss der Muse zu wehren? Ich begann also zu schreiben, und es lief auch recht gut, doch nach ungefähr einem Jahr kam ich nicht mehr weiter. Eleanor Sweetleaf war eine brave Seele, aber als Stimme für die Geschichte nicht wirklich die richtige. Sie nahm sich ein wenig zu ernst. Nachdem ich eine Weile zähneknirschend überlegt hatte, begann ich, den

Roman in der dritten Person zu schreiben – die bessere Wahl, wie ich schnell erkannte. Die überarbeitete Geschichte war witziger, und ich hatte mehr Möglichkeiten, mit der Sprache zu spielen. Und nachdem ich mich erst einmal dazu durchgerungen hatte, die erste Person aufzugeben, konnte ich auch andere Elemente meiner Geschichte ändern. Mein Mann war zuerst vollkommen entgeistert; er konnte nicht verstehen, wieso mir nicht eher aufgefallen war, dass ich aus der falschen Perspektive heraus geschrieben hatte. Ihm tat es leid um die »vergeudete« Mühe. Aber da wusste er auch noch nicht, dass Schreiben sehr, sehr viel mit Versuch und Irrtum zu tun hat. Und er wusste auch nicht, dass es die Pflicht des Autors ist, sich den enormen Einfluss der Perspektive vollkommen zunutze zu machen.

5. KAPITEL

Beschreibung: Mit Wörtern malen

Chris Lombardi

Vor etwa zwölf Jahren las meine beste Freundin den Entwurf einer meiner Geschichten, in der es um eine Frau geht, die jahrelang in einem fernen Land gelebt hat und nun zurückkehrt. Das Tragische: Ihr Geliebter konnte nicht mitkommen. In einer Szene kann Ruth, die Protagonistin, nicht schlafen und überlegt, ob sie ihren Geliebten, der vier Zeitzonen weit weg ist, anrufen soll. Aber sie sitzt nur da und starrt das Telefon an – ein uraltes, schwarzes Ding mit Wählscheibe:

Das Licht der Straße machte das Telefon zu einem Gespenst.

Meine Freundin blickte von der Seite hoch und sah mich fassungslos an. »Wie kommst du bloß auf so was? Dir fällt doch sonst nie irgendetwas auf!«

Sie hatte Recht. Wann immer wir zusammen spazieren gingen, war es stets sie, die die Umgebung in sich aufnahm, die mir etwas zeigte, mich auf Dinge aufmerksam machte, während ich meist in Gedanken versunken war. Aber anscheinend nahm ich durchaus vieles wahr und speicherte es in meinem Unterbewusstsein. Ich registrierte die Dinge, während ich etwas anderes tat. Und so waren mir die bizarren Schatten, entstanden durch die Lichter der Stadt aufgefallen, wie sie gewöhnliche Alltagsgegenstände in etwas Unheimliches verwandelten. Als ich an Ruth dachte, die auf das Telefon starrte, sah sie (und ich) ein Gespenst.

Mein erster Mentor war John Gardner, Romanautor und Dozent für kreatives Schreiben. Er brachte mir bei, dass ein guter Schriftsteller mit Wörtern auf Papier einen »lebendigen und anhaltenden Traum« erschafft. Mit *lebendig* meinte er eine Geschichte, die scharf umrissen war und so real wirkte wie das echte Leben.

Mit *anhaltend* meinte er, dass dieser Traum die ganze Geschichte über fesseln müsse, damit der Leser nicht in Versuchung käme, die fiktionale Welt zu verlassen.

Wenn ich an Beschreibungen denke, kommen mir immer Filme in den Sinn; sie sind Träumen recht ähnlich. Überlegen Sie mal. Sie betreten einen dunklen Kinosaal und werden für zwei Stunden in einer alternativen Realität festgehalten, die Sie, wenn der Film gut ist, ganz vereinnahmt. Wenn Sie wieder in die wirkliche Welt hinaustreten, blinzeln Sie im hellen Licht, als wären Sie gerade aufgewacht. Im Kino ist es die Kunst des Filmemachens, die Sie fasziniert. In der Literatur ist es meiner Meinung nach die Beschreibung, die Sie festhält, denn in gewisser Hinsicht besteht ein jedes Werk ganz aus Beschreibungen – mit Ausnahme der Dialoge natürlich. Mit Beschreibungen können Sie erreichen, dass der Leser die Geschichte so intensiv und packend erlebt, als würde er einen spannenden Film sehen. Es darf nicht sein, dass Ihre Geschichte mittendrin verblasst wie ein alter Super-8-Heimfilm, der auf einem klapprigen Projektor gezeigt wird. Bunt und prächtig sollte er sein, Ihr Film, selbst wenn Sie zarte, gedämpfte Farben verwenden.

In meinem Wörterbuch finden sich zwei Definitionen für das Verb *beschreiben*:

1. über etwas schreiben oder von etwas erzählen; einen detaillierten Bericht geben
2. mit Wörtern malen.

Mit Wörtern malen. Der Mitarbeiter der Wörterbuchredaktion war ein Poet.

Wenn es um das Geschichtenerzählen geht, ist Beschreibung alles, was im Kopf des Lesers ein Bild entstehen lässt. Wenn die Beschreibung gut genug ist, vergisst der Leser den Regen draußen, den unbequemen Stuhl, auf dem er sitzt, die unbezahlte Miete. Der Leser wird von den Wörtern mitgerissen und fortgetragen und lebt ganz in dieser, für ihn nun existierenden Welt, als würde er träumen, einen Film sehen oder wirklich dabei sein.

Die fünf Sinne

Sie schreiben und lesen mit Ihrem Kopf, aber Sie leben Ihr Leben definitiv mit Ihrem Körper. Um diese Erfahrung in der Literatur zu vermitteln, brauchen Sie *Körperlichkeit*. Ihr morgendlicher Weg zur Arbeit besteht aus einer Reihe von Ärgernissen – das haben mir wenigstens meine Studenten gesagt. Verdichtet besteht er aus den Füßen auf Ihrer Fußmatte, dem Gefühl der Jacke auf Ihrer Haut, dem Geräusch des Verkehrs usw. Auf diese Weise erfahren wir die Welt.
Um den Leser in Ihre fiktionale Welt zu entführen, müssen Sie all seine Sinne ansprechen. Der Leser soll den Regen auf der Scheibe sehen, die Bitterkeit einer falsch gewürzten Suppe schmecken, das Kratzen unrasierter Haut fühlen, den abgestandenen Geruch von Alkohol und Zigaretten nach einer ausschweifenden Party riechen und das Quietschen der Reifen kurz vor dem Autounfall hören. Ist Ihnen aufgefallen, dass ich alle fünf Sinne angesprochen habe? Beschränken Sie sich nicht nur auf das, was man sieht, wie viele angehende Schriftsteller es tun. Vielleicht erinnert sich Ihr Protagonist stattdessen am nächsten Tag vor allem an den Lärm auf der Party. Aber auch das Material, aus dem das Kleid Ihrer Hauptfigur gemacht ist, kann mehr über ihre Herkunft aussagen als ihre Frisur.
In Anna Quindlens *Kein Blick zurück* lernt die Protagonistin, die vor ihrem gewalttätigen Mann geflüchtet ist, in einer Stadt in Florida eine neue Freundin kennen:

Sie trug rosafarbene Leinenshorts, eine farblich passende Bluse, eine weiße Sonnenbrille und rosa Nagellack. Sie klang wie eine Schauspielerin, die Blanche Du Bois im Sommerrepertoire spielte, und duftete, als hätte sie sich heute Morgen so sorgfältig zurechtgemacht wie ich an meinem Hochzeitstag. Schleppende Sprache und Diorissimo, oder etwas sehr Ähnliches.

Die beschriebene Figur hinterlässt beim Leser einen nachhaltigen Eindruck, weil wir sie über unsere Sinne erfahren – in diesem Fall Sicht (ihre Kleidung), Gehör (ihre Art zu reden) und Geruch (ihr Parfum).

Sie brauchen diese Sinneswahrnehmungen, um allgemeinere Aussagen oder abstrakte beschreibende Sätze zu bebildern, selbst wenn Sie ein Talent dafür haben, poetische, wohlklingende Sätze zu bilden. Zu viel Wohlklang ohne Sinneseindrücke ist ein wenig wie ein Aperitif, dem keine Mahlzeit folgt: Man kann sich daran berauschen, wird aber rasch müde.

William Faulkner beginnt seine Geschichte »Brandstifter« mit dem Geruch und erweitet sie auf andere Sinne:

Der Laden, in dem der Friedensrichter residierte, roch nach Käse. Der Junge, der in dem überfüllten Raum ganz hinten auf einem Fass hockte, wusste, dass er Käse wahrnahm – und noch etwas anderes. Von dort, wo er saß, konnte er die Regalreihen sehen, die soliden, flachen, kompakten Formen der Konservendosen, deren Etiketten sein Magen las, nicht die Buchstaben, die für ihn nichts bedeuteten, sondern die roten Teufelchen und silbrigen Bögen der Fische; dies, der Käse, den er roch, und das hermetisch eingeschlossene Fleisch, das seine Eingeweide zu riechen glaubten, drangen in Schüben an seine Nase und mischten sich mit dem einen beständigen Geruch und Gefühl, das nur ein bisschen Furcht war, aber hauptsächlich aus Verzweiflung und Kummer bestand, dem alten, wilden Ruf des Blutes.

Faulkner schließt in seine Beschreibung Geruch, Sehen, Geschmack und körperliche Empfindungen, die durch Emotionen ausgelöst werden, ein. Er packt all diese Details in diese relativ kurze, aber sehr eindrucksvolle Szene.

Hier ein Auszug aus Amy Tans »Spielregeln«, in der alle fünf Sinne angesprochen werden:

Wir wohnten am Waverley Place in einer warmen, sauberen, Dreizimmer-Wohnung über einer kleinen chinesischen Bäckerei, die auf dampfgegarte Teigwaren und Dim Sum spezialisiert war. Früh morgens, wenn es unten auf der Straße noch still war, konnte ich die duftenden roten Bohnen riechen, die zu einer klebrigen Süße eingekocht wurden. Bei Tagesanbruch lag in unserer Wohnung das schwere Aroma von frittierten Sesambällchen und mit Huhn gefüllten süßen Curryhörnchen. Ich lag in meinem Bett und lauschte, wie mein Vater sich für die Arbeit fertig machte und dann die Tür hinter sich schloss, eins, zwei, drei Klicks.

Diese Welt hören, sehen, riechen, fühlen und schmecken Sie sogar. Wir sind körperlich *anwesend*. Nichts holt Ihren Leser so unmittelbar in das Universum Ihrer Geschichte wie sensorisches Erleben. Sprechen Sie die Sinne des Lesers an und Sie haben ihn.

☞ ***Sie sind dran:*** Suchen Sie sich eine Figur und stellen Sie sich vor, sie sei mit ein paar Freunden in eine Höhle gegangen. Dummerweise ist sie von der Gruppe getrennt worden und muss sich nun (ohne Taschenlampe) durch einen pechschwarzen Tunnel tasten und entweder einen Ausgang oder ihre Freunde finden. Schreiben Sie eine Szene, in der Sie das Erlebnis der Figur durch sinnliche Wahrnehmung deutlich machen. Da der Sehsinn eingeschränkt ist, müssen Sie sich auf Gehör, Geruch, Tastsinn und Geschmack konzentrieren. Lassen Sie den Leser den Schauplatz körperlich spüren!

Besondere Merkmale

Natürlich reicht es nicht, Ihre Beschreibungen mit sensorischen Einzelheiten anzureichern; die Einzelheiten müssen spezifisch sein. Eine Anhäufung spezifischer sensorischer Einzelheiten erzeugt das Gefühl der Wahrhaftigkeit – der Leser akzeptiert, dass das Beschriebene tatsächlich geschehen ist.

Vor vielen Jahren sprach mich einmal ein Schulfreund, der inzwischen Professor ist, auf meine Beschreibung, *seine intensiven grauen Augen* an. »Was soll das heißen?«, fragte er mich. Diese Frage habe ich nie vergessen. Oft greifen wir erst einmal nach einem vagen Ausdruck. Was hatte ich mit *intensiven grauen Augen* gemeint? Zum einen, dass die Augen eine schiefergraue Farbe hatten, und zum anderen, dass sie ein wenig glitzerten, wie von zu viel Tränenflüssigkeit benetzt. Aber hatte ich das ausgedrückt? Ganz sicher nicht!

Vage Beschreibungen zeugen von schriftstellerischer Faulheit, denn natürlich macht es Arbeit, besondere spezifische Details zu finden. *Sie war eine wunderschöne Blondine.* Das ist so banal, dass wir uns kein Bild machen können, und es hört sich verdächtig nach dem Weg des geringsten Widerstandes an. Wenn sich der Autor aber etwas mehr Mühe gibt und dieser blonden Schönheit besondere, spezifische Einzelheiten mitgibt, prägt sich dem Leser ein Bild ein, das er nicht so schnell vergisst. So zum Beispiel:

Ihre Nase hatte zarte Sommersprossen, die sich kaum von ihrer hellen Haut abhoben.

Malen Sie mit Wörtern ein Bild. Sehen Sie sich an, wie Jeanette Winterson in ihrem Roman *Verlangen* in einem kurzen Abschnitt Venedig im 18. Jahrhundert wieder aufleben lässt:

Es gibt auch Verbannte. Männer und Frauen, vertrieben aus ihren leuchtenden Palästen, die sich zu den glitzernden Kanälen hin öffneten.

Eine kraftvolle Beschreibung, die durch die Adjektive *glitzernd* und *leuchtend* eine Andeutung der nun verlorenen Pracht vermittelt. Doch erst mit den folgenden Sätzen zieht die Autorin uns wirklich in die Atmosphäre jener Zeit und jenes Schauplatzes hinein:

Eine Frau, die eine Bootsflotte und eine Schar Katzen besaß und mit Gewürzen handelte, ist nun hier, in der stillen Stadt. Ich kann nicht sagen, wie alt sie sein mag; ihr Haar ist grün von dem schleimigen Zeug an den Wänden der Nische, in der sie haust. Sie ernährt sich von pflanzlichen Substanzen, die mit steigender Flut an die Steine gespült werden. Sie hat keine Zähne. Sie braucht keine Zähne. Sie trägt noch immer die Vorhänge, die sie von den Fenstern ihres Salons heruntergerissen hatte, als sie fliehen musste.

Achten Sie auf die Steine, die grünen Haare, das Fehlen der Zähne, die Vorhänge. Mit diesen spezifischen Einzelheiten macht Jeanette Winterson in ihrer finsteren Romanze diese mythische Frau zu einer makabren Figur. Besondere Merkmale und gut eingearbeitete

Eigentümlichkeiten bringen den Leser dazu, auch abstruse Dinge zu akzeptieren: die Adelige, die vor der Französischen Revolution geflohen ist und sich nun aus den Kanälen Venedigs ernährt, während sie gleichzeitig in den Kasinos der Stadt spielt, oder auch die »Tatsache«, dass die venezianischen Bootsleute, wie Villanelle, die Erzählerin, Schwimmhäute zwischen den Zehen gehabt haben. Die spezifischen Merkmale sind der Stoff für eine Welt, in der der Leser bleiben will – um zu beobachten, wie Villanelle sich in die Frau eines Aristokraten verliebt, die allerdings einen von Napoleons Köchen vorzieht.

Aber spezifische Einzelheiten machen auch gewöhnliche Schauplätze lebendig. Louis B. Jones' *Zwanzig Millionen Dollar sind wie ein Sack voll Flöhe* zeigt dem Leser das Umfeld der Arbeiterklasse in Nordkalifornien, indem er ihn einfach dort hinführt:

Am 7-Eleven befindet sich ein Stoppschild, und dort muss man links auf die Robin Song Lane abbiegen, dann rechts auf den Sparrow Court, und dann ist Wayne und Laura Paschkes Haus das dritte auf der linken Seite, identisch mit dem Nachbarhaus, nur in einem unmodernen Mintgrün gestrichen und mit dem großen Maschendrahtding an der Seite, das der vorherige Mieter dagelassen hat. Und natürlich der vertrocknete Rasen und die ölbefleckte Auffahrt, die einem Vermieter immer einen guten Grund geben, die Kaution einzubehalten.

Der Autor ist so spezifisch in seiner Beschreibung, dass es beinahe unmöglich ist, nicht zu glauben, dass dieses Haus existiert.

Falls, sagen wir, eine Romanfigur ein Auto fährt, könnten Sie uns beispielsweise die Marke verraten. Earl, der Autodieb aus Richard Fords »Rock Springs« fährt einen moosbeerenroten Mercedes. Nicht nur, dass wir uns diesen Wagen nun besser vorstellen können, wir haben auch etwas über Earl und seinen Autogeschmack erfahren.

Betrachten Sie sich als Sammler – Sammler von Empfindungen, von Gegenständen, von Namen. Namen ganz besonders. Machen Sie es nicht wie einer meiner Lieblingsdichter, der gesagt hat, er könne »einen verdammten Schmetterling nicht vom anderen unterscheiden«. Ich bin darin auch nicht besser als viele andere; als Stadtkind muss ich, sobald es um Baum- und Pflanzennamen geht, erst einmal in verschiedenen Lexika nachschlagen. Aber ich tue es und präge mir die Namen und Bezeichnungen ein, denn ich weiß genau, dass sie das, was ich schreibe, klarer und glaubhafter machen.

Tun Sie es auch – prägen Sie sich Namen und Bezeichnungen ein. Von Farben zum Beispiel. Nicht, dass Sie nun jede Farbbezeichnung aus Ihrem teuren Faber-Buntstiftkasten auswendig lernen müssen, aber sich ein paar zu merken, ist schon hilfreich. Ocker ist eben etwas anderes als braungelb, und bei kornblumenblau klingt etwas Frisches, Leuchtendes mit. (Bret Easton Ellis würde nun vermutlich die Nase rümpfen, aber in *American Psycho* sind es die Markennamen, die das Thema Gier unterstreichen.)

Manchmal kann auch eine Aufzählung von Bezeichnungen die ganze Beschreibung sein. Schüler Homers nennen solche Listen nach der *Ilias* »heroische Kataloge«. Hier werden in einer atemlosen Aufzählung die Rüstung des Helden, die Armeeverpflegung oder die Einrichtung eines göttlichen Boudoirs detailliert beschrieben. Lesen Sie, wie Barbara Kingsolver den Kongo in ihrem Roman *Die Giftholzbibel* durch Aufzählungen beschreibt:

Sie alle haben Namen, diese Kreaturen Gottes, ob sie sich plötzlich vor uns über den Weg schlängeln oder dreist auf unserer Veranda auftauchen: Bushbuck, Mungo, Tarantel, Kobra, der rotschwarze Affe namens ngonndo, *Geckos, die die Wände hinaufhuschen. Nilbarsch und* nkyende *und der Zitteraal aus dem Fluss.* Akala, nkento, a-ana: *Mann, Frau und Kind. Und alles, was wächst: Jasmin, Jacaranda,* mangwasi-*Bohnen, Zuckerrohr, Brotfrucht, Paradiesvogelblume.*

☞ *Sie sind dran:* Denken Sie an einen Ort, den Sie in Ihrer Jugend gut kannten – einen Park, eine Straße, die Schule ... Schreiben Sie einen Text, in dem Sie diesen Ort mit vielen spezifischen Einzelheiten beschreiben. Welche Farbe hatten die Ziegelsteine? War die Straße gerade oder kurvig? Wie weit war der Teich vom Haus entfernt? Wenn Sie sich an wichtige Merkmale nicht mehr erinnern, erfinden Sie sie. Falls Sie noch Lust haben, beschreiben Sie anschließend eine Person, die Sie mit diesem Ort verbinden.

Die besten Wörter

Woraus besteht eine Beschreibung? Aus Wörtern natürlich. Wenn Sie den Film in Ihrem Kopf zu Papier bringen, sind die Wörter das Licht, das die Farben, Schatten und klare Formen bestimmt.

Mark Twain sagte einmal, dass der Unterschied zwischen dem richtigen Wort und dem beinahe richtigen Wort so groß ist wie der zwischen Blitz und Glühwürmchen. Geben Sie sich immer Mühe, das treffendste Wort zu finden, um das Bild in ihrem Kopf zu vermitteln. Oft wissen Sie es intuitiv, und, wenn nicht, sollten Sie während der Erstfassung keinesfalls über jedes einzelne Wort brüten. Irgendwann jedoch kommt der Punkt, an dem Sie den richtigen Ausdruck finden müssen, der die Illusion Ihrer Geschichte fördert und stützt.

Kehren wir noch einmal zu dem Satz aus *Verlangen* zurück.

Eine Frau, die eine Bootsflotte und eine Schar Katzen besaß und mit Gewürzen handelte, ist nun hier, in der stillen Stadt.

Jedes Wort in diesem Satz ist direkt und klar bis auf den Ausdruck »eine Schar Katzen«. Warum hat die Autorin das Wort Schar genommen? Sie hätte eine Familie, eine Zahl, eine Reihe, eine Ansammlung nehmen können, fand jedoch offenbar, dass dieses eine Wort die Bedeutungsnuance hatte, die es treffend macht. Und einerlei, ob die Autorin sofort dieses Wort im Sinn hatte oder sich einen halben Tag lang den Kopf darüber zerbrechen musste – das treffende Wort, das Wort, das über seine Bedeutung hinaus noch viel mehr sagt, macht Ihre Beschreibung spezifisch und lebendig.

Wie groß ist Ihr Wortschatz? Obwohl Sie sicher nicht die ganze Zeit mit Fremdwörtern um sich werfen sollten, kann es nicht schaden, den Wortschatz, wann immer möglich, zu erweitern. Legen Sie Ihr Wörterbuch in Reichweite. Unsere Sprache hat Wörter aus dem Lateinischen, Griechischen, Englischen, Französischen, Arabischen und anderen Sprachen absorbiert, wodurch wir eine große Auswahl haben. Wenn Ihnen die Worte fehlen, können Wörterbücher zu Ihren besten Freunden werden.

Passen Sie nur sehr genau auf Adjektive und Adverbien auf. Wie Sirenen können Sie sie schnell in die Untiefen schwacher Beschreibungen locken.

Viele Leute denken bei dem Begriff »Beschreibung« an Adjektive und Adverbien. Wie Sie wissen, erläutern Adjektive Substantive – *ihr helles Haar* –, während Adverbien Verben näher bestimmen, *Sie ging leichtfüßig* zum Beispiel. Sollen wir in unserer Umgangssprache jemanden beschreiben, tun wir es mit Adjektiven und Adverbien: *Er ist blond, blauäugig, aufdringlich und spricht affektiert.* Aber diese scheinbar praktischen Beiwörter sind trügerisch. Sie verleiten Sie zu der Annahme, sie erfüllten ihre Aufgabe, während sie in Wirklichkeit gar nichts tun. Denken Sie an meine *intensiven grauen Augen*. Da haben wir zwei Adjektive, die so tun, als würden sie diese Augen beschreiben. Aber davon kann keine Rede sein – nur ein Hauch von einem Sinneseindruck, ein Hauch Eigentümlichkeit, aber nichts, was diese Augen – oder ihren Besitzer – lebendig machen würde.

Außerdem ist ein Satz mit zu vielen Adjektiven und Adverbien, wie ein Apfelbaum, dessen Äste sich unter der Last der überreifen Früchte nach unten biegen:

Sie ging anmutig in das geräumige Zimmer, zog mit einer fließenden Bewegung einen Brief aus ihrem Designer-Täschchen und betrachtete uns alle triumphierend mit ihren intensiven grauen Augen.

Trotz dieser vielen schmückenden Beiworte erhalten wir nur wenig mehr als die nackten Tatsachen. Dieser Baum muss erleichtert werden.

Wenn Sie eine gute Beschreibung genauer betrachten, werden Sie feststellen, dass der Autor sehr sparsam mit Adjektiven und Adverbien umgeht. Der Erzähler aus »Kathedrale« gibt seinen ersten Eindruck von den Augen des blinden Mannes wieder:

Auf den ersten Blick sahen seine Augen wie die jedes anderen aus. Aber wenn man näher hinguckte, dann war irgendwas an ihnen anders. Zu viel Weiß in der Iris, zum einen, und die Augäpfel schienen sich in den Höhlen zu bewegen, ohne dass er es wusste oder stoppen konnte. Unheimlich. Während ich in sein Gesicht starrte, sah ich, wie die linke Pupille sich zur Nase hin bewegte, während die andere sich bemühte, an ein und demselben Platz zu bleiben. Aber es blieb bei dem Bemühen, denn das Auge wanderte umher, ohne dass er es wusste oder wollte.

Wie viele Adjektive haben Sie gezählt? Drei: *Anders, unheimlich* und *linke* (*weiß* wird als Substantiv verwendet). Carver denkt nicht daran, seine schriftstellerische Arbeit von Adjektiven erledigen zu lassen.

Dennoch können Adjektive und Adverbien ausgesprochen effektiv sein ... wenn sie sparsam gebraucht werden. Noch einmal der Satz aus *Verlangen*:

Eine Frau, die eine Bootsflotte und eine Schar Katzen besaß und mit Gewürzen handelte, ist nun hier, in der stillen Stadt.

Dieser Satz enthält nur ein einziges, gut und mit Bedacht platziertes Adjektiv – *still* –, und es verleiht ihm den notwendigen letzten Schliff.

Adjektive und Adverbien sind Hilfswörter oder Beiwörter, die die wahren Bausteine eines Satzes – Substantive und Verben – näher bestimmen oder definieren. Auf einer Schriftstellerkonferenz vor ein paar Jahren kursierte einmal die Frage, *Arbeiten Ihre Verben auch hart genug?*, und dieser Spruch, witzig gemeint, trifft in mancher Hinsicht den Kern des Problems. Je stärker Ihre Substantive und Verben sind, umso besser unterstützen sie Ihre sorgfältig ausgewählten Beiwörter.

Sehen wir uns diesen Ausschnitt aus F. Scott Fitzgeralds *Der große Gatsby* an. Wir befinden uns auf einer von Gatsbys berühmten Partys:

Plötzlich ergreift eine der Zigeunerinnen in flitterndem Opal einen Cocktail wie aus der Luft, kippt ihn herunter, um sich Mut zu machen, und tanzt mit Handbewegungen wie Frisco allein hinaus auf den überdachten Tanzboden.

Dieser Satz enthält nur zwei Adjektive (oder drei, wenn Sie *allein* mitzählen wollen), die Verben und Substantive erzielen die maximale Wirkung. Nicht *eine Frau* sondern eine der *Zigeunerinnen* (gemeint sind die Frauen, die von Gast zu Gast schlendern, also *zigeunern*), und sie *nimmt* sich den Drink nicht, sie *ergreift* ihn. Ich finde es faszinierend, dass selbst ein Schriftsteller, der sich einer etwas ausschweifenden Sprache bedient, Adjektive und Adverbien derart sparsam verwendet.

Aber sehen wir uns auch ein zeitgenössisches Beispiel an. Der folgende Ausschnitt ist aus Melanie Rae Thons Kurzgeschichte »Niemandes Töchter«. Beschrieben wird die Mutter der Erzählerin.

Es war schon nach Mittag, und Adele dämmerte noch immer vor sich hin. Ich erriet alles aus dem Klang ihrer Stimme, viel zu tief, wusste, dass sie wieder auf Nachtschicht gewesen war: in Heim- oder Barpflege, mit Bettpfannen oder Bier – was von beiden, machte keinen Unterschied. Ich sah die Zigarettenkippen im Aschenbecher neben ihrem Bett. Ich sah ihr rotes Haar plattgedrückt, Knitterfalten auf den Wangen, sah, wie sie schlief. Ich roch sie, roch den Rauch in ihren Kleidern, den Rauch in ihrem Atem.

Auch hier wieder wenige Beiwörter, stattdessen kraftvolle Substantive, und gemeinsam mit den starken Verben malen sie das Bild, das die Autorin vermitteln will.

Starke Verben können Adverbien sogar überflüssig machen. *Sie ging leichtfüßig* lässt sich auch durch *sie glitt* oder *sie schwebte* ersetzen, die beide einen weit stärkeren Eindruck hinterlassen als die Version, die sich auf ein Adverb stützt.

Hier ein Beispiel aus Arundhati Roys *Der Gott der kleinen Dinge*:

Anfang Juni setzt der Südwestmonsum ein, und es folgen drei Monate Wind und Wasser mit kurzen Perioden grellen, glitzernden Sonnenscheins, nach dem aufgeregte Kinder schnappen. Die Landschaft verwandelt sich in ein üppiges Grün. Grenzen verschwimmen, weil Tapioca-Zäune wurzeln und blühen. Ziegelmauern werden moosgrün. Pfefferranken winden sich Strommasten hinauf. Unkraut birst durch das Laterit der Böschungen und ergießt sich über die überschwemmten Straßen. Boote kreuzen durch die Basare. Und kleine Fische schwimmen in den Pfützen, die sich in den Schlaglöchern der Landstraßen bilden.

Sie sehen, wie lebendig ein Schauplatz allein durch dynamische Verben wie *schnappen, sich winden, bersten, sich ergießen* usw. wirken kann. Hier braucht es keine Adverbien. Obwohl gelegentlich Adjektive eingestreut werden, sind sie jedes Mal fest mit starken Substantiven verbunden, die sie nicht überschatten können.

Das soll nicht heißen, dass Sie Adjektive und Adverbien immer weglassen sollen. Konzentrieren Sie sich aber in erster Linie auf die treffendsten Substantive und Verben und wählen Sie dann erst die Beiwörter, die diese unterstreichen und ihnen die gewünschte Note verleihen.

☞ *Sie sind dran:* Stellen Sie sich eine Person vor, die Sie kennen. Ändern Sie ihren Namen, was Ihnen außerdem erlaubt, auch Charakteristika zu verändern, falls Sie mögen. Nun beschreiben Sie diese Person so lebendig wie möglich. Aber verwenden Sie dazu kein einziges Adverb oder Adjektiv! Dadurch sind Sie gezwungen, starke Substantive und Verben zu finden und einige der anderen Techniken, die wir in diesem Kapitel besprochen haben, einzusetzen. Auch wenn es schwierig erscheint – am Ende werden Sie vermutlich ein sehr präzises und farbiges Bild dieser Person haben.

Die Extras

Bildhafte Vergleiche und Metaphern entsprechen dem, wie wir denken und allgemein Informationen verarbeiten und vermitteln – aber was genau sind Vergleiche und Metaphern in der Literatur?

Vergleich wird definiert als »Redefigur, in der zwei wesentlich unterschiedliche Dinge nebeneinander gestellt werden, wobei die Nebeneinanderstellung typischerweise durch ›so-wie‹ begleitet wird«.

Eine Metapher ist »»eine Redefigur, in dem ein Objekt als ein anderes bezeichnet wird, dem es nur ähnelt; zum Beispiel dann, wenn ein ungezähmter Mensch ›Tiger‹ genannt wird«. Solche Redefiguren benutzen wir ständig. Wenn Sie jemandem erzählen, dass »Sie zum Rumpelstilzchen wurden« oder »er ein Waschlappen« ist, dann haben Sie es getan – Sie haben ein Bild oder eine Vorstellung aus dem Universum gemeinsamen Wissens genommen und es auf eine Person oder eine Erfahrung übertragen. Natürlich sind die Beispiele, die ich genannt habe, abgedroschen. Aber das ist der Grund, warum sie sowohl auf der Straße als auch am Telefon funktionieren: Jeder kennt sie.

In der Literatur dagegen sollten Vergleiche und Metaphern so originell und so überraschend sein, dass sie garantiert noch niemand auf der Straße gehört hat. Warum aber sich die Mühe machen, solche Vergleiche zu finden? Weil sie klammheimlich den Weg in das Unbewusste Ihres Lesers ebnen. Mit diesen Figuren und Vergleichen holen Sie Bilder, gespeicherte Erfahrungen und Traumfetzen an die Oberfläche, um sie neu darzustellen und auszulegen. Womit Ihre Beschreibungen eine doppelte Macht erhalten.

Hier zwei Beispiele aus Mary Gaitskills »A Romantic Weekend«:

Sie fühlte sich wie etwas, das in jede Richtung zerfaserte.

Sein Blick durchdrang sie so gründlich, dass es war, als hätte er seine Hand in ihre Brust gestoßen und begonnen, jede einzelne Rippe abzutasten.

In Calvin Bakers Roman *In die fremde Welt* sieht ein Mann die aufgehende Sonne als

eine wunderschöne Mandel mit Honigrand

Ich bin sicher, Sie würden Ihrem Kumpel auf der Straße niemals sagen, »Hey, Mann, schau dir diesen Sonnenaufgang an. Wie eine tolle Mandel! Eine Mandel mit Honigrand!« Doch in dieser Beschreibung passt der Vergleich, vor allem, weil er eine kleine Verbeugung vor dem tiefen Süden macht, in dem der Roman spielt.

Als wir uns kennen lernten, sagte mein Partner, ein Dichter, zu mir: »Ich hasse Vergleiche; mir sind Metaphern lieber.« Ich stimme ihm zu, dass Metaphern meist eine kraftvollere Wirkung haben, dafür sind Vergleiche geschmeidiger im Gebrauch. Mit Vergleichen können Sie alles machen – sie in ein Gespräch einfügen, einem Ich-Erzähler in den Mund legen oder in Schlagzeilen oder Klatsch einbetten. Metaphern bieten sich für einen literarischen Stil an, der zu Ihrem Werk passen kann oder aber auch nicht – abhängig von seiner Färbung. Eine Metapher kann, ausgedehnt, eine Geschichte vollkommen beherrschen, wie in Kafkas *Verwandlung*, in der sich der Protagonist beim Aufwachen in ein riesiges Insekt verwandelt wiederfindet. In diesem Fall sprechen wir jedoch von einer Allegorie: Die komplette Geschichte steht für etwas anderes.

Gehören Sie zu den Menschen, deren Texte Kommentare wie »sehr poetisch« oder »Oh, das ist ja beinahe Poesie« hervorrufen? Wenn ja, dann zählen Sie zu den wenigen Glücklichen, die sich schon ein paar Dinge über Lyrik angeeignet haben. Mit Lyrik meine ich hier Prosa, die auf dieselbe Art wie ein Gedicht mit Klang und Rhythmus spielt.

Genießen Sie die Lyrik im letzten Satz von James Joyces »Die Toten«:

Langsam schwand seine Seele, während er den Schnee still durch das All fallen hörte, und still fiel er, als würde sich das Ende senken, auf alle Lebenden und Toten.

Woran erkennen Sie, dass Sie einen Hang zu Lyrik haben? Lesen Sie Ihre Texte laut, lauschen Sie auf die Musik und nehmen Sie wahr, wie rhythmisch die Worte miteinander verbunden sind. Dabei werden Sie auch hören, wenn es im Text knirscht.

So wie Redefiguren kann ein lyrischer Text die Bedeutung tiefer in das Bewusstsein des Lesers transportieren. Wenn Musik etwas ausdrückt, das Worte nicht sagen können, dann enthalten auch Texte, die wie Musik klingen, eine nonverbale Botschaft, die den Leser unbewusst und emotional in das literarische Erleben hineinzieht. Und dass ich es lyrisch nenne, bedeutet keinesfalls, dass Sie lange, komplizierte Satzstrukturen einsetzen müssen.

Ernest Hemingway wusste, wie man mit einfachen Worten und kurzen Sätzen Musik machen konnte. Diese Beschreibung stammt aus »Wahrheit im Morgengrauen«:

Dann blickte ich durch die Bäume auf den Berg, der heute Morgen sehr groß und sehr nah wirkte, und der Neuschnee glänzte im ersten Licht der Sonne.

Der Erzähler aus Raymond Carvers »Kathedrale«, der Poesie nicht einmal *mag*, erreicht einen Grad an Lyrik, wenn er den Leser auffordert:

Man stelle sich das vor, eine Frau, die sich nie so sehen konnte, wie sie mit den Augen ihres Liebsten gesehen wurde. Eine Frau, die Tag für Tag um ihn war und nie das geringste Kompliment von ihrem Liebsten zu hören bekam. Eine Frau, deren Ehemann nie den Ausdruck in ihrem Gesicht sehen konnte, ob es Traurigkeit oder etwas Schönes war. Eine, die Make-up tragen konnte oder nicht – was bedeutete es ihm schon?

Um die Beschreibung zu vertiefen, können Sie onomatopoetische Wörter verwenden – lautmalerische Ausdrücke. Wenn Leute in einer Geschichte murmeln, wenn die Menschenmenge raunt, wenn ein Teekessel zischt, dann verwenden Sie Lautmalerei.

Schauen Sie sich an, wie die Lautmalerei am Schluss des Ausschnitts aus Barry Hannahs »Testimony of a pilot« wirkt:

Es war eine große Kanone, errichtet auf einem Stapel Backsteine hinten auf dem Besitz meines Vaters, wo Spielen erlaubt war. Wenn sie losging, ruckte sie heftig zurück, es qualmte gewaltig, und man hörte die Taschenlampenbatterie sirrend verenden.

Auch Alliterationen – zwei oder mehr Wörter mit demselben Anfangsbuchstaben – haben einen musikalischen Effekt. Alliterationen können aufgesetzt wirken, aber wenn Sie sie sparsam und mit Bedacht verwenden, erzeugen Sie in einer Beschreibung eine besondere Stimmung.

Noch einmal das Zitat aus »Die Toten«. Sie lesen nicht nur den Text, Sie spüren, wie der Schnee leise herabfällt:

Langsam schwand seine Seele, während er den Schnee still durch das All fallen hörte, und still fiel er, als würde sich das Ende senken, auf alle Lebenden und Toten.

Wenn der Autor sein Handwerk beherrscht, können all diese kreativen Elemente zu einem wunderbar mühelos klingenden Wortstrom verschmelzen. Hier ein Ausschnitt aus Bharati Mukherjees *Leave it to me*, in dem sie den Ort beschreibt, an dem ihr Erzähler geboren wurde:

Ich habe keine deutliche Erinnerung an den Ort meiner Geburt, nur an das grelle Licht der Sonne, die Kargheit der Hügel, das raue Seufzen des Wüstenwindes, die verzweifelte Unmittelbarkeit des hereinbrechenden Abends: Dies sehe ich wie das Netz der Adern auf der Innenseite meiner Augenlider.

Mukherjees Rhythmusgefühl kann sich hören lassen; lesen Sie diesen Abschnitt einmal laut und lauschen Sie der Musik.

Zum Schluss möchte ich Ihnen noch ein persönliches Geheimnis verraten – eine Methode, originelle frische Bilder heraufzubeschwören. Diese Methode hat mich schon oft gerettet, wenn ich bei einer Beschreibung nicht weiterkam: Nehmen Sie ein Bild oder ein Adjektiv, das mit einem ganz bestimmten sinnlichen Erfahren in Zusammenhang gebracht wird, und verwenden Sie es »artfremd«. Man nennt diesen Kunstgriff aus der Dichtung Synästhesie.

Diese Bilder habe ich in meinen Arbeiten verwendet:

Der Klang, der deine Sinne schwemmt
Seine Bitterschokoladenstimme

Versuchen Sie es. Es macht Spaß, damit zu spielen, selbst wenn nichts dabei herauskommt. Wenn aber doch, haben Sie eine Beschreibung, die verblüffend lebendig ist und unter die Haut geht.

☞ *Sie sind dran:* Nehmen Sie eine der Übungen aus diesem Kapitel und überarbeiten Sie sie, indem Sie sich auf Vergleiche, Metaphern, Lyrik, Alliterationen, Lautmalerei und vielleicht sogar auf Synästhesie stützen. Toben Sie sich aus – verwenden Sie so viele dieser stilistischen Mittel wie möglich. Das Ergebnis könnte etwas ausufernd sein, aber das macht nichts. Hauptsache, Sie haben den Poeten in sich geweckt!

Vielsagende Einzelheiten

Inzwischen kennen Sie eine ganze Menge Techniken und Mittel, die Ihre Beschreibungen energievoll und aufregend machen. Vielleicht haben Sie nun Lust, Ihrer Fantasie und Experimentierfreude freien Lauf zu lassen, hier eine Alliteration einzufügen, dort ein paar originelle Metaphern zu erfinden und in Gerüchen, Klängen und Anblicken zu schwelgen ... nur wird das Ihrem Leser ganz und gar nicht bekommen. Beschreibende Einzelheiten müssen sparsam verwendet und mit größter Sorgfalt ausgewählt werden. Als Leser wissen Sie selbst, wie es ist, sich durch ein Dickicht von Beschreibungen kämpfen zu müssen, im Detaildschungel den Faden zu verlieren und sich in der Schilderung des üppigen tropischen Flussufers, des kalten Großstadtapartments, der fantastischen Aussicht auf ein Tal zu verirren. Wie oft haben Sie sich schon verzweifelt gewünscht, der Autor hätte knapp und treffend eine Person beschrieben, statt sich in einer dreiseitigen Abhandlung über ihre äußere Erscheinung zu ergehen?

Die Grenzlinie zwischen einer schönen, fesselnden Beschreibung und einer, die den Leser erstickt, ist nur sehr dünn. Man überschreitet sie besonders leicht, wenn man einen Schauplatz schildern will, den die meisten Leser vermutlich nicht kennen. Aber auch in Beschreibungen von Kleidung oder Gesten kann man rasch den Faden verlieren. Sprache kann so schön sein, dass man darüber die Bedeutung vergisst. Deshalb fragen Sie sich immer wieder: Stört oder unterbricht die Beschreibung den Strom der Geschichte?

Anton Tschechow, ein Pionier der zeitgenössischen Kurzgeschichte, verdanken wir die klassische Definition von dem, was eine Geschichte ist: »das zwanglose Erzählen einer einzelnen, kleinen Erfahrung in einem gewöhnlichen Leben, übermittelt mit direkten und vielsagenden Einzelheiten.«

Was meinte er mit *vielsagenden Einzelheiten*?

Vielsagende Einzelheiten sind die Essenz dessen, was sie beschreiben, und noch etwas mehr. Vielsagende Einzelheiten sind der Streifen Tesafilm, der Susies aufgerissenen Saum zusammenhält, das winzige Eisstückchen in Mutters Drink, das sich nie aufzulösen scheint, das Schulbusschild an der Haltestelle, das noch immer dort hängt, obwohl längst kein Schulbus mehr fährt. Vielsagende Details können auf kleinstem Raum halbe Lebensgeschichten erzählen. Sie helfen Ihnen, das Gleichgewicht zu halten – zwischen genügend Beschreibung, um das Bild zu malen, aber nicht so viel, dass es überladen wirkt.

Lesen Sie die Eröffnung von Anna Quindlens *Kein Blick zurück*:

Diese Karamellsirup-Stimme, die mir, als ich klein war, eine wohlige Gänsehaut verursacht hatte, die mit dem Zischlaut S meine Haut erwärmte und prickeln ließ, dann die gedehnten Vokale, die schockierenden Reibelaute. Es klang immer wie ein Flüstern, wenn er sprach, und diese Intimität, dieses Gefühl und die Worte schienen direkt in die Eingeweide, den Kopf, ins Herz zu gehen.

Die Einzelheiten, mit denen die Stimme beschrieben wird, charakterisieren die Person, um die es hier geht. Die Autorin beschreibt mit synästhetischen Details (die Sirupstimme, die Süße und Sanftheit repräsentiert), Vergleichen (»wie ein Flüstern«) und präzisen Einzelheiten (Zischlaute, Reibelaute, Vokale) diese Stimme. Außerdem ist die Reaktion der Person, die erzählt, ebenso aufschlussreich: »die mir eine wohlige Gänsehaut verursacht hatte«, »die Worte schienen direkt in die Eingeweide, den Kopf, ins Herz zu gehen …« Bald darauf wird dieser Mann auch visuell und in Aktion beschrieben. Doch durch die Beschreibung der Stimme ist er uns schon vorgestellt worden, und die Stimme ist das, woran wir uns erinnern werden. Genau wie viele Leute sich im Zusammenhang mit *Der große Gatsby* noch daran erinnern können, dass Jay Gatsby der Meinung ist, Daisys Stimme sei »voller Geld«.

In Toni Morrisons *Menschenkind* sind die Augen von Sethe, der Protagonistin, ein vielsagendes Detail. Sethes alter Freund Paul D. beschreibt sie so:

... die Iris von derselben Farbe wie ihre Haut, was ihn in diesem ruhigen Gesicht stets an etwas Ausgestanztes denken ließ.

Später sieht eine andere Figur Sethes Augen so:

Da das Weiß in ihnen verschwunden war und da sie so schwarz wie ihre Haut waren, wirkte sie blind ...

Solche vielsagenden Einzelheiten bleiben im Gedächtnis hängen und erklären Schauplatz, Charakter oder Atmosphäre. Und sie setzen sich im Kopf des Lesers mit beinahe hypnotischer Kraft fest.

Es kann sein, dass Sie zunächst nicht wissen, welche Details die vielsagenden sind. Oft merken Sie es erst, wenn Sie alle Einzelheiten im ersten oder sogar erst im zweiten Entwurf beisammen haben. An welche Kindheitserlebnisse erinnert sich Ihr Protagonist auch noch im Erwachsenenalter? Welches Element von Vietnams spektakulärem Sonnenuntergang kann Jahre später das gesamte Geschehen darstellen? Diese letzte Frage musste ich mir einmal stellen, als ich am Ende eines meiner Romane erkannte, dass die vielen Einzelheiten der Beschreibung von asiatischen Landschaften die Geschichte zu ersticken drohten. Was nachher blieb, waren synästhetische Details – »Wassermelonen-Farben«, »Himmel wie Roseneiscrème« –, die sich in drei asiatischen Ländern und den Träumen meiner Figur wiederholten. Die Kombination von Farbe, Geschmack und Sonnenuntergang war offenbar das vielsagende Detail, das die emotionale Reaktion auf den Ort am besten widerspiegelte. Sie spüren es, wenn Sie die vielsagenden Einzelheiten gefunden haben; genau wie später im Leser setzen sie sich auch in Ihrem Kopf fest!

Aber bis dahin – bis sie das vielsagende Detail gefunden haben – sollten Sie großzügig sein. Während die Geschichte in Ihrem Kopf in Gang kommt und Ihre Hand der Bewegung folgt, sollten Sie versuchen, alles niederzuschreiben, was Ihnen einfällt, und das gilt besonders für jedes sensorische Detail.

Ich kann Ihnen gar nicht sagen, wie oft ich einem Studenten erklärt habe, er solle zu diesem oder jenem – einem Ort, einer Person – mehr Einzelheiten einfügen, nur um von ihm zu hören, er habe es nicht übertreiben wollen. Aber angehende Autoren vergessen oft, wie viele Worte nötig sind, um eine Szene lebendig zu machen, weil sie selbst so vertraut mit den Bildern in ihrem Kopf sind. Vielleicht denken Sie, weniger ist mehr, und Sie haben sogar Recht damit, aber es ist unwahrscheinlich, dass Sie von Anfang an wissen, *welche* Worte die richtigen sind. Schreiben Sie daher lieber alles auf und kürzen Sie anschließend. Selbst wenn Sie Minimalist sind, wenn Ihnen der Stil von Raymond Carver eher liegt als der von Arundhati Roy, rate ich Ihnen, auf dem Papier großzügig zu sein.

Von der Hochschule kenne ich einen brillanten jungen Schriftsteller, der karge, knappe Texte bevorzugt. Aber während seines Arbeitsprozesses verändern sich seine Geschichten von Entwurf zu Entwurf im Wechsel von Weiterentwicklung und Verdichtung: Eine Fassung ist elf Seiten lang, die nächste vier, die folgende fünf, und so weiter, bis er mit dem Zusammenspiel von Szenenlänge, vermittelter Information und Wirkung zufrieden ist.

Im Augenblick sollten Sie alles aufschreiben, was Ihnen einfällt. Später werden Sie noch genug Möglichkeiten haben, die vielsagenden Details auszumachen und den Rest zurückzuschneiden.

☞ *Sie sind dran:* Kehren Sie zu der vorangegangenen Übung zurück, in der Sie Ihren poetischen Instinkten freien Lauf gelassen haben. Suchen Sie sich eine vielsagende Einzelheit heraus – ein besonderes Merkmal, das den Gegenstand, den Sie beschrieben haben, am ehesten verkörpert. Überarbeiten Sie den Abschnitt, indem Sie sich ausschließlich auf dieses Merkmal konzentrieren. Währenddessen können Sie bereits kürzen und Überflüssiges streichen. Am Ende sollten Sie einen Text haben, der knapp, aber wirkungsvoll ist.

Beschreibungsfallen

Ich habe das ganze bisherige Kapitel damit verbracht, Ihnen all die Methoden näher zu bringen, die Ihre Beschreibung noch lebendiger, noch stimmungsvoller machen. Nun muss ich unbedingt noch auf ein paar Dinge zu sprechen kommen, vor denen Sie sich hüten sollten und die in einer guten Beschreibung nichts zu suchen haben.

Das Wichtigste und Offensichtlichste zuerst: Vermeiden Sie Klischees! Ich weiß, es gibt nichts Neues unter der Sonne. Aber es besteht kein Grund, deshalb noch zusätzlich in abgedroschene Gemeinplätze zu verfallen:

> Ein markerschütternder Schrei
> Das Haifisch-Lächeln
> Haare wie ein Wasserfall
> Schlafen wie die Toten
> Auf dem Absatz kehrt machen
> Mit beiden Beinen fest auf der Erde stehen.

All das sind Formulierungen, die wir schon so oft gehört haben, dass sie inzwischen bedeutungslos geworden sind. Sie berühren den Leser nicht und lassen auch kein Bild vor seinem inneren Auge entstehen.

Vor ein paar Jahren hatte ich einen Rentner in meinem Kurs – einen weißhaarigen, gut gelaunten Mann mit einem ansteckenden Lachen. Ich war daher erstaunt, als er während einer Stunde über Beschreibungen plötzlich aufstand und protestierte. »Und was, wenn sie wirklich wasserstoffblond ist?« So stand er vor mir – halb trotziger Schuljunge, halb Angeklagter, der seinen Anwalt sprechen will.

Ich erklärte ihm, dass er nur deshalb das Bild sah, das er sehen sollte, weil die Medien – Bücher, Zeitungen oder Filme – es ihm ständig und immer wieder auftischten. Wenn etwas häufig verwendet wird, nutzt es sich ab und kann nicht mehr das leisten, wofür es einmal gedacht war; das ist bei solchen Wendungen nicht anders als bei technischen Geräten. Eine abgedroschene Phrase, ein Allgemeinplatz lässt zwar vor dem inneren Auge ein Bild entstehen, aber es ist ein Abziehbild. Es sagt nichts mehr aus und kann deshalb auch nichts zu einer kraftvollen Geschichte beitragen.

Hüten Sie sich auch vor schlampigen oder ungenauen Beschreibungen. Diese zum Beispiel:

Er fühlte sich wie ein Sandsack, aus dem man die Luft gelassen hatte.

Okay, ein Vergleich. Aber ein schlechter. Sandsäcke sind nicht mit Luft, sondern mit Sand (oder mit Kunststoffkügelchen) gefüllt, und jeder, dem dieser Fehler auffällt, verliert das Vertrauen in Ihre schriftstellerische Kunstfertigkeit. Schreiben Sie »Sandsack, aus dem die Füllung rieselte«, und der Leser kann in der Illusion Ihrer Geschichte bleiben, ohne sich zu ärgern.

Oder so etwas:

Sie warf den Kopf in meine Richtung

Wir können wohl annehmen, dass der Autor entweder sagen will, dass sie ihr Haar zurückgeworfen oder den Kopf in meine Richtung geneigt hat, aber dummerweise ist die Beschreibung zu schlampig (und unfreiwillig komisch), um es tatsächlich genau bestimmen zu können.

Ebenfalls problematisch ist eine Kombination von verschiedenen Metaphern. Sie können Joanne nicht in einem Satz metaphorisch gegen den Strom schwimmen lassen und sie im nächsten – oder schlimmer noch: im selben – einen Gipfel erklimmen lassen. Der Leser weiß nicht mehr, ob sie sich zu Land oder zu Wasser bewegt, und beide Bilder verlieren ihre Kraft. Wenn Sie Ihre Mutter metaphorisch in einen Fisch verwandeln wollen, okay – aber dann machen Sie sie nicht drei Kapitel später zu einem Elefanten!

Natürlich schleichen sich Klischees, ungenaue Beschreibungen und gemischte Metaphern gerade in der Erstfassung ein, die Sie noch wie in Trance schreiben. Das ist völlig normal, Sie haben später noch genug Zeit, Ihr Werk zu überarbeiten und Abgedroschenes oder Albernes durch präzise, treffende Ausdrücke zu ersetzen.

Und glauben Sie mir, es macht Spaß, selbst wenn Sie manchmal über all den Unsinn, den Sie geschrieben haben, rot werden.

Beschreibung des Innenlebens

Bisher haben wir zum größten Teil darüber gesprochen, wie man Äußerlichkeiten – Schauplätze, Personen, Sinneseindrücke – gut beschreibt. Doch auch das Innenleben von Charakteren – wie sie denken, wie sie fühlen – wird durch Beschreibungen erkennbar.

Die Regeln sind im Kern dieselben. Sie können zum Beispiel schreiben:

Susanna war wütend, dass Max sie nicht verstehen wollte.

Dieser Satz erfüllt seine Funktion und teilt dem Leser etwas mit – mehr tut er allerdings nicht. Wütend ist eine Idee, ein abstraktes Konzept, ein Hinweis auf ein Gefühl. Emotionen sind körperlich. Sie werden durch Taten oder Empfindungen oder beides ausgedrückt. Wie bei jeder Beschreibung werden Gefühle lebendiger, wenn man sie über Sinneseindrücke darstellt.

Wenn Susanna wütend sein soll, gibt es viele Möglichkeiten, um das zu vermitteln. Vielleicht spürt sie plötzlich eine Enge in der Brust, oder sie kann nicht mehr atmen, vielleicht spannen sich ihre Kiefermuskeln, oder ihre Stimme wird guttural. Solche Beschreibungen können ihre Emotionen besser darstellen als die bloße Kurzinformation. Zum Beispiel:

Max hatte den Satz noch nicht zu Ende gesprochen, als Susanna spürte, wie ihre Wangen heiß wurden. Plötzlicher Zorn verschloss ihre Kehle.

Der Dichter T.S. Eliot sagte einmal im Zusammenhang mit einer Analyse von Shakespeares *Hamlet*:

Die einzige Möglichkeit, in der Kunst Emotionen auszudrücken, ist, ein »Ergänzungsobjekt« zu finden, das heißt eine Reihe von Objekten, eine Situation oder eine Kette von Ereignissen, die zur Formel für diese besondere Emotion wird; sodass, wenn die externen Tatsachen, die in sinnliche Erfahrung münden, gegeben sind, die Emotion augenblicklich hervorgerufen wird.

Mit anderen Worten: Eliot verlangt, dass Sie den Leser dieselbe Emotion empfinden lassen wie die Person, die Sie beschreiben, indem Sie genügend vertraute Einzelheiten verwenden, um Mitgefühl zu wecken.

In *Feldstörungen* von Lynne Sharon Schwartz sagt die Erzählerin nicht: *Nachdem Althea geboren war, hatte ich Depressionen.*

Stattdessen heißt es:

Wenn sie an meiner Brust trank, saugte sie mir das Leben aus, und wenn sie fertig war, schwankte ich auf meinen Füßen ... Ich war ausgeschlossen von den Feinheiten der Umgangssprache und wie einer, der kein Muttersprachler ist, von Redewendungen.

Wir Leser können die Frustrationen der Erzählerin leicht nachempfinden.

Natürlich können die Emotionen und Gedanken der Figuren auch alle Beschreibungen in einem fiktionalen Werk färben. Wie Sie im vierten Kapitel erfahren haben, wird die Erzählung häufig durch das Bewusstsein eines oder sogar mehrerer Charaktere gefiltert. Und da alles, was aus der Sicht einer Figur erzählt wird, in gewisser Hinsicht subjektiv sein muss, wird diese Subjektivität auch die Art, wie etwas beschrieben wird, beeinflussen.

John Gardner ließ seine Studenten gerne eine Scheune aus der Sicht eines Mannes beschreiben, der gerade jemanden umgebracht hat. Die Idee dahinter war, dass die Beschreibung etwas von den Gefühlen des Mannes oder seinen Gedanken über den Mord spiegeln sollte. Vielleicht fühlt er sich in der Scheune genauso eingesperrt wie kurz vor dem befreienden Mord, vielleicht erinnert ihn das Rot des Scheunentors an das Blut, das er vergossen hat. Bis zu einem bestimmten Grad sollte bei allem, was Sie durch den Filter des Bewusstseins einer Figur beobachten, eine Prägung spürbar sein.

Mary Gordons Roman *Männer und Engel* wird teilweise aus der Perspektive eines jungen, labilen Kindermädchens erzählt, das sich in den besten Freund ihres Arbeitgebers verliebt. Und das denkt sie über ihn:

Sie wusste, dass Adrian sie wirklich mochte. Er sagte, dass sie eine gute Zuhörerin sei. Mit seinem dicken grauen, lockigen Haar, seinem offenen Hemd und seinen breiten Schultern war er der attraktivste Mann, den sie je gesehen hatte. So gerne wäre sie allein mit ihm im Zimmer gewesen – ohne Anna. Wenn sie damit weitermachte und ihm unbeirrt zuhörte, in seine Augen sah, während er redete, und alles, was er sagte, toll fand, dann würde er sie eines Tages lieber mögen als Anna.

Ist Adrian wirklich attraktiv? Vielleicht – vielleicht aber auch nicht. Aber für diese Figur ist er es. Wird Adrian ihr gegenüber eines Tages tiefere Gefühle hegen? Möglichweise nicht, aber die Figur glaubt es. Der Erzähler in der dritten Person gibt uns Annas Wahrnehmung wieder, keine objektiven Fakten.

In Frederic Tutens *Tallien* erinnert sich der Ich-Erzähler an seinen Vater, einen charismatischen Gewerkschaftsführer:

Edelmann, der er war, galoppierte er – Rex, radikaler Prinz des Bundes – über die Felder des Zorns, und sein schrecklich schwingendes Schwert mähte eine Garbe fetter, rotgesichtiger Kapitalisten, die erloschenen Pachtverträge und Räumungsbefehle noch in ihren fleischigen Fäusten, nieder, doch niemand, der seiner wachsamen Herrschaft unterstand, hatte zu leiden, bis auf seine Familie, die regelmäßig allein zurechtkommen musste, und an deren Schwelle die Flut unbezahlter Rechnungen brandete, während der zehnjährige Sohn zu den Glühbirnen an der Decke starrte und darauf wartete, dass sie wie Sterne, die zu kalter Asche verglühten, im Zahlungsrückstand erloschen ...

Die Erinnerungen dieses Mannes an seinen Vater sind sicherlich von Zorn geprägt, und die Darstellung ist vielleicht wahr ... vielleicht aber auch nicht!

☞ *Sie sind dran:* Beschreiben Sie eine Figur, die sich an die profane Aufgabe macht, ihre Wohnung zu putzen. Schreiben Sie als diese Figur (in der dritten Person oder als Ich-Erzähler), sodass die Gedanken der Figur die Beschreibung beeinflussen. Und hier kommt die Herausforderung: Die Figur ist frisch verliebt. Und diese Emotion sollte die Beschreibung färben, ohne dass die Tatsache erwähnt wird. Bearbeiten Sie Ihren Text anschließend, in dem Sie ihn aus der Sicht derselben Figur erzählen ... nur, dass diese Figur gerade eine schmerzhafte Trennung hinter sich hat. Sie werden überrascht sein, wie stark sich die Sicht der Dinge abhängig vom emotionalen Zustand der Person verändert.

In seinem Jahrhundertwerk *Ulysses* versuchte James Joyce seine Beschreibung vollkommen mit den Gedanken der Figuren zu verschmelzen. Achten Sie im folgenden Abschnitt darauf, wie die Beschreibung den abschweifenden Gedanken der jungen Frau folgt und vom Anblick des Meeres über Kreidegemälde auf der Straße bis zu Weihrauch wandert.

Sie blickte hinaus auf das ferne Meer. Es war wie eins der Gemälde, die man mit farbiger Kreide auf die Straße malte, und wie schade, dass sie dort bleiben mussten und verwischt werden würden, wenn der Abend und die Wolken und das Bailey-Licht auf dem Howth kamen, und die Musik so zu hören und der Duft von diesem Weihrauch, den man in der Kirche verbrannte, wie eine Art Schwaden.

Es gibt keinerlei Einschränkungen dafür, wie tief die Beschreibung des Inneren reichen kann.

6. KAPITEL

Dialog: Reden wir drüber

Allison Amend

Ich hatte schon eine Menge schlechter Verabredungen. Eine Menge. Manche waren Blind Dates, bei manchen hätte ich mir gewünscht, ich wäre blind gewesen. Aber was mich wirklich überrascht, ist die Tatsache, dass zwischen Verabredungen und Literatur eine unheimliche Ähnlichkeit zu bestehen scheint. Warum? Weil sich erfolgreiche Treffen durch gute Dialoge auszeichnen, was, wie ich behaupten möchte, gute Geschichten ebenfalls tun. Nichts ist schlimmer, als sich über einem Teller erkaltender Penne anzuschweigen, und es gibt nichts Vergleichbares für das berauschende Gefühl, sich zu verabschieden und zu wissen, dass man einander verstanden hat. Und verstehen kann man sich nur über Gespräche.

Natürlich – Geschichten können auch ohne Dialoge auskommen, und gewiss hatte ich einige fantastische Dates, bei denen Gespräche nicht wirklich eine bedeutende Rolle spielten, aber normalerweise ist es das Miteinanderreden, das Lust darauf macht, wiederzukommen, um mehr zu hören. Die Interaktion der Figuren erzeugt den Sog, der den Leser in die Geschichte zieht, und normalerweise machen Dialoge einen großen Teil dieser Interaktion aus. Der Kriegsteil in *Krieg und Frieden* ist deshalb so langweilig (sorry, Mr. Tolstoi), weil der Autor wie ein Geologieprofessor stundenlang doziert; aber sobald Natasha mit Andrei spricht, blättern wir konzentriert und fasziniert die Seiten um.

Die Figuren sind es, die in der Geschichte interagieren, also sind sie es auch – nicht der Autor –, die die Macht haben, auf andere Figuren einzuwirken. Die vielleicht beste Methode, dem Leser zu zeigen, dass die Figuren tatsächlich Wechselbeziehungen haben, ist, sie miteinander reden zu lassen. Wenn sie es gut machen, entwickeln die Charaktere ein Eigenleben, und der Leser vergisst, dass er

Personen zuhört, die erfunden sind. Und ist dies nicht schließlich das Hauptziel der Literatur?

Eine kurze Definition

Dialog ist all das in der Geschichte, was nicht Erzählung ist. Anders gesagt: Dialog sind die Wörter zwischen den Anführungszeichen – das, was die Personen »sagen«. Es gibt keine Leitlinie für die Menge an Dialog, die in einer Geschichte zu finden sein sollte. Manche Geschichten sind sehr dialogbetont, andere nicht. Ernest Hemingways »Hügel wie weiße Elefanten« zum Beispiel besteht beinahe ausschließlich aus Dialog, während sich in Kafkas *Verwandlung* praktisch niemand unterhält. Die meisten Autoren finden ein Gleichgewicht zwischen Dialog und Erzählen und mischen diese Abschnitte, was die Geschichte abwechslungsreich macht. Reine Erzählung erzeugt das Gefühl der Dichte, während Dialoge, die sich rasch lesen lassen und viel weiße Fläche bieten, leichter wirken – wie das Sorbet als Gang zwischen den substanzielleren Gerichten. Kehren wir noch einmal zu meinem Vergleich mit einer Verabredung zurück: Perfekt wird sie dann, wenn man weder zu wenig noch zu viel redet, noch krampfhaft nach Themen suchen muss. Eine Verabredung und ein fruchtbarer Dialog sollte ein Austausch sein, ein Geben und Nehmen.

Es gibt zwei Methoden, mit denen der Autor jeden beliebigen Augenblick in der Geschichte darstellen kann: Zusammenfassung oder Szene. Bei der Zusammenfassung wird die Handlung, nun ja, zusammengefasst; es wird »erzählt«. Eine Szene dagegen zeichnet einen Moment sozusagen in Echtzeit auf und zeigt genau das, was soeben geschieht. In den Szenen haben die Dialoge ihren Auftritt. Das Ergebnis ähnelt Szenen in Filmen oder Theaterstücken, in denen die Schauspieler miteinander reden oder interagieren. Sowohl Zusammenfassung als auch Szene haben ihre Berechtigung in der Literatur, und beide werden verwendet, um verschiedener Resultate zu erzielen. Aber so wie »zeigen« eindrucksvoller als »erzählen«

ist, hinterlässt eine Szene meist weit mehr Eindruck als eine Zusammenfassung. Tatsächlich ist die Szene das wichtigste Mittel, mit dem der Autor »zeigen« kann.

Sparen Sie sich die Zusammenfassung für Augenblicke auf, in denen Sie Informationen rasch und wirkungsvoll übermitteln oder den Erzähler in Worten schwelgen lassen wollen. Die wichtigsten Momente Ihrer Geschichte sollten Sie in Szenen darstellen!

In Lorrie Moores »Es gibt nur solche Leute hier« bringt eine Mutter ihr schwer krankes Baby zum Arzt, um ein paar Tests machen zu lassen. Moore hätte dem Leser eine Zusammenfassung geben können – in etwa so:

Während der Doktor erklärte, dass das Baby einen Tumor hatte, spielte der Kleine mit dem Lichtschalter, sodass die Lampe ständig an und aus ging und die Nervosität der Mutter steigerte. Als der Doktor die Worte Wilms Tumor aussprach, wurde es dunkel.

Dieser Bericht ist ganz gut. Aber lesen Sie, um wie viel dramatischer und lebensnaher der Augenblick ist, wenn er in einer Szene verarbeitet wird:

Das Baby will sich aufrichten und mit dem Lichtschalter spielen. Es zappelt, windet sich und zeigt.
»Er steht im Moment auf Lampen«, erklärt die Mutter.
»Schon in Ordnung«, sagt der Arzt und deutet mit dem Kopf auf den Schalter. »Lassen Sie ihn ruhig spielen.« Die Mutter stellt sich daneben, und das Baby beginnt, das Licht an und auszuschalten, an und aus, an und aus.
»Wir haben es hier mit einem Wilms-Tumor zu tun«, sagt der Arzt aus der plötzlichen Dunkelheit heraus. Er spricht das Wort »Tumor« aus, als sei es etwas ganz Normales.
»Wilms?«, wiederholt die Mutter. Das Zimmer ist wieder in grelles Licht getaucht, dann wieder dunkel. Ein Schweigen breitet sich aus und dauert an, als ob sie sich mitten in der Nacht befinden würden.
»Wilms mit s oder Wilm Genitiv?«

Wir sehen und hören die Szene, als wären wir tatsächlich dabei.

Das An und Aus des Lichts unterstreicht den Dialog optisch, und der Kontrast zwischen der Gelassenheit des Arztes und der Nervosität der Mutter wird gekonnt durch ihre Frage nach dem korrekten Namen des Tumors hervorgehoben. Die Zusammenfassung vermittelt uns die notwendige Information; die Szene zieht uns in den Moment hinein.

Es ist durchaus möglich, eine Szene ohne Dialog zu entwerfen, und das, was zu sagen ist, rein durch die Handlung darzustellen. Doch in den meisten Fällen spielt der Dialog in einer Szene eine zentrale Rolle.

Wie finden Sie heraus, ob ein Augenblick besser in einen Dialog übersetzt werden sollte oder nicht? Nun, ein Dialog zieht in der Regel viel Aufmerksamkeit auf sich, sodass er ideal für Augenblicke von echter Bedeutung ist. Wenn sich Ihre Figuren sechs Seiten lang über ihre morgendlichen Mitfahrgelegenheiten unterhalten, um dann anschließend weitere sechs Seiten über Seitensprünge zu diskutieren, wirkt die Bedeutung der ersten Szene aufgeblasen und die der zweiten Szene abgemildert – vorausgesetzt, Ihr Leser hat nach dem unwichtigen Smalltalk der ersten sechs Seiten überhaupt noch Lust, die zweite Szene zu lesen. Ein kluger Autor wird also die Mitfahrgelegenheit so kurz wie möglich und in einer Zusammenfassung abhandeln und sich den Dialog für den wichtigen Teil aufsparen.

Es bietet sich an, die Schlüsselmomente innerhalb einer Geschichte in Dialogform zu schreiben. Weil sie Augenblicke von echter Bedeutung sind, bei denen der Leser gerne unmittelbar dabei ist. Wenn er das Gefühl hat, in der ersten Reihe zu sitzen und alles genau beobachten und hören zu können, wird er dem Geschehen mit Spannung folgen. Schriftsteller wählen gerne Dialoge, um Konflikte darzustellen: Wenn Patricia ihre Schwester beschuldigt, ihr ihren Freund weggenommen zu haben, beispielsweise, oder wenn Richard endlich den Mut aufbringt, seinen Vater mit all dessen Lebenslügen zu konfrontieren. Der Dialog muss für die Figuren nicht immer eine Katharsis bedeuten, aber der Leser sollte nach dieser Dialogszene den Eindruck haben, wichtige Einblicke in das Geschehen gewonnen zu haben.

In Charles Baxters »Gryphon« erfährt das langweilige Leben eines Jungen in der Vorstadt eine tief greifende Veränderung, als eine geheimnisvolle Aushilfslehrerin seine Fantasie zu wecken versteht. Um dem Leser die unorthodoxen Ansichten der Frau näher zu bringen, lässt Baxter sie reden:

»Wusstet ihr«, fragte sie, während sie den Raum durchquerte, bis sie neben dem Mantelschrank stehen blieb, »dass George Washington das Blut einer ägyptischen Großmutter in sich hatte? Einige Punkte der Verfassung der Vereinigten Staaten sind wegen ihrer ägyptischen Ideen bemerkenswert.«

Ein Schüler betrachtet die neue Lehrerin mit einiger Skepsis. Hören Sie sich an, wie er auf sie reagiert:

»Die Sache mit dem Vogel nehm' ich ihr nicht ab«, sagte Carl. »Und was sie uns über die Pyramiden gesagt hat, glaub ich auch nicht. Die weiß doch überhaupt nicht, was sie da erzählt!«

Als die Lehrerin in der Klasse Tarot-Karten legt und einen Todesfall voraussagt, meldet einer der Schüler sie dem Direktor, und sie wird entlassen. Der Protagonist – und das ist der Höhepunkt der Geschichte – gerät außer sich vor Zorn. Dieser Augenblick wird uns selbstverständlich durch Dialog vermittelt:

»Du hast gepetzt!«, schrie ich ihn an. »Sie hat doch nur Spaß gemacht!«
»Sie hätte es aber nicht tun dürfen!«, brüllte er zurück. »Sie soll uns Arithmetik beibringen!«
»Sie hat dir doch bloß Angst eingejagt«, sagte ich. Dann stimmte ich einen Singsang an: »Du bist ein Angsthase, Wayne. Und was für einer. Hast Schiss vor einer harmlosen Karte!«
Wayne warf sich auf mich und rammte beide Fäuste auf meine Nase. Ich verpasste ihm einen in die Magengrube und setzte zu einem Kinnhaken an. Als ich ausholte, sah ich, dass er weinte. Ich zog durch.

In dieser Geschichte wechselt Baxter immer wieder zwischen Zusammenfassung oder Erzählung und Dialog ab. Beide Elemente sind etwa gleich stark vertreten. Dennoch weiß er genau, in welchen Momenten seine Figuren für sich selbst sprechen müssen.

Die Illusion der Realität

Jeder Mensch spricht. Nun, fast jeder. Man sollte meinen, dass Dialoge zu schreiben für einen Autor ein Kinderspiel sein müsste, weil wir alle uns jeden Tag unterhalten. Aber ein guter Dialog ist erstaunlich schwer zu schreiben.

Als Erstes muss Ihr Dialog echt klingen. In vergangenen Jahrhunderten waren fiktionale Gespräche häufig theatralisch wie in diesem Satz aus Emily Brontës *Sturmhöhen*:

»Aber, Master Heathcliff, Sie sind nicht munter genug für eine Wanderung. Wie krank Sie aussehen!«

Heute muss ein Dialog so klingen, als ob sich lebendige Menschen unterhalten. Er sollte sich weder geprobt, noch steif, noch aufgesetzt anhören. Und doch geschieht es nur allzu leicht, dass sich Sätze wie folgende in das Werk eines angehenden Autors einschleichen:

Beim Anblick des Grand Canyon schrien Jeannie-Lynn und Billy-Joe wie aus einem Mund: »Was für ein fantastischer Ausblick!«
»Seht nur, da.« Ihre Mutter deutete in die Schlucht. »Die Büsche erzeugen wunderschöne Farbkleckse, die ganz wunderbar mit der Weite der Schlucht harmonieren.«

So redet in Wirklichkeit niemand. So schon eher:

Als sie schließlich den Rand des Abgrunds erreichten und in den Grand Canyon hinabblickten, weiteten sich Jeannie-Lynns und Billy-Joes Augen. »Wow«, sagte Billy-Joe.
»Seht ihr da die Büsche? Dieselben, die in Großmutters Garten wachsen?« Ihr Mutter deutete in die Schlucht. Die Kinder nickten.
»Das muss ich unbedingt in der nächsten Geostunde erzählen«, sagte Jeannie-Lynn. »Machst du ein Foto?«

Die beste Methode, ein Gefühl für echte Dialoge zu bekommen, ist, Menschen zuzuhören – im Bus, im Fahrstuhl, im Radio. Achten Sie auf Sprachmuster und Inhalt des Gesprächs. Stellen Sie sich vor, diese Worte aufzuschreiben. Vielleicht wollen Sie ja tatsächlich einmal mitschreiben. Tun Sie es, denn dadurch bekommen Sie ein Gefühl für Gespräche. Zuzuhören und Gespräche zu kopieren, ist die beste Vorbereitung, selbst gute Dialoge zu schreiben.

Noch zwei kleine Tipps für realistische Dialoge: Sparen Sie sich gewählte und allzu korrekte Sprache. *Ich werde einmal zum Kiosk hinübergehen*, klingt nicht besonders lebensnah. Nur ein sehr formeller Mensch wird sich so ausdrücken – wenn überhaupt. Die meisten würden vermutlich sagen: *Ich geh mal eben zum Kiosk*. Und obwohl Autoren Klischees tunlichst vermeiden sollten, dürfen Figuren im Dialog abgedroschene Phrasen durchaus verwenden. *Heiß wie die Hölle* hat als Beschreibung so gut wie nichts. Doch als beiläufiger Satz einer Figur im Dialog kann er eine Menge aussagen.

Allein den Klang einer wirklichkeitsgetreuen Unterhaltung wiederzugeben, reicht jedoch nicht aus. Genau besehen, ist Realismus eines guten Dialoges eine Illusion. Leser stellen höhere Erwartungen an einen fiktionalen Dialog als an ein Alltagsgespräch im wahren Leben. Fiktionaler Dialog muss mehr Wirkung erzeugen und in komprimierter Form mehr Wesentliches zu Tage bringen als ein reales Gespräch. Echte Gespräche sind oft banal und würden auf Papier unsagbar langweilen. Versuchen Sie einmal, eine Unterhaltung mitzuschreiben, die Sie hören. Oder nehmen Sie eine auf und übertragen Sie sie dann in den Computer. Wahrscheinlich ist sie nicht einmal sinnvoll. Und wenn doch, ist sie vermutlich langatmig und öde; die Sprecher brauchen ewig, um auf den Punkt zu kommen.

So könnte eine echte Unterhaltung verlaufen:

»*Ähm, hallo.*«
»*Hallo?*«
»*Hallo, Dana, ich bin's – Gina.*«
»*Oh, hallo. Oh, warte mal ein Momentchen, ja? Okay, da bin ich wieder.*«
»*Na, wie geht's?*«

»*Ja, ganz okay. Und dir?*«
»*Auch ganz gut. Was machst du gerade?*«
»*Telefonieren.*«
»*Ja, schon klar … aber sonst?*«
»*Bin unterwegs. Auf der Straße. Ich hab' gerade Feierabend gemacht.*«
»*Ah. Und was machst du jetzt?*«
»*Tja …*«

Dieses Gespräch ist langweilig und hat keinerlei Nutzen für die Geschichte; es ist als Kopie der echten Sprache tatsächlich zu lebensnah. Für eine Geschichte nutzbar gemacht, könnte es so aussehen:

»*Hallo, Dana. Ich bin's – Gina.*«
»*Hallo, alles fit?*«
»*Klar. Bei dir auch? Hör mal – hast du heute schon was vor?*«

Hier ist das ganze gestrafft, sodass wir schneller auf den Punkt kommen. Trotzdem wird auch hier nicht viel ausgesagt. Lesen Sie die nächste Version:

»*Hallo, Dana. Ich bin's – Gina.*«
»*Hallo – oje. Ich sollte dich anrufen, oder?*«
»*Ja, es ist Mittwoch. Und? Wie war das mit Kino? Hast du überhaupt Lust?*«
»*Ich muss erst mal mit Martin sprechen. Ich weiß nicht, was er vorhat.*«

Schon besser, oder? In diesem Dialog erfahren wir etwas über die Charaktere und unterschwellige Spannungen. Ginas Tonfall ist ein wenig herausfordernd, so als sei sie es gewohnt, von ihrer Freundin versetzt zu werden. Und wir erfahren, dass Dana, anscheinend ein wenig zerstreut, offenbar kein Mensch ist, der schnelle Entscheidungen trifft. Sie scheint sich zumindest mit jemandem namens Martin abstimmen zu müssen. Mit wenigen kurzen Sätzen haben wir etliche Informationen erhalten.

Fassen wir zusammen: Dialoge müssen echt wirken, dürfen aber nicht zu echt sein. Außerdem müssen sie etwas vermitteln, was für die Geschichte wichtig ist.

☞ *Sie sind **dran**:* Denken Sie an ein Gespräch aus vergangenen Tagen. Versuchen Sie, es wirklichkeitsgetreu wiederzugeben, ohne die langweiligen Teile auszulassen oder das Gespräch pfiffiger zu machen. Tun Sie so, als würden Sie eine Bandaufnahme abschreiben. Notieren Sie den Namen, Doppelpunkt, und dann das Gesagte (Jan: Hey, was geht ab, Mann?). Anschließend dürfen Sie bearbeiten. Machen Sie den Austausch knapper, witziger, dramatischer. Sie können auch Namen ändern und das Gespräch ein wenig ausschmücken.

Dialog und Konventionen

Konvention ist die Erfüllung einer allgemeinen Erwartung. Es gibt ein paar Dinge, die in unserer Gesellschaft erwartet werden, weil es immer schon so gemacht worden ist. Wir erwarten bei einer kirchlichen Hochzeit, dass die Braut in Weiß erscheint. Wir erwarten vor dem Start eines Flugzeugs die unfreiwillig komische wortlose Darstellung der Notfallmaßnahmen durch eine Flugbegleiterin. Auch Dialoge sind Konventionen unterworfen. Der Leser ist daran gewöhnt, dass ein gedrucktes Gespräch in einer bestimmten Form präsentiert wird. Hier einige Dialogkonventionen:

Anführungsstriche signalisieren dem Leser, dass jemand spricht.

»*He, Kumpel, haste meinen linken Schuh gesehen?*«
»*Schau mal auf deinen rechten Fuß, Kumpel!*«

Gelegentlich bricht ein Autor mit den Konventionen und verwendet statt doppelter Anführungszeichen einfache, Bindestriche, Klammern oder gar nichts:

- *He, Kumpel, haste meinen linken Schuh gesehen?*
- *Schau mal auf deinen rechten Fuß, Kumpel!*

Aber wenn Sie nicht gerade einen zwingenden Grund haben, es nicht zu tun, sollten Sie sich an die üblichen doppelten Anführungszeichen halten.

Im Allgemeinen verlangt die Dialogkonvention einen Absatz pro Sprecher, egal wie kurz die Rede ist:

Ich schlenderte zum Gitter und legte meine Stirn an das kühle Metall. Die Schlüssel am Gürtel des Wachmanns rasselten.
»Verdammt heiß heute, was?«, sagte ich zu ihm.
»Maul halten«, erwiderte er.
»Okay, okay.« Ich setzte mich wieder auf die Holzbank und schloss die Augen.

Dass bei jedem Sprecherwechsel ein neuer Absatz beginnt, unterstreicht die Bedeutung des Gesagten und macht das Lesen einfacher, flüssiger.

Manchmal lässt ein Autor mehrere Sprecher in einem Absatz reden. Das ist zwar nicht verboten, kann aber verwirren und den Leser einschüchtern.

Eine andere, wichtige Konvention sind die Einleitesätze oder Zuordnungssätze: »Er sagte« bzw. »sagte er«. Die meisten Autoren hängen sie der jeweiligen Rede an, um dem Leser deutlich zu machen, wer gerade spricht. »Sagte« ist wohl das gebräuchlichste Prädikat in diesem Satz. Tatsächlich können Sie wahrscheinlich ausschließlich »sagte« verwenden, ohne dass es jemandem auffallen würde. Es mag Ihnen langweilig vorkommen, ständig »sagte er«, »sagte sie«, »sagte der Hund« zu schreiben, aber der Leser ist darauf trainiert, die Anhängsel ausschließlich als Identifizierung des Sprechers wahrzunehmen, so wie Kommata Pausen im Satz signalisieren. »Sagte« wird in diesem Fall unsichtbar:

»Und das willst du trinken?«, sagte sie.
»Und ob«, sagte er.

Selbstverständlich können Sie andere Wörter verwenden, aber Sie sollten darauf achten, dass sie nicht künstlich oder ablenkend wirken.

»Und das willst du trinken?«, fragte sie.
»Und ob«, antwortete er.

Es kann gefährlich sein, sich zu weit von unserem Sagte-Paradigma zu entfernen. Es ist verführerisch, das Wörterbuch zu zücken und die Figuren *kundtun, verkünden, lachen* oder *stammeln* zu lassen, aber der Gebrauch solcher Verben kann einen »Trampolineffekt« haben: Der Leser bekommt den Eindruck, Ihre Figuren springen bei jedem Satz vor Überschwang in die Höhe.

»*Und das willst du trinken?*«, *stammelte sie.*
»*Und ob*«, *proklamierte er.*

Die Prädikate solcher Bestimmungssätze sind zu stark für derart banale Aussagen. Man *proklamiert* seine Unabhängigkeit, aber man *sagt,* man habe gut geschlafen.

Auch Adverbien hinter dem »sagte« können den Autor rasch als Amateur entlarven. Es sind die Worte einer Figur, die den Tonfall der Stimme vermitteln sollten. Lassen Sie Ihren Charakter nicht *neckisch, beißend* oder *hämisch* reden. Natürlich sind Adverbien gelegentlich nützlich, aber sie müssen sparsam eingesetzt werden. Sie ziehen die Aufmerksamkeit auf sich selbst, wie es ihr Schöpfer nicht gewollt haben kann. Und in vielen Fällen sind Adverbien sogar vollkommen unnötig, wie zum Beispiel hier:

»*Schrei mich nicht an!!!*«, *brüllte sie laut.*

Ausrufungszeichen lassen die Aussagen ein bisschen nach E-Mails eines liebeskranken Teenagers klingen. Vermeiden Sie sie um jeden Preis!

Wenn Sie die Rede zuordnen wollen, achten Sie darauf, die Einleitesätze an der richtigen Stelle einzufügen. Der folgende Satz

»*Ich*«, *sagte sie,* »*liebe dich nicht mehr.*«

klingt holprig, sofern Sie nicht wirklich die Betonung auf das »Ich« legen wollen. Der nächste Satz dagegen ist von einer vernichtenden Schlichtheit – wie es der Aussage angemessen ist:

»*Ich liebe dich nicht mehr*«, *sagte sie.*

Falls die Rede länger ist, können Sie den Satz natürlich um der Klarheit willen in die Mitte setzen. Dann sollte er aber einer natürlichen Pause im Sprechrhythmus folgen:

»*Ich liebe dich nicht mehr*«, *sagte sie*, »*auch wenn du mir jeden Tag Liebesgedichte schreibst, mich mit Geschenken erdrückst und mir sagst, ich sei die schönste Frau der Welt.*«

Man braucht natürlich nicht immer ein »sagte er« – »sagte sie«, um den Sprecher zu identifizieren. Sie können den Leser wissen lassen, wer zu wem spricht, indem Sie einen Namen in die Rede einfügen. So in etwa:

»*Hey, Pete, haste mal Feuer?*«

Allerdings sollten Sie sich bewusst machen, dass man in echter Rede den Namen der anderen Person selten einsetzt. Verwenden Sie auch diese Technik sparsam, denn sie kann steif und hölzern klingen:

»*Bella-Marie Holden, bitte reich mir die Karotten!*«
»*Aber mit Vergnügen, Tante Frida.*«

Eine andere effektive Methode, die Rede zuzuordnen, ist, sie mit Handlung zu verknüpfen:

»*Ich glaube wohl nicht an Gott.*« *Bert stellte seine Tasse ab und blickte aus dem Fenster.*

Oder mit einem Gedanken:

»*Geben Sie mir ein halbes Pfund von der Salami da.*« *War sie ein wenig zu barsch gewesen?* »*Bitte*«, *fügte sie hinzu.*

Nicht jede einzelne Zeile der Rede muss zugeordnet werden, solange es absolut klar ist, wer gerade spricht. Hier ein Abschnitt aus Hemingways »Hügel wie weiße Elefanten«, in dem ein Mann und ein Mädchen in einer spanischen Taverne sitzen:

*Das Mädchen blickte auf den Perlenvorhang. »Da ist ja was draufgemalt«, sagte sie. »Was steht da?«
»Anis del Toro. Ein Schnaps.«
»Können wir den probieren?«
Der Mann rief »Hallo« durch den Vorhang. Die Frau kam hinter der Bar hervor.
»Vier Reales.«
»Wir möchten Anis de Toro.«
»Mit Wasser?«
»Willst du ihn mit Wasser?«
»Ich weiß nicht«, sagte das Mädchen. »Schmeckt das gut mit Wasser?«
»Sicher.«
»Sie wollen mit Wasser?«
»Ja, mit Wasser.«*

Wenn die Sätze zur Zuordnung geschickt eingesetzt werden, muss sich kein Leser fragen, wer gerade spricht, selbst wenn hier drei Figuren auftreten und keine dieser Figuren einen Namen zu haben scheint.

Bühnenanweisungen

Den Dialog mit Handlung zu verbinden, kann eine Szene lebendig machen. Schauen Sie sich auf der nächsten Party, auf der Sie eingeladen sind, einmal genau um. Sie können die Persönlichkeit eines Menschen recht gut bestimmen, wenn Sie beobachten, wie er sich benimmt. Gesellige Menschen reden mit den Händen, flirtbereite Menschen fahren sich gerne mit den Fingern durch die Haare. Menschen mit Zwangsneurosen sammeln alle Zahnstocher aus den Aschenbechern und schmeißen sie weg. Nervöse Menschen reden oft zu laut, und Leute, die gerne im Mittelpunkt stehen, tun irgendetwas, was die Aufmerksamkeit anderer auf sich zieht. All diese Gesten oder Verhaltensweisen verbunden mit Dialogen vermitteln auf subtile Art ein weit realistischeres Bild des

Charakters als ein schlichtes *Sie versuchte, ihn zu verführen* oder *Aiden war nervös.*

Wenn der Autor dem Leser nicht verrät, ob die Figuren sitzen oder stehen, essen oder Auto fahren, kann die Szene klingen wie von körperlosen Stimmen gesprochen. Indem Sie erzählerische Einzelheiten mit Dialog verflechten, können Sie Ihre Figuren darstellen und die Szene für den Leser wirklicher, präsenter wirken lassen. Im Theater oder im Film sind es die Schauspieler, die den Dialog durch Gestik, Bewegung, Gesichtsausdruck und Tonfall interpretieren. In der Literatur lässt sich das durch »Bühnenanweisungen« erzielen.

Sehen Sie sich an, wie die Handlung diese Szene aus Denis Johnsons »Emergency« belebt. Der etwas phlegmatische Protagonist redet mit seinem Freund und Krankenpflegerkollegen aus dem Krankenhaus, Georgie, der »oft Tabletten aus den Schränken stahl«.

Er wischte mit dem Mob in der Hand den gekachelten Boden des OP-Saals. »*Bist du noch immer dabei?*«*, fragte ich.*
»*Mein Gott, hier drin ist eine Menge Blut*«*, beschwerte er sich.*
»*Wo?*« *In meinen Augen sah der Boden vollkommen sauber aus.*
»*Was zum Teufel haben die bloß hier drin gemacht?*«*, fragte er mich.*
»*Sie haben ihre chirurgischen Aufgaben erfüllt, Georgie*«*, sagte ich.*
»*Wir alle haben so viel Murks in uns, Mann*«*, sagte er,* »*und es will unbedingt raus.*« *Er lehnte den Mob gegen einen Schrank.*
»*Weswegen heulst du denn?*« *Ich verstand ihn nicht.*
Er stand da, hob langsam beide Hände zu seinem Kopf und band seinen Pferdeschwanz neu. Dann packte er den Mob und begann, zitternd und weinend planlos Halbkreise zu ziehen. »*Weswegen ich heule?*«*, sagte er.* »*Gott. Oh, Mann, perfekt.*«

Die Handlung hier ist deshalb wichtig, weil sie zeigt, was die Drogen aus den beiden Figuren machen – ein wichtiger Bestandteil dieser Geschichte, die sich in einer bizarren Atmosphäre abspielt.

Auch Gedanken können als Bühnenanweisungen genutzt werden, sodass die Handlung mehr Tiefe bekommt, wie in diesem Ausschnitt aus »Emergency«:

George breitete die Arme aus und schrie: »*Das ist das Drive-in, Mann!*«
»*Das Drive-in ...*« *Ich war nicht sicher, was er damit sagen wollte.*

Bühnenanweisungen sind besonders sinnvoll, wenn zwischen den Worten des Charakters und dem, was er fühlt oder denkt, eine Diskrepanz besteht. Wenn eine Figur behauptet, sie sei nicht gekränkt und dennoch in Tränen ausbricht, weiß der Leser, dass sie sehr wohl verletzt ist.

»*Nichts, was du sagst, kann mich verletzen*«, *sagte sie und kämpfte mit den Tränen.*

Man fügt auch dann Handlung oder Gedanken hinzu, wenn der Tonfall, in dem die Worte gesprochen werden, einer Erklärung bedarf: »*Ich hasse dich*«, *sagte sie und warf die Tür zu* hat eine andere Bedeutung als »*Ich hasse dich*«, *sagte sie und boxte ihn spielerisch.*

Natürlich kann man auch alles übertreiben. Der Leser muss nicht unbedingt jedes Mal wissen, wann die Figur ihre Position verlagert, sich hinterm Ohr kratzt oder an die Bügelwäsche denkt. Die Szene kann dadurch überzogen klingen. Wie hier zum Beispiel:

Sie holte den Krug des Wasserfilters aus dem Kühlschrank. Habe ich so viel getrunken oder bloß vergessen, ihn aufzufüllen?, *fragte sie sich. Sie schenkte die klare, kalte Flüssigkeit in ein Glas. Augenblicklich setzte sich Kondenswasser an den Außenseiten des Glases ab. Dann öffnete sie den Kühlschrank wieder und stellte den Krug zwischen der Kiwi und dem noch geschlossenen Glas Oliven hinein.* »*Oh*«, *sagte sie,* »*ich hab ganz vergessen zu fragen. Wolltest du auch ein Glas Wasser, Mom?*«

In solchen Fällen übersieht der Leser vermutlich den kompletten Dialog, weil er zu gut versteckt ist.

☞ **Sie sind dran:** Nehmen Sie die zweite Dialogversion (die erfundene) aus der vorangegangenen Übung und überarbeiten Sie sie, indem Sie Zuordnungssätze und Bühnenanweisungen einfügen.

Die Sätze machen deutlich, wer wann spricht, während die Bühnenanweisungen die Aussagen in Bedeutungsnuancen und Tonfall unterstützen sollten. Es ist hilfreich, wenn eine oder beide Figuren etwas tun. Anschließend dürfen Sie sich freuen, wie gut Sie ein langweiliges Gespräch aus dem wahren Leben in einen interessanten Dialog für eine Geschichte verwandelt haben.

Indirekter Dialog

Bisher haben wir uns auf die direkte Rede konzentriert – die Wörter werden präsentiert, wie sie gesprochen worden sind. Aber es gibt auch die Möglichkeit der indirekten Rede, und dabei wird das Gesprochene zusammengefasst und als bereits geschehen wiedergegeben. Indirekte Rede kann sehr nützlich sein, wenn es mehr um die Essenz des Gesagten geht als um den Dialog selbst.

Hier ein Ausschnitt aus Tobias Wolffs »Smokers«. Der Erzähler wird auf der Zugfahrt in ein Internat von einem aufdringlichen Jungen belagert:

Er saß noch nicht ganz, als er auch schon zu reden begann, und er hörte nicht auf, bis wir Wallingford erreichten. Ob ich nach Choate fuhr? Was für ein Zufall – er auch. Mein erstes Jahr? Seins auch. Woher ich kommen würde? Oregon? Ohne Scheiß? Also vom Arsch der Welt, hm? Er kam aus Indiana – Gary, Indiana. Ich kannte den Song sicher? Ich kannte ihn, aber er sang ihn trotzdem, von Anfang bis zu seinem verflixten Ende.

Durch die Zusammenfassung der Fragen des Jungen erspart der Autor uns einen monotonen Dialog, während er die wichtigsten Informationen – der verzweifelte Wunsch des Jungen, Freundschaft zu schließen, und die Verärgerung des Erzählers – in knapper, nicht weniger unterhaltsamer Form übermittelt. Hier braucht der Leser nicht unbedingt das langatmige Hin und Her eines Gespräches.

Ein weiteres Beispiel aus »Smokers« – hier hat Wolff direkte und indirekte Rede gemischt:

Talbot und ich setzten uns ins Gras, und ich stellte ihm Fragen, deren Antworten ich schon kannte, zum Beispiel, woher er kam, wo er letztes Jahr zur Schule gegangen war und wen er in Englisch hatte. Bei dieser Frage kam Leben in ihn. »In Englisch? Parker, den Kahlkopf. Ich habe in meiner ganzen Schulzeit bisher nur A's gekriegt, und nun erzählt Parker mir, dass ich nicht schreiben kann.«

Zunächst erhält der Leser das Wichtigste aus dem Gespräch als Zusammenfassung. Schließlich geht es jedoch um mehr, und Wolff kehrt zur direkten Rede zurück.

Fragen Sie sich daher bei Ihrer Arbeit nicht nur, ob Sie etwas als Dialog vermitteln wollen oder nicht, sondern auch, ob es sich besser in direkter oder indirekter Rede darstellen lässt.

☞ *Sie sind dran:* Nehmen Sie sich erneut den Dialog vor, den Sie in der letzten Übung verfasst haben. Erzählen Sie dem Leser das Wesentliche aus dem Gespräch in ein paar Sätzen als Zusammenfassung. Neben den reinen Fakten sollten Sie durch die indirekte Rede auch die Persönlichkeiten der Sprecher vorstellen oder eventuelle Spannungen zwischen ihnen aufzeigen. Wenn Sie gerne ein oder zwei Zeilen direkte Rede einfügen wollen, tun Sie es. Anschließend vergleichen Sie, welche Version – Dialog oder Zusammenfassung des Dialoges – Ihnen besser gefällt und welche dem gesamten Werk besser dienen könnte. Vor dieser Wahl werden Sie nämlich immer stehen.

Dialog und Charakter

Das Beste am Dialog ist, dass die Figuren für sich selbst sprechen können. Man kennt im wahren Leben eine Person erst dann, wenn man auch mit ihr gesprochen hat, und so ist es auch in der Literatur. Wenn Sie nicht gerade ein oberflächlicher Mensch sind, zählt die äußere Erscheinung eines Menschen nicht halb so viel wie das, was er zu sagen hat. Denn danach entscheiden Sie, ob Sie diese Person mögen und mehr Zeit mit ihr verbringen möchten. Okay, bei manchen Verabredungen bleibt man anfangs oberflächlich, aber Sie wissen, was ich meine.

Statt dem Leser beispielsweise zu erzählen, dass Mr. Jackson ein gebildeter und ziemlich arroganter Mann mit einer Vorliebe für deutsche Opern ist, lassen Sie ihn selbst zu Wort kommen:

»*Ich fühle mich von Miss Mason emotional angezogen. Sie hat geradezu etwas Wagnerisches.*«

Nun wissen wir es.

Jeder Mensch dieser Erde hat eine ganz persönliche, einzigartige Sprache, auch Ihre Figuren. Sie gehört zum Charakter und zur Persönlichkeit wie Angewohnheiten oder Ticks. Hüten Sie sich davor, alle Figuren Ihrer Geschichte auf dieselbe Art reden zu lassen oder – noch schlimmer – so wie Sie. Geben Sie der Sprache Ihrer Figur Eigentümlichkeiten, die ihre Rede unterscheidbar machen.

Dafür gibt es unzählige Möglichkeiten. Sie können eine Figur entwickeln, die ihre Sätze niemals zu Ende bringt; eine, die von Hölzchen auf Stöckchen kommt und damit die Geduld eines jeden Zuhörers gewaltig strapaziert, oder eine, die immer nur einsilbig antwortet, was für Gesprächsteilnehmer ähnlich anstrengend sein kann. Natürlich gibt es außerdem zahllose Nuancen, die irgendwo zwischen diesen Extremen liegen.

Viele Menschen haben bestimmte Lieblingsausdrücke, die in ihren Sätzen immer wieder auftauchen. Das können zum Beispiel Verballhornungen sein – »Verzeitung« statt »Verzeihung«, »Das spielt doch keine Geige« statt »Das spielt keine Rolle« oder »Du kannst mich mal am Abend besuchen« statt der derberen Variante –, Redewendungen oder bestimmte Wörter wie das »irgendwie«, das sich bei manchen Leuten irgendwie vor jedes zweite Wort schleicht. Jay Gatsby hat es der Ausdruck »alter Junge« angetan, und der Protagonist aus Herman Melvilles »Bartleby, der Schreiber« antwortet auf so gut wie alles »Ich möchte lieber nicht«, sogar, als sein Arbeitgeber ihm nahe legt zu gehen.

Fragen Sie sich, wie Ihre Figur reden sollte. In Umgangssprache, mit fehlerhafter Grammatik und Slangausdrücken oder in korrektem Hochdeutsch? Wodurch ist ihre Art zu reden und ihr Vokabular geprägt? Kommt sie direkt auf den Punkt, oder redet sie gerne um den heißen Brei herum?

Hier ein Abschnitt aus Salingers *Fänger im Roggen*. Holden Caulfield unterhält sich mit einem New Yorker Taxifahrer:

»Hey, Horwitz«, sagte ich. »Fahren Sie manchmal am See im Central Park vorbei? Unten am Central Park South?«
»An was?«
»Am See. Der kleine Teich da. Wo die Enten sind, Sie wissen schon.«
»Ja. Was ist damit?«
»Na ja, Sie kennen doch die Enten, die darin rumschwimmen? Im Frühling und so. Wissen Sie zufällig, wo die im Winter hinkommen?«
»Wo wer hinkommt?«

Diese beiden Figuren stammen aus verschiedenen Gesellschaftsschichten. Und es sind unterschiedliche Persönlichkeiten. Holden redet munter drauflos und wirkt ein wenig nervös. Der Taxifahrer will bloß weiterkommen und hat keine Lust, sich zu unterhalten.

In Philip Roths Roman *Portnoys Beschwerden* unterhält sich eine jüdische Mutter mit ihrem pubertierenden Sohn:

»Ich glaube nicht an Gott.«
»Komm aus diesen Arbeiterhosen heraus, Alex, und zieh dir was Anständiges an.«
»Das sind keine Arbeiterhosen, das sind Jeans.«
»Es ist Rosh Hashanah, Alex, und in meinen Augen trägst du Arbeitersachen. Geh da rein und zieh dir eine Krawatte, ein Jackett, eine Hose und ein sauberes Hemd an und komm wie ein menschliches Wesen wieder. Und Schuhe, Mister, feste Schuhe.«
»Mein Hemd ist sauber.«
«Oh, Hochmut kommt vor dem Fall, Mister Gernegroß. Du bist erst vierzehn Jahre alt, und glaub mir, du weißt noch längst nicht alles. Zieh diese Mokassins aus! Was glaubst du eigentlich, wer du bist – ein Indianer?«

Hier stammen beide Figuren aus derselben Familie, drücken sich aber ganz unterschiedlich aus. Wie Ihnen aufgefallen sein wird, werden keine Zuordnungssätze verwendet. Die Mutter nennt ihren Sohn zwar einige Male beim Namen, aber wir wüssten auch so, wer gerade das Wort hat. Wenn Figuren so unterschiedlich sprechen, sind Zuordnungen überflüssig.

Und nun zwei Figuren, die ganz und gar anders sprechen als all die Charaktere in den Beispielen zuvor. Dieser Abschnitt stammt aus Kazuo Ishiguros *Was vom Tage übrigblieb*:

Miss Kenton war eingetreten und hatte von der Tür aus gesagt:
»Mr. Stevens, ich habe draußen just etwas bemerkt, das mich beunruhigt.«
»Und was ist es, Miss Kenton?«
»War es der Wunsch Seiner Lordschaft, dass der Chinese oben auf dem Treppenabsatz mit dem vor dieser Tür vertauscht wird?«
»Der Chinese, Miss Kenton?«
»Ja, Mr. Stevens. Der Chinese, der gewöhnlich auf dem Treppenabsatz steht, befindet sich nun vor dieser Tür.«
»Ich fürchte, Miss Kenton, Sie sind ein wenig verwirrt.«
»Nein, Mr. Stevens, ich denke nicht, dass ich verwirrt bin. Ich mache es mir stets zur Aufgabe, mir die Plätze, an die die Gegenstände in einem Haus gehören, zu merken. Der Chinese, so nehme ich an, ist von irgendeiner Person poliert und an den falschen Platz zurückgestellt worden. Wenn Sie skeptisch sind, Mr. Stevens, möchten Sie sich vielleicht die Zeit nehmen und es sich selbst ansehen.«
»Miss Kenton, ich bin gegenwärtig beschäftigt.«
»Mr. Stevens, Sie scheinen meinen Worten keinen Glauben zu schenken. Ich bitte Sie daher, aus dieser Tür hinauszutreten und sich selbst zu überzeugen.«
»Miss Kenton, ich habe im Moment zu tun und werde mich später um die Sache kümmern. Es ist wohl kaum eine von äußerster Dringlichkeit.«
»Sie erkennen also an, Mr. Stevens, dass ich mich in diesem Punkt nicht im Irrtum befinde.«

»Ich werde nichts Derartiges anerkennen, Miss Kenton, bis ich die Gelegenheit gehabt habe, mich mit dem Problem auseinanderzusetzen. Aber wie ich schon sagte, bin ich im Moment beschäftigt.«

Nicht nur, dass diese Personen in sehr förmlicher Sprache reden – sie *streiten* sich auch noch höchst formell. Und obwohl sowohl Mr. Stevens als auch Miss Kenton sich bemühen, die Form zu wahren, die die gesellschaftliche Stellung und die Etikette ihnen aufzwingen, hat Miss Kenton mehr Mühe, ihre Gefühle unter Kontrolle zu halten.

Abgesehen von Informationen über die Persönlichkeit der Sprecher kann ein Dialog auch einiges über die Beziehung der Personen untereinander aussagen. Kehren wir noch einmal zu dem Mann und dem Mädchen aus »Hügel wie weiße Elefanten« zurück. Die beiden haben gerade den Anis del Toro, den sie bestellt haben, bekommen:

»Das schmeckt nach Lakritz«, sagte das Mädchen und setzte das Glas ab.
»So ist das mit allem.«
»Ja«, sagte das Mädchen. »Alles schmeckt nach Lakritz. Besonders all die Dinge, auf die man so lange wartet, wie Absinth.«
»Oh, hör schon auf damit.«
»Du hast damit angefangen«, sagte das Mädchen. »Ich war gut gelaunt. Ich hatte mich amüsiert.«
»Na schön, versuchen wir, uns zu amüsieren.«

Niemand muss uns ausdrücklich sagen, dass diese beiden keine spannungsfreie Beziehung haben. Wir können es hören. Als ob wir am Nebentisch säßen. Disharmonien zwischen Charakteren machen Ihre Dialoge interessanter und spannender.

Hier ein Dialog aus »Kathedrale«; der Blinde ist gerade erst angekommen:

»Haben Sie eine gute Bahnfahrt gehabt?«, sagte ich. »Nebenbei, auf welcher Seite des Zuges haben Sie gesessen?«
»Was für eine Frage, auf welcher Seite!«, sagte meine Frau.

»Das ist doch egal, auf welcher Seite«, sagte sie.
»Ich hab ja nur gefragt«, sagte ich.
»Auf der rechten Seite«, sagte der blinde Mann. »Ich bin fast vierzig Jahre lang nicht mehr mit der Eisenbahn gefahren. Seit meiner Kindheit nicht. Zuletzt mit meinen Eltern. Das ist lange her. Ich hatte fast schon das Gefühl vergessen. Ich hab jetzt Winter in meinem Bart«, sagte er. »Hat man mir wenigstens gesagt. Sehe ich distinguiert aus, meine Liebe?«, sagte der Blinde zu meiner Frau.

Die Spannung zwischen dem Erzähler und seiner Frau ist deutlich spürbar. Der Dialog setzt einen früheren Streit fort, bei dem der Protagonist deutlich gemacht hat, dass er wenig gewillt ist, den Gast willkommen zu heißen. Der Blinde scheint bemerkenswert ungerührt von den Unstimmigkeiten seiner Gastgeber zu sein. Seine Äußerung bringt allen drei Erleichterung in einer peinlichen Situation. Der Erzähler ist mit seiner Frage nicht sehr taktvoll und wird sofort von seiner Frau gemaßregelt. Aber Robert demonstriert mit seiner Antwort Freundlichkeit und Gelassenheit, womit er die Situation entkrampft. Er erweist sich sogar als Freizeitpoet, indem er bemerkt, er habe »Winter im Bart« – ein wichtiger Punkt in der Beziehungen der Figuren untereinander, da Poesie etwas ist, das die Ehefrau und der blinde Mann miteinander teilen, während der Erzähler keinerlei Bezug dazu hat. Das komplexe Dreierverhältnis wird in diesem kurzen Dialogabschnitt offenbar.

☞ *Sie sind dran:* Jessica, eine etwas spießige Professorin (für welches Fach bleibt Ihnen überlassen), hält an einer Tankstelle in irgendeinem Provinzkaff. Während sie Benzin einfüllt, kommt Alvin, der Tankwart, auf sie zu. Er ist ungebildet (wenn auch nicht unbedingt minderbemittelt), und da er sich langweilt und außerdem ein freundlicher Mensch ist, möchte er mit Jessica ein kleines Schwätzchen halten. Jessica steht nicht der Sinn nach Plauderei, aber sie will es sich mit Alvin auch nicht verderben, da sie ihn nach einem Restaurant in der Nähe fragen will, das nicht allzu schmuddelig oder hinterwäldlerisch ist. Entwerfen Sie eine Szene zwischen

Jessica und Alvin, in der sie Dialog, Zuordnungssätze und Bühnenanweisungen verwenden. Ihr Ziel ist, diese beiden Personen durch ihre Sprache und Sprechweise darzustellen.

Subtext

Betrachten Sie einmal die Ratgeber-Ecke Ihres Buchladens: Hunderte von Büchern über die Unvereinbarkeit männlicher und weiblicher Denkweisen und Tipps, wie man einander besser versteht. In unserer Gesellschaft wird zwar viel geredet, aber echte Kommunikation findet selten statt. Die Menschen sagen oft nicht, was sie meinen. Manchmal sagen sie sogar das Gegenteil dessen, was sie meinen. Sie verbergen Beleidigungen in zuckriger Sprache. Sie hören nicht zu. Sie missverstehen. Sie antworten nicht. Sie schweigen.

Übertragen Sie dieses mangelnde Kommunikationstalent in Ihre fiktionalen Dialoge; es macht sie lebensnah. Missverständnisse können Spannung in den Dialog bringen. Diese Spannung ergibt sich aus der Kluft zwischen dem, was gesagt wird, und dem Subtext – die Bedeutung, die unter den oberflächlichen Worten liegt. Dialoge mit Subtext besitzen zwei Bedeutungsebenen.

Ein gutes Beispiel für Subtext ist in dem Film *Der Stadtneurotiker* zu finden. Woody Allen und Diane Keaton, die sich erst kürzlich kennen gelernt haben, stehen auf einer Terrasse und unterhalten sich angestrengt. »Na ja, ich – ich würde – ich würde mich gerne ernsthaft mit Fotografie beschäftigen«, sagt sie. Und denkt: Der hält mich wahrscheinlich für total bescheuert. »Fotografie ist interessant, weil sie ... – weil sie eine neue Kunstform ist, und, ähm, eine ganze Reihe ästhetischer Kriterien noch nicht ausgeschöpft worden sind«, erwidert er. Und denkt: Wie sie wohl nackt aussieht?

Wie sehr spiegelt dieser kurze Dialog die Wirklichkeit wider? Wahrscheinlich mehr, als die meisten von uns wahrhaben wollen.

Obwohl Sie wohl kaum Untertitel in Ihre Dialoge einfügen werden, kann Subtext in der Literatur sehr wirkungsvoll sein.

In *Die guten Menschen von New York* von Thisbe Nissen, fragt Edwin seine Tochter über den Freund seiner Ex-Frau aus.

Edwin schweigt eine Weile. »*Du mochtest Steven anfangs nicht besonders, nicht wahr?*«*, fragt er schließlich.*
Miranda zuckt die Achseln. »*Er war mein Kieferorthopäde.*«

Mirandas ausweichende Antwort enthält viel Bedeutung. In der typisch defensiven Art von Teenagern erklärt das Mädchen dem Leser, wie peinlich es ihr ist, ihre Mutter mit dem Mann, der ihre Klammer richtet, zusammen zu wissen und dieses Thema auch noch mit ihrem Vater besprechen zu müssen. Aber ihre Antwort wäre nicht annähernd so aufschlussreich (oder so treffend), wenn sie in der Lage wäre, ihre komplizierten Gefühle zu erklären.

Als Gatsby in *Der große Gatsby* Daisy seine erlesene Sammlung von Hemden mit Monogramm zeigt, reagiert sie so:

»*Was für wunderschöne Hemden*«*, schluchzte sie, ihre Stimme in den dicken Falten gedämpft.* »*Es macht mich traurig, weil ich nie zuvor so ... so wunderschöne Hemden gesehen habe.*«

Daisy weint aus verschiedenen Gründen – aber die Hemden haben überhaupt nichts damit zu tun. Ihre Unfähigkeit, ihre Gefühle auszudrücken, macht diesen Augenblick besonders ergreifend.

Und zum Schluss ein weiteres Dialogbeispiel aus »Kathedrale«. Der Erzähler und seine Frau streiten sich, während sie auf die Ankunft des Blinden warten. Lesen Sie und finden Sie heraus, ob die Figuren mit Subtext reden oder nicht:

»*Vielleicht könnte ich ja mit ihm zum Bowling gehen*«*, sagte ich zu meiner Frau. Sie stand am Abtropfbrett und machte überbackene Kartoffeln. Sie legte das Messer, das sie benutzte, hin und drehte sich um.* »*Wenn du mich liebst, kannst du jetzt etwas für mich tun. Wenn du mich nicht liebst, okay. Aber wenn du einen Freund hättest, irgendeinen Freund, und der Freund käme zu Besuch, würde ich alles tun, damit er sich wohl fühlt.*« *Sie wischte sich die Hände mit dem Geschirrtuch ab.*

»Ich habe keine blinden Freunde«, sagte ich.
»Du hast überhaupt keine Freunde«, sagte sie. »Punkt. Außerdem«, sagte sie, »verdammt noch mal, seine Frau ist gerade gestorben! Kapierst du das denn nicht? Der Mann hat seine Frau verloren.«

Wenn Ihre Antwort Ja lautet, haben Sie Recht. Wenn Sie Nein meinen, haben Sie ebenfalls Recht. Der Erzähler spricht mit Subtext. Sein Vorschlag, mit Robert zum Bowling zu gehen, bedeutet nur, dass er es lächerlich findet, einen Blinden zu unterhalten. Seine Aussage »Ich habe keine blinden Freunde« besagt, dass ein blinder Freund schlimmer ist als gar kein Freund. Seine Frau dagegen spricht genau das aus, was sie denkt. Auch in der Realität finden wir oft Gespräche, in denen einer sich zurückhaltender und indirekter ausdrückt als der andere.

So vergnüglich und spannend es für den Leser sein kann, Menschen und ihre Sprache, ihre Missverständnisse und Umschreibungen, ihre Verwirrungen, Wiederholungen und Banalitäten zu belauschen, in einem fiktionalen Werk darf dieses Vergnügen kein Selbstzweck sein. Als Autor müssen Sie dafür sorgen, dass selbst ein oberflächliches, anspruchsloses Gespräch eine Aufgabe *innerhalb der* Geschichte hat, und zwar eine, die der Leser versteht. Wenn Ihnen das gelingt, gewinnt Ihr Dialog an Tiefe und Authentizität.

Kennen Sie das jiddische Sprichwort »Man hört ein Wort und versteht zwei«? Denken Sie daran, wenn Sie Dialoge verfassen. Der Unterschied zwischen einer Unterhaltung auf verschiedenen Bedeutungsebenen und einer oberflächlichen ist vergleichbar mit der Bühnendekoration von einem Wohnzimmer und einem Zuhause, in dem echte Menschen leben.

☞ *Sie sind dran:* Stellen Sie sich ein Ehepaar oder zwei Verliebte vor. Geben Sie ihnen Namen und machen Sie sich ein paar Gedanken zu ihrer Persönlichkeit. Eine der Figuren hat die andere in Verdacht, (auf irgendeine Weise) untreu zu sein, und die andere Figur ist (in irgendeiner Hinsicht) schuldig. Entwickeln Sie einen Dialog zwischen den beiden, in denen das Reizthema nicht direkt angesprochen wird, aber immer unterschwellig im Gespräch mitschwingt. Lesen Sie nicht in den Gedanken der beiden Figuren. Konzentrieren Sie sich als Gesprächsthema auf das Tunfischsteak, das sie gerade zum Abendessen auf den Tellern liegen haben. Wenn Sie das Thema ausgeschöpft haben, gehen Sie zu Politik oder Kino über. Ein albernes Szenario? Vielleicht – aber Sie werden feststellen, dass Ihr fertiger Text sehr realitätsnah klingt.

Schlechte Dialoge

Schlechte Dialoge lassen die Charaktere wie Marionetten wirken – steif, die Rede unecht, übertrieben –, als unterhielten sich Gestalten aus Papier. Natürlich stammen sie aus der Feder eines Autors, aber der Leser wird das vergessen, wenn der Dialog gut und lebendig ist. Ein schlechter Dialog stellt den Autor bloß.

Kennen Sie Mulder und Scully aus der TV-Serie *Akte X*? Sie haben neun Jahre lang zusammengearbeitet, und doch muss Scully dem armen brillanten Mulder jede Woche schlichte medizinische Begriffe in gewöhnliche Alltagssprache übersetzen. Warum? Damit das dumme Publikum es auch versteht. Merke: Dialoge sind nicht unbedingt der beste Ort für Exposition:

Scully: Er exsanguiert durch Läsion der Jugularvene.
Mulder: Sie meinen, er verblutet aus einer Halswunde?

Es ist unmöglich, dass Mulder, Experte für alles Paranormale und Abstoßende, nicht genau weiß, was Scully mit ihren Fremdwörtern sagen wollte. Finden Sie eine andere Möglichkeit, die Information zu übermitteln: Vielleicht will die Frau des Sterbenden wissen, was geschieht, oder Sie zeigen uns die klaffende, blutende Wunde. (Ich gestehe: Ich habe diesen kurzen Dialog – und das Wort exsanguieren wahrscheinlich auch – erfunden, aber er hätte durchaus in einer der Episoden auftauchen können.)

Was in Soaps einen gewissen Charme haben oder sogar Lacher erzeugen kann, hört sich in einer Geschichte steif und konstruiert an und hat dort nichts zu suchen. Zum Beispiel:

»*Troy, du warst sechs Jahre alt, als deine Mutter dich und deine Schwester verließ, um als Hochseilakrobatin mit einem Zirkus zu reisen.*«

Es ist unwahrscheinlich, dass Troy dieses Ereignis je vergessen wird, warum also sollte man ihn daran erinnern? Aber wenn Sie dem Leser diese Information unbedingt übermitteln müssen, könnten Sie sie auf andere Weise in den Dialog einbauen. Vielleicht so:

»*Troy, werde endlich erwachsen. Es ist zwanzig Jahre her, dass deine Mutter abgehauen ist, und du siehst beim Anblick von Hochseilartisten immer noch rot. Meinst du nicht, es ist an der Zeit zu vergeben?*«

Hier haben wir einen Grund, diese Information zu präsentieren: Der Sprecher redet von Vergebung und kann die Einzelheiten aus Troys Hintergrund ganz nebenbei einfließen lassen. Wenn Ihnen kein plausibler Grund einfällt, die Exposition in Ihrem Dialog unterzubringen, sollten Sie sie lieber in den erzählerischen Teil packen:

Im Alter von sechs Jahren wurden Troy und seine Schwester von ihrer Mutter verlassen. Sie hatte die Chance ergriffen, sich einen Lebenstraum zu erfüllen, und wurde von einem fahrenden Zirkus als Hochseilartistin engagiert.

Eine weitere Verlockung, vor der Sie sich hüten sollten, ist die Predigt. Manche Autoren nutzen ihre Geschichten als politisches Forum, sobald sie die Aufmerksamkeit des Lesers gewonnen haben. Die Figuren werden zu Sprachrohren, die die Ansichten ihres »Schöpfers« vertreten, und äußern sich zu Vorurteilen, gesellschaftlichen Missständen oder anderen, mehr oder weniger brisanten Themen. Tun *Sie* es nicht. Wenn Sie sich über die allgemeine Geldgier in der modernen Wirtschaft auslassen wollen, dann schreiben Sie Ihrem Verleger einen bösen Brief, aber lassen Sie nicht den armen fiktionalen Johnny mit seinem Baseball-Kumpel über die Fallen der kapitalistischen Denkweise dozieren:

»*Du denkst vielleicht, dass das mit der Verlosung eine gute Idee ist, aber ich sage dir, es ist bloß ein geschickter Schachzug, sich selbst zu be-*

reichern. Kapitalismus ist die Wurzel allen Übels, mein Freund. Heute ist es die Tombola. Morgen bezahlst du einer Familie in Guatemala einen Penny pro Woche, damit sie deine Waren produzieren und du gemütlich erster Klasse auf die Malediven fliegen kannst.«

Wenn der Leser den Eindruck hat, der Autor benutzt seine Figuren, um seine eigene Meinung zu verbreiten, kommt er sich leicht manipuliert und bevormundet vor. Es gibt einige Autoren, die ausgerechnet dadurch berühmt geworden sind, zum Beispiel Ayn Rand, Jean-Paul Sartre und George Orwell. Es ist aber schwer, den Leser auf diese Weise auf die eigene Seite zu ziehen.

Noch etwas zum Thema misslungener Dialog. Aus Gründen, die die moderne Wissenschaft noch nicht analysiert hat, wirken Gossensprache und Flüche gedruckt stärker als gesprochen. Selbst entsetzlich vulgäre Figuren scheinen es im Dialog stets zu übertreiben. Wenn Sie mir nicht glauben, dann schreiben Sie einmal ein realistisches Gespräch zwischen heruntergekommen Säufern, LKW-Fahrern oder Mitgliedern von Streetgangs, und Sie verstehen, was ich meine. Einige gut platzierte Flüche erzielen einen wirksameren Effekt als eine Kette von Obszönitäten, die den Leser nur abschrecken.

Dialekt

Dialekt zu verwenden, ist ein Eiertanz: Sie müssen es sehr, sehr vorsichtig tun. Sorglos eingesetzt kann Dialekt unecht, übertrieben oder sogar peinlich wirken. So wie hier:

Moishe rutschte auf einem Stück gefillte Fisch aus, das auf dem Küchenboden lag.
»Oy, gevalt«, schrie Sadie. »Bubbela, welchen Schreck du mir eingejagt hast!«
»Ja, bist du denn meschugge, Fisch auf den Boden liegen zu lassen?«

Da. Das Jiddische wird uns mit dem Holzhammer eingeprügelt.

Weniger ist mehr. Wie hier:

Moishe rutschte auf einem Stück gefillte Fisch aus, das auf dem Küchenboden lag.
»Oy, gevalt«, schrie Sadie. »Hab ich mich erschreckt. Pass doch auf!«
»Wieso muss denn hier auch Fisch auf dem Boden liegen?«

In dieser Version bekommen wir eine Vorstellung von den ethnischen Sprachmerkmalen, ohne dass eine Überfülle uns erdrückt.

Mark Twain wird als Meister des geschriebenen Dialektes bezeichnet, und das ist er auch. Aber es ist nicht leicht, die Passagen zu lesen, in denen Jim, der flüchtige Sklave aus *Die Abenteuer des Huckleberry Finn*, spricht, weil Twain ihm erlaubt, während des ganzen Buches über seiner Sprache treu zu bleiben:

»Tja, weißt du, das war so: Die alte Missus – das ist Miss Watson – hackt ständig auf mir rum und behandelt mich ziemlich ruppig, aber sie hat immer gesagt, sie würd mich niemals nach Orleans verscherbeln.«

Aber Sie können trotzdem Dialekt in Ihre Dialoge einfließen lassen, wenn Sie dem Leser nur eine Andeutung davon vermitteln – durch Schlüsselwörter, bestimmte Sprachmuster und Sprechrhythmen. In *Menschenkind*, in dem es um Farbige zur Zeit des Bürgerkriegs geht – Zeitgenossen von Twains Jim –, schafft es Toni Morrison, die Essenz der Dialekte ihrer Figuren einzufangen, ohne ihre Leser zu verschrecken:

»Wart hier. Gleich kommt wer. Nich' bewegen. Die finden dich.«
»Danke«, sagte sie. »Ich wünschte, ich wüsste, wie du heißt, damit ich mich richtig an dich erinnern kann.«
»Stamp mein Name«, sagte er. »Stamp Paid. Pass da auf das Baby auf, hörst du?«
»Ich hör ja, ich höre«, sagte sie, aber sie tat es nicht.

Nichts in diesem Dialog wirkt auf den Leser besonders fremd, aber der Dialekt klingt trotzdem durch; durch kleine Besonderheiten wie *»Gleich kommt wer.«* und *»Pass da auf das Baby auf, hörst du?«* hat Morrison die ideale Balance gefunden.

Wenn der Dialekt für Ihre Geschichte wichtig ist, können Sie alternativ auch sagen, dass diese oder jene Figur mit Dialekt oder Akzent spricht. Die Dialoge werden dann in normaler Sprache verfasst. Durch diese Methode haben Sie die notwendige Information übermittelt, ohne den Leser zu verwirren.

Ein artverwandtes Thema: Achten Sie darauf, dass Sie Ihren Lesern nicht dieselben Sprachprobleme aufzwingen wie Ihren Figuren. Wenn Sie einen Charakter entwerfen, der stottert, sollten Sie den Dialog nicht überstrapazieren:

»*I-i-i-ich b-b-b-bin n-n-n-icht s-s-sicher*«, *sagte Joe.*

Wählen Sie lieber das schlichtere:

»*Ich bin nicht sicher*«, *stammelte er.*

Außerdem sollten Sie ausgesprochen sparsam mit Wörtchen wie »ähm«, »äh«, »na ja« und »ne?« umgehen.

»Und, ähm, na ja, ich denke, das war's, was ich zum Dialog zu sagen habe«, seufzte sie.

7. KAPITEL

Ort und Zeit: Ich bin hier, also bin ich

Caren Gussoff

In den letzten fünfzehn Jahren habe ich in sieben verschiedenen Bundesstaaten gelebt. Ich wuchs im Schatten der Yonkers Trabrennbahn in Yonkers, New York auf, umgeben von fantasielosen Häusern und Freeway-Zubringern. Ich gewöhnte mich an den Geruch von fauligen Äpfeln und nassen Schafen, der frühmorgens durch den feenhaften Nebel in Marlboro, Vermont, in meine Nase drang. In Boulder, Colorado, trug ich stets mehrere Schichten Kleidung, von Shorts bis zu Ohrenschützern, weil sich das Wetter von einem Moment zum anderen schlagartig änderte. Inzwischen bin ich schon eine Weile in Seattle, Washington, wo die Meteorologen etwa hundert verschiedene Worte für Regen haben, was man rasch versteht, wenn man hier wohnt. Wer hier lebt, kennt die Vorzüge und Nachteile der verschiedenen Regenformen, die von einem leichten Nebel, der dennoch jeden Stoff durchdringt, bis zu einem sintflutartigen Guss, der scheinbar aus einem gigantischen Krug direkt über dem Kopf gekippt wird, jede Variation beinhalten. Aber trotz all dem Regen gibt es hier so gut wie nie Donner und Blitz, nur selten ein echtes Gewitter. In dieser ständigen Feuchtigkeit zu leben, beeinflusst jeden Aspekt des täglichen Lebens – wohin ich gehe, was ich anziehe, wie ich von einem Ort zum anderen komme.

Seltsam genug, dass meine ersten Arbeiten als Autorin das Milieu und den Schauplatz ignorierten und sich ausschließlich auf Charaktere konzentrierten. Ich war sicher, dass ich allein über sie meine Geschichten entwickeln könne. Alle meine Lieblingsbücher hatten bemerkenswerte Charaktere – Holden Caulfield, Leopold Bloom, Jay Gatsby –, und sie sind tatsächlich so außerordentlich, dass sie sich in unser kulturelles Bewusstsein eingeprägt haben. Intuitiv hatte ich die Bedeutung von Charakteren und ihrer Funktion in einem fiktionalen Werk begriffen: Sie bieten dem Leser nicht nur eine Möglichkeit zur Identifikation, sondern agieren, interagieren, reagieren, knüpfen Beziehungen, vertreten Meinungen, beschreiben andere Figuren, sprechen miteinander, denken, fühlen, handeln ... und verändern sich.

Ich konzentrierte mich also auf die Figuren. Schließlich taugt eine Geschichte ohne starke Charaktere wenig oder gar nichts. Aber meine Geschichten taugten auch *mit* starken Charakteren leider nur wenig. Meine Figuren wanderten ziellos umher und schritten wie Tiger im Käfig unruhig auf und ab, und am schlimmsten war, dass ich meist gar nicht über ein paar Seiten hinauskam. Wo sich etwas entwickeln sollte, versandete der Handlungsstrang. Es ging einfach nicht weiter. Mir fiel auf, dass die Leute, die meine Texte lasen, sie als »Vignetten« oder »Anekdoten« bezeichneten. Wie frustrierend – das war es nicht, was ich wollte! Ich wollte großartige Geschichten, *komplette* Geschichten schreiben, wollte Werke vollbringen wie *Der Fänger im Roggen, Ulysses, Der große Gatsby*. Was machte ich falsch?

Ich hatte einen Denkfehler gemacht. Jay Gatsby ist der, der er ist, weil er in seiner Zeit, in der Jazz-Ära lebt. Leopold Bloom wird durch Dublin geprägt. Holden Caulfield ist durch die Pencey Prep School und New York zu dieser Persönlichkeit geworden. Ich hatte die Welt, in der die Charaktere leben und die starken Einfluss auf sie ausübt, außer Acht gelassen.

Von einem Buch erwartet der Leser, dass es ihn in eine Welt entführt, die sich echt anfühlt, selbst wenn er das darin beschriebene Leben nicht kennt und niemals kennen lernen wird. Leser möchten durch die Figuren neue Welten betreten und sie erfahren. Ort und Zeit – das Setting – verwurzeln den Leser buchstäblich in der Geschichte.

Schließlich ist das einer der Reize, die Lesen ausmachen: Ohne Kosten, ohne Risiken reist man mit Büchern an die unterschiedlichsten Orte, in ferne Zeiten oder in fremde oder vertraute Welten. Sehen Sie sich Ihre Lieblingsbücher an. Jedes hat Sie in eine andere

Umgebung entführt. Charles Dickens lässt seine Figuren durch die schmutzigen Gassen des Englands im 19. Jahrhundert wandern, J. R. R. Tolkien lässt die Hobbits aus der *Herr der Ringe* vergnügt durch Mittelerde tollen, und Jeffrey Eugenides stellt in *Die Selbstmord-Schwestern* die vordergründige Ruhe einer amerikanischen Vorstadt zur Zeit des Vietnam-Kriegs dar, um die Verzweiflung, die sich unter der Oberfläche verbirgt, zu zeigen.

Wenn Sie sich gute Geschichten einmal genau anschauen, werden Sie feststellen, dass Aspekte von Zeit und Ort so untrennbar mit den Figuren verbunden sind; sie sind beinahe nicht als solche zu erkennen. Diese Schriftsteller haben das Setting in die Geschichte eingebettet, dass es fast unsichtbar ist. Wer bewusst darauf achtet, erkennt, wie Zeit, Ort und Milieu die Charaktere beeinflusst und auf den Handlungsverlauf einwirkt.

☞ *Sie sind dran:* Lesen Sie in einem Ihrer Lieblingsbücher die ersten Seiten. Achten Sie darauf, wie rasch Sie in das Milieu eingeführt werden und wie gut oder wie weniger gut die Hinweise auf Ort und Zeit in Handlung und Beschreibung eingearbeitet sind. Machen Sie sich den Spaß und versuchen Sie, diese Seiten zu bearbeiten, indem Sie die Charakter und Handlung in eine vollkommen andere Zeit oder an einen anderen Ort versetzen. Nehmen Sie zum Beispiel Scarlett O'Hara und versetzen Sie sie in das heutige Los Angeles.

Ort

Wenn Schriftsteller über den Ort reden, meinen sie den spezifischen und klar definierten Schauplatz, an dem sich die Geschichte abspielt. Welchen Planeten, welchen Kontinent, welches Land, welchen Staat, welche Stadt, welches Viertel, welche Straße bewohnt Ihre Figur? Wie sieht das Büro oder das Haus oder der Fluss oder die Hütte oder das Schloss aus?

Mit der Etablierung des Schauplatzes will der Autor den Leser in seine Geschichte hineinführen und ihn in seiner Welt »erden«. Das kann zum Beispiel irgendein Kaff in der Provinz sein, wie in Richard Fords »Rock Springs«:

Wo der Wagen zusammenbrach, war keine Stadt, nicht einmal ein Haus zu sehen, nur ein paar niedrige Berge ungefähr fünfzig oder vielleicht auch hundert Meilen weit entfernt, ein Stacheldrahtzaun, der in beide Richtungen verlief, karge Prärie und einige Falken, die auf der Jagd nach Insekten am Abendhimmel kreisten.

Oder eine ganz üble Gegend in der Bronx wie in Tom Wolfes *Fegefeuer der Eitelkeiten*:

Es war, als wäre er auf einem Schrottplatz gelandet. Er schien sich unterhalb des Expressways zu befinden. In der Finsternis konnte er einen Maschendrahtzaun zu seiner Linken ausmachen ... da war etwas drin verfangen ... Der Kopf einer Frau! ... Nein, nur ein Stuhl mit drei Beinen und verbranntem Sitzpolster, dessen verkohlte Füllung in Fetzen heraushing, halb durch den Maschendrahtzaun gerammt ...

Oder wir schauen über die Dublin Bay in James Joyces *Ulysses*:

Holzschatten glitten lautlos durch den Morgenfrieden vorbei an dem obersten Treppenabsatz, von wo er seewärts blickte. Nahe der Küste und weiter draußen wurde der Wasserspiegel, von lichtbeschuhten, eilende Füßen getreten, weißer. Weiße Brust der trüben See.

Oder wir sehen einen Raum, der so trostlos ist wie dieser aus William Faulkners *Schall und Wahn*:

Wir betraten einen kargen Raum, der nach abgestandenem Tabakrauch roch. Ein Ofen aus Eisenblech stand in der Mitte eines mit Sand gefüllten Holzrahmens, an der Wand hingen eine verblichene Karte und der schäbige Plan einer Gemeinde. Hinter einem zerschrammten, mit Unrat übersätem Tisch saß ein Mann mit einem Wust eisengrauen Haar, der uns über den Stahlrand seiner Brille anstarrte.

Oder wir treten in ein prächtiges Zimmer wie in F. Scott Fitzgeralds *Der große Gatsby*:

Die Fenster standen einen Spalt weit auf und leuchteten blendend weiß im Kontrast zu dem saftigen Gras draußen, das ein wenig ins Haus zu wachsen schien. Eine leichte Brise ging durch den Raum, wehte die Vorhänge an einem Ende herein und am anderen hinaus wie helle Flaggen, blähte sie aufwärts zum glasierten Hochzeitskuchen an der Decke und strich dann über den bordeauxfarbenen Teppich, der sich wie die See im Wind leicht zu kräuseln schien.

Wenn Sie sich mit dem Schauplatz beschäftigen, dann vergessen Sie nicht, dass auch das Wetter eine Rolle spielen könnte. Wie ich bereits anfangs erwähnte, wird mein ganzes Leben direkt und fundamental vom Seattle-Wetter bestimmt. Ich weiß, dass mein heimatliches Fleckchen Erde ohne den ständigen Niederschlag nicht dasselbe wäre. Und es ist wahrscheinlich, dass auch Sie vom Wetter an Ihrem Wohnort mehr oder weniger stark beeinflusst werden, selbst wenn Sie aufgehört haben, darüber nachzudenken oder es auch nur wahrzunehmen.

Es könnte wie diese sinnliche Sonnigkeit in Joyce Carol Oates »Wo willst du hin, wo kommst du her« sein:

Connie saß mit geschlossenen Augen in der Sonne und träumte, benommen von der Wärme um sie herum, als wäre sie eine Art der Liebe, die Liebkosung der Liebe ...

Oder wie der Schneesturm in Tolstois *Anna Karenina*:

Der schreckliche Sturm fegte und pfiff durch die Räder des Zugs und um die Stützpfeiler an der Ecke des Bahnhofs herum. Die Eisenbahnwagen, die Pfeiler, die Leute und alles, was zu sehen war, war an einer Seite mit einer Schneeschicht bedeckt, die dicker und dicker wurde. Hin und wieder ließ der Wind plötzlich für einen Augenblick nach, setzte dann aber wieder mit solcher Kraft ein, dass es unmöglich schien, sich ihm entgegenzustemmen.

Die Beschreibung von Wetter verstärkt das Gefühl, an einem fiktionalen Schauplatz tatsächlich »anwesend« zu sein.

Wenn Sie schreiben, sollten Sie immer genau wissen, wo Ihre

Figuren gerade sind und dieses Wissen mit Ihrem Leser teilen, egal, ob die Personen sich an mehreren oder nur einem Ort aufhalten. Manche Schauplätze beschreiben Sie vielleicht detailliert, andere nur flüchtig, aber Sie und Ihr Leser müssen sich stets bewusst sein, wo sich das Geschehen in jedem beliebigen Augenblick abspielt.

Der Ort beeinflusst auch die Handlung in einer Szene. Was in Sibirien im tiefsten Winter möglich ist, unterscheidet sich stark von dem, was man in Miami im Mai machen kann. Und ein Verhalten, das im Wilden Westen normal wäre, würde im viktorianischen England skandalös gewesen sein (womit wir erneut sehen, dass Zeit und Ort untrennbar zusammenhängen).

Wie stark der Ort den Handlungsaufbau prägt, wird in Cormac McCarthys *All die schönen Pferde* deutlich. Die Hauptfigur, der sechzehnjährige John Grady Cole, ist der letzte einer alten »Dynastie« von Texas-Ranchern. Der Konflikt im Mittelpunkt der Geschichte betrifft das Cowboy- und Rancherleben, das zunehmend an Bedeutung verliert, weil die Moderne und das Bevölkerungswachstum ihm die notwendigen Grundlagen nehmen. Gradys Mutter ist schließlich gezwungen, die Familienranch zu verkaufen, und Grady geht nach Mexiko auf der Suche nach einem Land, in dem der Fortschritt noch keinen Einzug gehalten hat und weitgehend alte Bedingungen herrschen. Das Werk und seine Handlung hängen unmittelbar mit der Kargheit der südwestlichen Grenzländer zusammen; in einer anderen Landschaft hätte sich die Geschichte nicht so entwickeln können.

Umgebung und Milieu sind auch in Flannery O'Connors »Ein guter Mensch ist schwer zu finden« die treibenden Kräfte. Auf einem Autoausflug mit ihrer Familie glaubt die Großmutter, sich in der Gegend auszukennen, und drängt die Familie, einen Abstecher zu machen:

Sie bogen auf den staubigen Feldweg, und der Wagen brauste holpernd und umhüllt von einer Wolke rosafarbenen Staubs dahin. Die Großmutter erinnerte sich unwillkürlich an die Zeiten, an der es noch keine gepflasterten Straßen gab und dreißig Meilen eine Tagesreise bedeute-

ten. Der Pfad war hügelig und dann und wann tauchten vor ihnen unvermittelt Gräben und scharfe Kurven auf, die an gefährlichen Hängen vorbeiführten. Sie fuhren auf Hügel hinauf, von denen aus sie die blauen Baumwipfel im Umkreis von vielen Meilen überblicken konnten, dann wieder steckten sie in einer roten Senke, während die staubigen Bäume auf sie herabzublicken schienen.
»Ich kann nur hoffen, dass wir gleich da sind«, sagte Bailey. »Sonst drehe ich nämlich um.«
Die Straße sah aus, als sei sie seit Monaten nicht mehr befahren worden.

Aus dieser Entscheidung, die unbefahrene Straße zu nehmen, erwächst das Chaos. Als auch die Großmutter sich Sorgen zu machen beginnt, entkommt die Katze, die sie klammheimlich mitgeschmuggelt hat, und verursacht einen Autounfall, der die Familie schließlich mit einem Mörder zusammenbringt. Hätte sich die Geschichte auch auf einem Samstagabendtrip durch eine Vorstadt entwickeln können? Vielleicht. Wahrscheinlich aber nicht.

Auf welche Weise beeinflussen der Ort oder die Orte, an denen Ihre Geschichte spielt, die Handlung? Wenn Sie darauf mit »überhaupt nicht« antworten, dann sollten Sie damit anfangen, sie eine Rolle spielen zu lassen, sonst treiben Ihre Figuren ziellos durch ein Vakuum, das keinen Leser fesselt.

☞ *Sie sind dran:* Nehmen Sie sich noch einmal einen Ihrer bereits verfassten Texte vor – vielleicht einen aus den vorangegangenen Übungen. Wenn Sie sich bisher noch nicht um den Schauplatz gekümmert haben, überarbeiten Sie ihn daraufhin. Versuchen Sie, dem Leser ein Gefühl von diesem Ort zu vermitteln. Der Schauplatz sollte die Handlung beeinflussen. Wenn Sie sich schon ausgiebig mit dem Schauplatz beschäftigt haben, dann überarbeiten Sie den Text, indem Sie die Handlung an einen ganz anderen Ort versetzen. Was immer Sie sich aussuchen – am Ende sollten Sie einen deutlich anderen Text in Händen haben.

Zeit

Die Bedeutung von Zeit ist ebenso groß wie die des Ortes. Die Zeit bestimmt den Hintergrund der Geschichte im weitesten Sinn – die Ära, das Jahrhundert, das Jahr – und im kleineren Rahmen – die Jahreszeit, der Wochentag und die Tageszeit.

Wenn wir uns im 19. Jahrhundert befinden, reisen die Menschen vielleicht wie in Charles Dickens' *Große Erwartungen*:

Die Reise von unserer Stadt zur Metropole dauerte fünf Stunden. Es war kurz nach Mittag, als die vierspännige Kutsche, in der ich saß, in das Verkehrsgetümmel geriet, das von Cross Keys, Wood Street und Cheapside zusammenströmte.

Hundert Jahre später könnte die Fahrt aussehen wie in Thom Jones' »Ein weißes Pferd«:

Ein alter, hellgrüner Mercedes mit lädiertem Stoßdämpfer holperte zu schnell über den Strand und kam schlingernd und zur Seite rutschend neben dem Karussell zum Stehen.

Bei D. H. Lawrences *Lady Chatterley* spielt der Frühling eine Rolle:

Ein englischer Frühling! Warum kein irischer? Oder jüdischer? Der Rollstuhl bewegte sich langsam vorbei an Büscheln robuster Hyazinthen, die wie Weizen aufragten, und über graue Klettenblätter. Als sie an eine Stelle kamen, an der die Bäume gerodet waren, strömte das Licht grell auf sie ein. Die Schlüsselblumen bildeten leuchtend blaue Flecken, die hier und da ins Lila- und Purpurfarbene gingen.

In Ernest Hemingways *In einem anderen Land* ist es der Herbst:

Im Herbst war der Krieg allgegenwärtig, aber wir machten nicht mit. Es war kalt im Herbst in Mailand, und die Dunkelheit kam früh. Dann gingen die elektrischen Lichter an, und es war angenehm, von der Straße aus in die Fenster zu sehen. Vor den Läden hing viel Wild, und der Schnee bestäubte den Pelz der Füchse, und der Wind bewegte ihre Schwänze.

In J. D. Salingers *Der Fänger im Roggen* befinden wir uns in einer quirligen Stadt am Tag:

Der Broadway war voll und chaotisch. Es war Sonntag und erst ungefähr zwölf, aber es war dennoch voll. Alle Welt war unterwegs ins Kino – ins Paramount oder ins Astor oder ins Strand oder ins Capitol oder wie diese irren Häuser sonst noch alle so heißen. Alle Welt hatte sich aufgebrezelt, weil es ja Sonntag war, und das machte es noch schlimmer.

Und dies ist dieselbe Stadt in der Nacht:

Auf der Straße begegnete mir praktisch niemand. Hin und wieder sah man einen Mann und ein Mädchen Arm in Arm und so die Straße überqueren oder ein paar finster aussehende Typen mit ihren Freundinnen, die wie Hyänen über irgendwas lachten, was garantiert nicht lustig war – New York ist schrecklich, wenn jemand spät abends draußen lacht. Man kann es meilenweit hören. Und man fühlt sich so allein und deprimiert.

Wie bei den Schauplätzen muss der Autor immer wissen, in welchem Zeitmilieu sich seine Figuren bewegen, ob er diese Zeit nun aufwändig beschreibt oder nur kurz darauf verweist. Seien Sie sich stets der Zeit bewusst und geben Sie dem Leser alle Hinweise, die er braucht, um sich orientieren zu können. Sie kennen vielleicht den Slogan: »*Es ist zehn Uhr abends. Wissen Sie, wo Ihre Kinder sind?*« Als Autor müssen Sie immer wissen, wo Ihre Figuren gerade sind und was Sie tun.

☞ *Sie sind dran:* Kehren Sie zu einem Text zurück, den Sie bereits geschrieben haben – nur nicht zu dem, den Sie in der vorangegangen Übung bearbeitet haben. Sie sollen jetzt dasselbe machen wie in der letzten Übung, jedoch mit dem Thema Zeit: Entweder behandeln Sie die Zeit in Ihrem Text ausführlicher als zuvor, oder Sie verändern die Zeit vollständig. Sehen Sie sich anschließend an, ob die Manipulation der zeitlichen Einordnung den Text genauso stark beeinflusst wie das Verändern der Schauplätze in der vorherigen Übung.

Die Stimmung

Außer dass Sie den Leser über Zeit und Ort tiefer in Ihre Geschichte hineinziehen, können beide die Atmosphäre und Stimmung Ihres Textes beeinflussen.

Edgar Allan Poe war Meister darin, durch das Setting die Atmosphäre seiner Geschichten zu verstärken. Hier die Eröffnung von *Der Untergang des Hauses Usher*:

Ich war den ganzen tristen, finsteren und lautlosen Tag im Herbst des Jahres, als die Wolken erdrückend tief am Himmel hingen, allein zu Pferd durch eine einzigartig trübsinnige Gegend unterwegs gewesen, und fand mich schließlich, als die Schatten des Abends immer näher rückten, in Sichtweite des melancholisch wirkenden Hauses von Usher.

Vielleicht mehr noch als Zeit und Ort beschreibt Poe hier die Stimmung, einen emotionalen Zustand – eine Atmosphäre der Tristesse, Gefahr und Melancholie. Natürlich ist es Herbst, natürlich wird es dunkel, natürlich hängen die Wolken erdrückend niedrig. Praktisch jedes Wort in diesem Abschnitt läutet eine düstere Glocke. Poe unterstreicht die Spannung, bevor man noch weiß, worin die Spannung liegt ... oder liegen könnte. In Hinblick auf die Beschreibung mag Poe es ein wenig übertrieben haben, aber in dramatischer Hinsicht ist er genau dort, wo er sein muss; meisterhaft hat er direkt zu Anfang die Bühne für seine finstere Geschichte bereitet.

Betrachten wir ein zeitgenössisches Beispiel. Lorrie Moore benutzt die Krankenhausumgebung, um in »Es gibt nur solche Leute hier« den emotionalen Zustand Ihrer Protagonistin zu verdeutlichen:

Die Mutter mustert die Bäume und Fische der Bordüre, mit der die »Rettet die Erde«-Tapete oben an der Decke abschließt. Rettet die Erde. Ja! Aber die Fenster in diesem Gebäude lassen sich nicht öffnen, und Dieseldämpfe dringen durch das Lüftungssystem, neben dem draußen ein Lieferwagen geparkt ist. Die Luft ist erdrückend und abgestanden.

Etwas später geht es so weiter:

Rote Zellophangirlanden schmücken die Türrahmen. Sie hat vollkommen vergessen, dass schon so bald Weihnachten ist. Ein Klavierspieler in der Ecke spielt »Carol of the Bells«, und es klingt nicht nur gar nicht festlich, sondern auch unheimlich; es erinnert sie ein wenig an das Thema vom Exorzisten.

Wie Sie sehen, wird in diesen Beispielen die Umgebung durch die Sicht der Mutter beschrieben. Ein anderer hätte das Weihnachtslied vielleicht hübsch gefunden, aber dieser Figur graut es davor.

☞ *Sie sind dran:* Stellen Sie sich eine Figur vor, die über die Möglichkeit einer größeren Veränderung in ihrem Leben nachdenkt – Schule abbrechen, schwanger werden, ein riskantes Unternehmen wagen, was auch immer. Wenn Sie die Figur ein wenig ausgearbeitet haben, schreiben Sie einen Text, in dem sie mit dieser Veränderung umzugehen versucht. Sie können ausschließlich über diese Figur schreiben oder andere Figuren hinzunehmen. Und nun der Clou: Lassen Sie das Wetter die Dramatik des Abschnittes unterstreichen. Dabei spielt es keine Rolle, ob Sie die ersten Herbststürme, einen sintflutartigen Regenguss oder eine drückende Hitzewelle in der Stadt beschreiben.

Umgebung und Charakter

Die Umgebung spielt für die Persönlichkeit Ihrer Charaktere eine große Rolle. Wie sie sich anziehen, wie sie reden, miteinander umgehen, arbeiten, reisen oder essen hängt unmittelbar mit dem Milieu, in dem sie leben, zusammen. Ähnlich wie Tiere agieren und reagieren auch Menschen in ihrer vertrauten Umgebung auf eine bestimmte Weise.

Im folgenden Auszug aus John Cheevers »Der Schwimmer« befinden wir uns auf einer Pool-Party in einer recht noblen Vorstadtgegend. Die Figuren handeln ganz typisch für ihr Milieu:

Sobald Enid Bunker ihn sah, begann sie zu kreischen. »Oh, seht nur, wer hier ist! Was für eine fantastische Überraschung! Als Lucinda sagte, dass du nicht kommen würdest, dachte ich, ich müsste sterben!« Sie bahnte sich einen Weg durch die Menge zu ihm, und als sie mit Küssen fertig waren, führte sie ihn zur Bar, was einige Zeit in Anspruch nahm, weil sie acht- oder zehnmal anhielt, um andere Frauen zu küssen oder die Hände von männlichen Gästen zu schütteln. Ein lächelnder Barmann, den er schon auf hundert anderen Partys gesehen hatte, reichte ihm einen Gin-Tonic, und er stand an der Bar und hoffte, in kein Gespräch verwickelt zu werden, das seine Reise verzögern würde.

Wie stark werden die Figuren in Ihren bisherigen Texten von ihrer Umgebung geprägt? Wenn Sie einen Charakter beliebig von einem Umfeld in ein anderes versetzen können, ist er wahrscheinlich nicht genügend durch Zeit und Ort seines jetzigen Daseins geprägt. Das heißt nicht, dass Sie nun aus einem texanischen Geschäftsmann einen derben Typen in Cowboystiefeln und mit breitkrempigem Hut machen sollen. Suchen Sie stattdessen nach subtilen Details, die dem Leser zeigen, dass diese Person von der texanischen Lebensweise durchdrungen ist.

In vielen Geschichten werden Figuren gezwungen, ihre gewohnte Umgebung zu verlassen, woraus sich, richtig gemacht, schon ganz von allein eine interessante Dynamik und spannende Situationen ergeben. Machen Sie sich bewusst, wie Ihre Figur in einer Umgebung, die ihr nicht vertraut oder gänzlich fremd ist, agieren und reagieren würde. Stellen Sie sich eine junge Punkerin vor, die zur Anprobe eines Abendkleids zu einem exklusiven Schneider geschickt wird, oder ein Mitglied der oberen Zehntausend, das mutig ein Tattoo-Studio betritt. In der Literatur gibt es viele solcher Gestalten: Zum Beispiel Nick, ein Mann aus der Mittelschicht, der in *Der große Gatsby* plötzlich in eine Welt rauschender Partys kommt, oder Earl, der Autodieb aus »Rock Springs«, der in Wyoming strandet.

Im Extremfall führen solche Situation zu Storys, die man mit »Fisch auf dem Trockenen« umschreiben könnte: Der Hauptkonflikt dreht sich um eine Figur in einer ihr vollkommen fremden

Umgebung. Man findet dieses Szenario oft in TV-Serien, aber es ist auch in der Literatur verbreitet. Denken Sie nur an Lewis Carrolls *Alice im Wunderland*, in dem ein wohlerzogenes Mädchen aus der viktorianischen Zeit durch ein Kaninchenloch fällt und in einer verkehrten Welt mit singenden Schildkröten und grinsenden Katzen landet. Oder an Charles Dickens' *Große Erwartungen*, in dem sich ein Junge aus der englischen Provinz unter Londons Dandys mischt. Oder an Thom Jones' »Ein weißes Pferd«, in der ein Amerikaner, der sein Gedächtnis verloren hat, durch Bombay irrt, ohne eine Ahnung zu haben, wie er dort hingekommen ist. Eine »Fisch-auf-dem-Trockenen«-Story kann großen Spaß machen. Wenn Sie sich daran wagen, müssen Sie sich allerdings intensiv mit Ort, Umgebung und Milieu auseinandersetzen.

Die Verwandlung von Kafka kehrt diesen Geschichtentypus auf raffinierte Weise um: Gregor Samsa erwacht eines Morgens in seinem Bett und stellt fest, dass er zu einem riesigen Insekt geworden ist. Seine Umgebung, einst so vertraut, ist plötzlich zu einer befremdlichen Landschaft geworden, in der er sich nicht mehr zurechtfindet. Hier versucht er, eine bis dahin alltägliche Handlung auszuführen:

Zuerst wollte er mit dem unteren Teil des Körpers aus dem Bett hinauskommen, aber dieser untere Teil, den er übrigens noch nicht gesehen hatte und von dem er sich auch keine rechte Vorstellung machen konnte, erwies sich als zu schwer beweglich; es ging so langsam, und als er schließlich, fast wild geworden, mit gesammelter Kraft ohne Rücksicht sich vorwärts stieß, hatte er die Richtung falsch gewählt, schlug an dem unteren Bettpfosten heftig an, und der Schmerz belehrte ihn, dass gerade der untere Teil seines Körpers augenblicklich vielleicht der empfindlichste war.

Im Verlauf der Geschichte sieht Gregor *jeden* Aspekt seiner vertrauten Welt aus einem vollkommen anderen Blickwinkel. Die neue Perspektive ist einer der Vorteile, wenn man seine Figuren in eine fremde Umgebung versetzt, denn es zwingt sie und den Leser, alles mit anderen – oft wachsameren – Augen zu betrachten.

☞ *Sie sind dran:* Denken Sie sich eine Figur aus, die nichts oder wenig mit Ihnen gemein hat. Sie kann sich durch Geschlecht, Alter, Beruf, Bildung, Temperament unterscheiden. Am besten wählen Sie mehrere Unterscheidungsmerkmale. Nun schreiben Sie einen Text, in dem diese Figur eine Weile in einer Umgebung leben muss, die der Ihren ähnelt. Der Schauplatz sollte möglichst viele Konflikte für den Charakter bereithalten. Wenn es sich zum Beispiel um einen überzeugten Single handelt, dann zwingen Sie ihn dazu, sich um Ihr Haus voller Kinder zu kümmern. Wenn die Figur ein verwöhntes Kind aus gutem Haus ist, dann sollte es vielleicht einmal einen Tag lang in Ihrem Job arbeiten. Viel Spaß dabei!

Manchmal ist das Setting – Zeit und Ort – so wichtig, dass es selbst wie eine Figur auftritt: Es kann agieren und sich verändern und sogar zu einem dominanten Element werden. Bei Geschichten vom Typus »Fisch-auf-dem-Trockenen« ist das beinahe immer der Fall, weil die Umgebung dabei den Hauptkonflikt erzeugt, aber es gibt auch genügend andere, sehr unterschiedliche Erzählungen, die als Beispiel dienen können: In *Sturmhöhe* sind es die Moore, in *Der große Gatsby* das Jazz-Zeitalter, in *Früchte des Zorns* die Depression, in »Was sie trugen« der Vietnamkrieg, in »Es gibt nur solche Leute hier« das Krankenhaus und in »Der Schwimmer« die reiche Vorstadt.

Virginia Woolf nutzt dieses Element in ihrem Roman *Die Wellen*, in dem sie das Leben von sechs Freunden von der Kindheit bis ins mittlere Alter nachzeichnet. Jede Figur führt ein Selbstgespräch vor dem Hintergrund des Meeres und tosender Wellen. In *Die Wellen* wird immer wieder zwischendurch das sich im Laufe des Tages verändernde Meer beschrieben. Die Wellen selbst sind ein wiederkehrendes Thema, die die Monologe der Personen verbinden und dem ganzen Roman weitere Bedeutung geben. Am Anfang sehen wir die Wellen des frühen Morgens:

Die Wellen hielten inne und zogen sich wieder zurück, und sie seufzten wie ein Schläfer, dessen Atem unbewusst kommt und geht.

Im Verlauf des Buches werden die Figuren älter, und mit ihnen der Tag, während die Wellen an Kraft zunehmen:

Die Wellen türmten sich auf, bogen ihre Rücken und stürzten in sich zusammen. Steine und Kiesel wirbelten auf.

Am Ende des Buches, an dem die Figuren dem Alter und dem Tod entgegenblicken, tun es auch die Wellen. Der Roman endet mit dem schlichten Satz:

Die Wellen brachen sich an der Küste.

Die Feinabstimmung

Wenn es die Aufgabe von Zeit- und Ortsangaben ist, Figuren und Leser in der Welt der Geschichte zu verwurzeln und die treffende dramatische Atmosphäre zu erzeugen, dann müssen Sie, der Autor, diese Welt erschaffen. Womit? Mit dem einzigen Mittel, das Sie besitzen – mit Wörtern! Wenn Sie Kapitel 5 in diesem Buch gelesen haben, sollten Sie bereits eine recht konkrete Ahnung davon haben, wie Sie die Umgebung Ihrer Figuren lebensnah gestalten. Malen Sie ihre fiktionalen Kulissen durch den kunstvollen Gebrauch sensorischer und spezifischer Merkmale.

Hier ein Ausschnitt aus Henry James' *Porträt einer jungen Dame*. Achten Sie auf die Einzelheiten in dieser Beschreibung eines Hauses:

Es stand auf einem niedrigen Hügel oberhalb eines Flusses – der Themse –, etwa vierzig Meilen von London entfernt. Eine breite Giebelfront aus roten Ziegelsteinen, der die Zeit und das Wetter auf vielerlei malerische Weise mitgespielt hatte, nur um sie zu verschönern und zu verfeinern, erhob sich efeubewachsen mit ihren Schornsteinen und den von Kletterpflanzen umkränzten Fenstern vor der Rasenfläche.

Das ist ein Ort, den Sie problemlos vor Ihrem inneren Auge sehen können, oder? James gelingt es, in einem kurzen Abschnitt die Fantasie des Lesers so anzuregen, dass in seinem Kopf ein detailliertes Bild dieses Hauses entsteht.

Die Kürze ist übrigens sehr wichtig. Wenn Sie innerhalb der Handlung zu oft eine Pause einlegen, weil Sie dem Leser etwas beschreiben möchten, wird er sich lieber etwas zu trinken holen oder einkaufen gehen, während Sie noch an Ihrer Staffelei sitzen und sich mit Pinsel und Farbe abmühen. Leser wollen, dass sich die Geschichte voranbewegt. Sie sollten daher Ihre Milieubeschreibungen über den ganzen Handlungsverlauf in kleinen Portionen einstreuen, statt mit allzu großen Abschnitten den Erzählfluss zu blockieren. Außerdem tun Sie gut daran, der Beschreibung auch Handlung beizumengen.

Sehen Sie sich diesen Auszug aus Marguerite Duras' Novelle *Der Liebhaber* an:

Ich steige aus dem Bus. Ich gehe zur Reling und betrachte den Fluss. Meine Mutter sagt manchmal, dass ich nie in meinem Leben Flüsse sehen werde, die schöner, breiter und wilder sind als diese, der Mekong und seine Zuflüsse, die dem Meer zuströmen, diese großen Wasserflächen, die bald in den Tiefen des Ozeans verschwinden werden. Im flachen Land, das sich erstreckt, so weit das Auge reicht, fließen die Flüsse so schnell, als ob die Erde abschüssig wäre.

Ich steige immer aus dem Bus, wenn wir auf der Fähre sind, sogar nachts, denn ich habe Angst, dass die Taue reißen und wir aufs Meer hinausgetrieben werden könnten, und ich sehe mich in der furchtbaren Strömung meine letzten Atemzüge tun. Die Strömung ist so stark, dass sie alles davontragen könnte – Felsen, eine Kathedrale, eine Stadt. Im Inneren des Wassers tobt ein Sturm. Ein Orkan wütet.

Marguerite Duras beschreibt die Umgebung mit vielen sensorischen Einzelheiten, aber sie verwebt die Beschreibung mit einer Erinnerung: Sie berichtet, was die Mutter der Protagonistin ihr über den Strom gesagt hat. Auf diese Weise wird der Erzählfluss nicht unterbrochen.

Ist Ihnen noch die Bedeutung von vielsagenden Einzelheiten gegenwärtig, jenen Informationshäppchen, die so viel Kraft haben?

Ein geschickter Einsatz von vielsagenden Einzelheiten erlaubt Ihnen, die Umgebung knapp und schnell, jedoch umso wirkungsvoller zu beschreiben. In Richard Russos *Empire Falls* führt Miles, der Protagonist, ein heruntergekommenes Restaurant. Statt uns mit jedem schäbigen Detail aus der Restaurantküche zu versorgen, konzentriert Russo sich auf die antiquierte Spülmaschine:

Nur eine Wanne mit schmutzigem Geschirr war noch übrig, aber sie war groß und voll, also schleppte Miles sie in die Küche und hievte sie aufs Abtropfbrett. Einen Moment lang lauschte er dem Ruckeln und Sirren der Hobart, aus deren rostfreiem Stahlgehäuse Dampf drang. Sie hatten diesen Geschirrspüler seit – wie lange? Zwanzig Jahren? Fünfundzwanzig? Er war ziemlich sicher, dass sie schon da gewesen war, als Roger Sperry ihn damals eingestellt hatte.

Mit diesem einen Detail wird der Leser direkt in die Küche geführt; er kann neben Miles das alte Gerät betrachten, ohne dass die Story aus dem Takt gerät.

Als Faustregel sollten Sie sich immer fragen, wie wichtig eine bestimmte Zeit oder ein Ort für Ihre Geschichte ist. Danach entscheiden Sie, wie viel Raum Sie der Beschreibung gönnen wollen oder müssen. *Der Untergang des Hauses Usher* spielt ganz in dem besagten Haus, weswegen hier mehr Beschreibung nötig ist. Aber es ist *nicht* nötig, seitenlang eine Drogerie zu beschreiben, wenn Ihre Figur nur eben mal reinspringt und ein paar Kopfschmerztabletten kauft.

Enthält jeder literarische Text zumindest ansatzweise solche Beschreibungen von Zeit und Ort? Nein. Raymond Carver beispielsweise, der als Minimalist bekannt ist, verzichtet oft darauf. Die Geschichte von »Kathedrale« findet allein in einem Haus statt, und obwohl Carver sich auf die Küche, das Sofa, Fenster und Fernsehen bezieht, beschreibt er sie mit keinem noch so winzigen Detail. Aber das Fehlen von Einzelheiten ist gerechtfertigt, weil die Geschichte in der ersten Person erzählt wird und der Protagonist seine Umgebung kaum noch wahrnimmt. Außerdem können wir daraus schließen, dass es sich dabei um ein ganz gewöhnliches Haus handelt, das weder hochmodern noch extrem rustikal eingerichtet ist. Sonst hätte der Autor es uns gesagt. Wenn Sie also einen plausiblen Grund haben, die Umgebung *nicht* zu beschreiben, dann ist das erlaubt.

Realität und Kulisse

Die meisten Geschichten beziehen sich auf authentische Schauplätze. Sie erzählen von wirklichen Orten und Zeiten – oder scheinbar existierenden. Obwohl, sagen wir, Thomas Hardys Wessex County, in dem mehrere seiner Romane spielen, nirgendwo auf der Karte zu finden ist, ähnelt es doch stark der wahren Grafschaft in diesem besonderen Landstrich Englands. Wenn Sie über reale oder scheinbar reale Orte schreiben, tun Sie es so lebendig und genau wie möglich.

Haben Sie sich einen Ort ausgesucht, den Sie gut kennen, gibt es damit wohl kaum Probleme. Kennen Sie aber Ihren Schauplatz *nicht*, dann sammeln Sie Informationen, besuchen Sie diesen Ort oder recherchieren Sie, was Sie nicht kennen und wissen. Wenn Sie über einen Schauplatz schreiben, der Ihnen nicht vertraut ist, ist es besser, dafür einen fiktionalen Namen zu wählen. Die Bürger von Cleveland könnten verärgert sein, wenn Sie Straßen und Sehenswürdigkeiten falsch beschreiben, aber wenn Sie Ihre Stadt Leafland nennen, gehen Sie diesem Problem aus dem Weg.

Außerdem haben Sie mehr künstlerische Freiheit. In Beth Nugents Roman *Mädchen zum Anfassen* bricht die Hauptfigur, ein Mädchen Anfang zwanzig, das College ab, zieht in ein schmieriges Motel und arbeitet als Kartenabreißerin in einem baufälligen Pornokino. Der Schauplatz bleibt unbenannt und ist wahrscheinlich eine Mischung aus verschiedenen Städten:

Es ist einer dieser düsteren Seehäfen an der Ostküste, die aus lauter Trägheit in sich zusammenfallen und sich langsam bis ins finstere Herz im Zentrum selbst erdrücken. Es ist eine Stadt voller Zimmer, die man wochen- oder tage-, ja sogar stundenweise mieten kann, und sie ist bevölkert von Menschen, die diese Zimmer mieten. *Es gibt hier keine Familien, keine Häuser, und jeden Tag ziehen die respektablen Leute, die geblieben sind, immer weiter nach draußen, wo es Häuser und Familien und respektable Jobs und Hobbys gibt. Sie leben in kleinen Siedlungen, die nur für sie gebaut wurden, und die sich vom Kern der Stadt ausbreiten wie Sporen, die eine Pflanze abgestoßen hat.*

Obwohl die Beschreibung nach einem echten Ort klingt, konnte Nugent die Einzelheiten frei wählen und sie so manipulieren, dass sie den Bedürfnissen der Geschichte gerecht werden.

Vielleicht wollen Sie aber auch Zeit und Örtlichkeiten beschreiben, die nicht – oder noch nicht! – existieren. Dazu ein Auszug aus George Orwells *1984*:

Das Gesicht mit dem schwarzen Schnurrbart starrte aus jeder strategisch günstigen Ecke herab. An der Front des Hauses direkt gegenüber hing ebenfalls eins. Der große Bruder sieht dich, *lautete die Aufschrift, und die dunklen Augen blickten tief in Winstons eigene. Unten an der Straße flatterte ein weiteres Plakat, an einer Ecke eingerissen, sodass man das Wort* Engsoz *mal lesen, mal nicht lesen konnte. In der Ferne senkte sich ein Hubschrauber zwischen den Dächern, verharrte einen Moment lang wie eine Schmeißfliege, und zog ganz plötzlich in einem Bogen wieder ab. Das war die Polizei, die in die Fenster der Leute sah.*

Im Mittelpunkt des Romans steht Winston Smith, ein Durchschnittsbürger von Ozeania, einem totalitären Staat, der vom »Großen Bruder« regiert wird. Schauplatz und Ort sind fiktional, doch dem Leser erscheinen sie echt. Mit vertrauten Ausblicken und Bildern – das flatternde Plakat, der Hubschrauber – gelingt es Orwell, den Leser in der fremden Umgebung heimisch zu machen und der Szenerie Authentizität zu verleihen.

Wenn Sie eine Umgebung entwickeln, die nicht realistisch ist, achten Sie darauf, Vertrautes mit Erfundenem zu mischen.

Selbst wenn Sie ein Universum erschaffen, das gänzlich fantastisch ist, so wie wir es in vielen Science-Fiction-Romanen finden, müssen Sie dafür sorgen, dass die Szenerien echt wirken. Und diese Art von Setting macht oft mehr Mühe als jedes andere, wenn Sie den Leser mit Ihrer erfundenen Umgebung überzeugen wollen. Während J. R. R. Tolkien an seiner weltberühmten Trilogie *Der Herr der Ringe* schrieb, arbeitete er viele Jahre parallel dazu an der Entwicklung einer komplizierten Mythologie und Geschichte, einer detaillierten geografischen Darstellung inklusive Landkarten und an Grammatiken und Wörterbüchern der in seinem Epos auftretenden Sprachen (unter anderem Elbisch). Die Hobbits leben nicht einfach irgendwo in einer Fantasiewelt, mit der der Leser nichts zu tun hat – ganz im Gegenteil. Tolkien beschreibt Zeit und Ort genau:

Vierzig Wegstrecken reichte es von den Fernen Höhen bis zur Brandyweinbrücke und fünfzig von den nördlichen Mooren bis zu den Marschen im Süden. Die Hobbits hatten es als Herrschaftsbereich ihres Thains und Gegend wohl geordneter Geschäfte Auenland genannt. Und dort, in diesem hübschen Winkel der Welt gingen sie ihren wohl geordneten Geschäften des Lebens nach und kümmerten sich immer weniger um die Außenwelt, in der sich Finsteres tat, bis sie schließlich glaubten, dass der Friede und der Überfluss in Mittelerde die Regel und das Recht aller vernunftbegabten Wesen sei.

Kein Wunder, dass Millionen Leser am liebsten glauben würden, dass diese zauberhafte Welt tatsächlich existiert.

Zeit und Tempo

Der Begriff Tempo kann in der Literatur verschiedene Bedeutungen haben, aber wir beschränken uns hier auf die Manipulation der Zeit. Der Autor wird zu einer Art Magier, der die Zeit beschleunigen, raffen, verlangsamen und dehnen kann, wie immer er will. Das Manipulieren der Zeit ist ein wichtiges Instrument für den Geschichtenerzähler.

Am häufigsten manipuliert der Autor durch Verdichtung und Ausdehnung. Für die Figuren vergeht Zeit, doch der Autor bestimmt, wie schnell oder wie langsam. Es ist nicht nötig, jeden Augenblick während des Handlungsablaufs zu zeigen und das Leben des Protagonisten von der Geburt an nachzuzeichnen; der Autor überspringt unbedeutende Lebensabschnitte und fasst weniger wichtige kurz zusammen, während er vielleicht sogar zur Zeitlupe übergeht, sobald er interessante Ereignisse darstellt.

Denn wenn er einen wichtigen Abschnitt der Geschichte zu schnell abhandelt, kann der Leser enttäuscht oder verwirrt werden. Umgekehrt langweilen Sie Ihren Leser, wenn Sie unwichtige Phasen ausweiten. Mit Sicherheit haben auch Sie schon in einem Roman weitergeblättert, um endlich wieder auf Spannendes zu stoßen, und das lag wahrscheinlich daran, dass der Autor das Tempo gedrosselt hat, obwohl gerade nichts Interessantes geschah. Achten Sie daher genau darauf, was für Ihre Geschichte von Bedeutung ist, und stimmen Sie das Tempo darauf ab.

Möchten Sie sehen, wie man die Zeit verlangsamen kann? Werfen Sie einen Blick auf den Auszug aus Toni Morrisons *Sula*. Nell betritt ihr Schlafzimmer und entdeckt ihren Mann Jude mit ihrer besten Freundin nackt auf dem Boden.

Ich stehe einfach nur da. Sie tun es nicht. Ich stehe nur da und sehe es, aber sie tun es nicht wirklich. Aber dann blickten sie auf. Oder du hast aufgeblickt. Du, Jude. Und wenn du mich doch nur nicht so angesehen hättest, wie die Soldaten im Zug es getan haben, so wie du immer die Kinder ansiehst, wenn sie reinkommen, während du Gabriel Heatter zuhörst, und deine Gedankenströme unterbrechen – du siehst sie nicht wirklich fest an, sondern widmest ihnen nur einen kurzen Moment, eine kleine Zeiteinheit, um ihnen zu verdeutlichen, was sie tun, was sie da gerade unterbrechen, und sie dazu zu bewegen, wieder dahin zu gehen, wo sie hergekommen sind, damit du weiter Gabriel Heatter zuhören kannst. Und ich wusste nicht, wie ich meine Füße bewegen oder wohin ich meinen Blick richten sollte. Ich stand nur da ...

Auch im wahren Leben scheint die Zeit schrecklich langsam zu vergehen, wenn man sich in einer Krise befindet. Dieser Abschnitt (der sich noch eine Weile fortsetzt) dauert nur ein paar Sekunden in Echtzeit, aber das Tempo ist stark gedrosselt worden, um das Entsetzen der Protagonistin angemessen widerspiegeln zu können. Und wie Sie sehen, ist diese Methode viel besser geeignet, als dem Leser zu erklären, was die Figur in diesem Moment fühlt. *Sie war schockiert, wütend, gedemütigt und fühlte sich betrogen*, trifft den Leser einfach nicht direkt ins Herz. Doch indem Morrison uns jeden Gedanken dieses schrecklichen Moments verrät, spüren wir genau, wie entsetzt und verletzt die Protagonistin wirklich ist. Sicherlich wird nicht jeder Augenblick in dieser Geschichte mit solcher Tiefe und Intensität geschildert, doch dieser hat die Aufmerksamkeit bekommen, die er verdiente.

☞ *Sie sind dran:* Erinnern Sie sich an den schrecklichsten Augenblick Ihres Lebens. Wenn der Gedanke daran Sie noch zu sehr entsetzt, nehmen Sie den zweitschrecklichsten. Schreiben Sie als Ich-Erzähler einen Text darüber. Wahrscheinlich verstrich die Zeit in jenem Moment für Sie sehr langsam, und so sollten Sie diese Erfahrung jetzt zu Papier bringen. Notieren Sie alles, was Ihnen aufgefallen ist, welche Gedanken Ihnen durch den Kopf gegangen sind. Am Ende haben Sie möglicherweise mehrere Seiten Text über ein paar Sekunden Ihres Lebens. Sie dürfen gerne übertreiben, obwohl es vermutlich überhaupt nicht nötig ist.

Wie geht Raymond Carver in »Kathedrale« mit dem Tempo um?

Nach der ersten Exposition und einer Szene in der Küche, in der der Erzähler und seine Frau streiten, springt Carver mit folgenden Sätzen zur Ankunft des Blinden:

Und so fuhr meine Frau, als es so weit war, zum Bahnhof, um ihn abzuholen. Da ich nichts anderes zu tun hatte, als zu warten – wofür ich ihm die Schuld gab, klar –, machte ich mir einen Drink und sah fern, bis ich das Auto in die Einfahrt fahren hörte. Ich stand mit meinem Drink auf und ging ans Fenster, um einen Blick hinauszuwerfen.

Wir kommen plötzlich sehr rasch zu dem wichtigen Moment von Roberts Ankunft. Anschließend sehen wir eine Szene, in der der Erzähler Robert begrüßt und alle sich zu einem Drink niederlassen (für den Erzähler an diesem Tag eindeutig nicht der erste). Hier bekommen wir den ersten Teil der Unterhaltung mit, doch dann führt uns Carver geschickt durch die Cocktailstunde (die vermutlich aus mehr als nur einer Runde besteht), indem er sie in einem Satz zusammenfasst:

Dieser Blinde füllte seinen Aschenbecher, und meine Frau leerte ihn aus.

Selbst ein Kettenraucher braucht eine Weile, einen ganzen Aschenbecher zu füllen, deshalb können wir davon ausgehen, dass etliche Zeit vergangen ist. Dann:

Als wir uns zum Abendessen an den Tisch setzten, tranken wir einen weiteren Scotch.

Anschließend folgt eine verhältnismäßig lange Zusammenfassung des Abendessens und der Unterhaltung am Tisch. Der Wechsel zwischen Szenen und Zusammenfassungen ist übrigens ein gutes Mittel, um das Tempo zu steuern. Hier hat der Autor die Zusammenfassung der Szene vorgezogen, um uns rasch durch das Abendessen zu bringen. Zum Beispiel so:

Von Zeit zu Zeit wandte er sein blindes Gesicht mir zu, schob die Hand unter seinen Bart und fragte mich etwas. Wie lange ich schon meine derzeitige Stellung hätte. (Drei Jahre.) Ob mir meine Arbeit Spaß machte. (Nein, das nicht.) Ob ich vorhätte, dabei zu bleiben? (Was blieb mir anderes übrig?) Schließlich, als ich glaubte, er schlaffe langsam ab, stand ich auf und stellte den Fernsehapparat an.

Und mit diesem abschließenden Satz gehen wir zum nächsten Teil des Abends über – Fernsehen und Trinken. Auf nur sieben Seiten hat Carver uns durch mehrere Stunden geführt, ohne dass wir das Gefühl haben, uns sei etwas Wichtiges entgangen. (Außerdem fühlen wir uns wahrscheinlich ein wenig betrunken.) Als Nächstes sehen wir eine Szene, in der der Erzähler und Robert fernsehen. Nach einem kurzen Dialog springen wir wieder ein Stück vor:

Nachdem sie hinausgegangen war, hörten er und ich uns den Wetterbericht und dann die Sportergebnisse an. Inzwischen war meine Frau schon so lange fort, dass ich nicht wusste, ob sie noch mal runterkommen würde.

Wir ahnen, dass die beiden schon einige Zeit vor dem Fernseher sitzen und nun bei den Nachrichten angelangt sind. Das Verstreichen der Zeit wird durch das Fernsehprogramm markiert. Bald sind die Nachrichten vorbei, und die Ehefrau kommt zurück, schläft aber prompt auf der Couch ein. Der Erzähler und Robert bauen sich einen Joint (ohne auf die Drinks zu verzichten) und landen schließlich bei einer Sendung über Kirchen im Mittelalter. Langsam kommt es uns vor, als würde das ein langer betrunkener, bekiffter und klaustrophischer Abend werden, der sich wenig von den Abenden unterscheidet, die der Erzähler vermutlich meistens allein verlebt. Dann machen wir wieder einen Sprung in der Zeit:

Wir sagten eine Zeit lang nichts. Er saß vorgebeugt da, den Kopf mir zugewandt, das rechte Ohr in Richtung Fernsehapparat gedreht. Sehr irritierend.

Die Story nähert sich jetzt dem Höhepunkt – der Verwandlung des Erzählers –, und Carver drosselt das Tempo nun wirklich auf Zeitlupe. In der nächsten Szene erleben wir in jeder Sekunde, was die Figuren erleben – sogar das Fernsehprogramm.

Das Fernsehen zeigte diese eine Kathedrale. Dann folgte ein langer, langsamer Blick auf eine andere Kathedrale. Schließlich wechselte das Bild über auf die berühmte Kathedrale in Paris mit ihren Strebebögen und in die Wolken aufragenden Türmen.

Wir werden mit beinahe quälender Langsamkeit durch das Geschehen geführt und sehen und hören zu, wie der Erzähler zunächst vergeblich versucht, eine Kathedrale zu beschreiben, und sie dann schließlich zeichnet, während der Blinde die Hand über seine gelegt hat. In diesem dramatischen Moment der Geschichte erleben wir alles beinahe wie in »Echtzeit« mit. Auf vierzehn Seiten hat Carver uns geschickt durch einen scheinbar elend langen Abend geführt, an dem sich das Leben eines Mannes verändert, wobei jeder einzelne Satz notwendig und interessant ist. Carver weiß, wie man mit Tempo umgehen muss.

Die Wahl unter den Möglichkeiten, die Sie haben, wird zum großen Teil durch die Länge Ihres Werkes bestimmt. In einer Kurzgeschichte mit ihrer begrenzten Seitenzahl sollten Sie sehr genau überlegen, was Sie zeigen und was Sie überspringen. Bei einer Novelle oder einem Roman haben Sie mehr Platz, doch selbst hier müssen Sie das auslassen oder nur kurz behandeln, was für den Gesamtinhalt nicht wirklich wichtig ist. Planen Sie im Voraus, wie viel Platz und Zeit Sie jedem Teil Ihres Werkes geben wollen – und müssen.

Rückblenden

Der schreibende Magier kennt einen weiteren Zaubertrick, einen, der es ihm erlaubt, sich in der Zeit vorwärts und rückwärts zu bewegen.

Rückblenden sind ausgesprochen praktisch, wenn Sie etwas erzählen müssen, was sich vor den Ereignissen, von denen Ihr Werk handelt, abgespielt hat. Statt den Erzähler die Vergangenheit kurz zusammenfassen zu lassen, kann ein Ereignis mit mehr Detailtreue und Tiefe dargestellt werden, indem man zu ihm zurückkehrt.

»Was sie trugen« von Tim O'Brien erzählt von der Reise eines Leutnants im Vietnam-Krieg. Obwohl die Handlung nur in Vietnam spielt, wandert der Protagonist in Gedanken häufig zurück nach New Jersey, wo er mit einer jungen Frau eine Beziehung begonnen hat. Hier betrachtet er ein Bild dieser Frau:

Leutnant Cross dachte daran, wie er dieses linke Knie berührt hatte. Das Kino war dunkel gewesen, erinnerte er sich, und sie hatten Bonnie und Clyde *gesehen, und Martha trug einen roten Tweedrock, und in der letzten Szene, als er ihr Knie berührte, wandte sie sich ihm zu und sah ihn so traurig und nüchtern an, dass er seine Hand zurückzog, doch er würde niemals vergessen, wie sich der Tweedrock und ihr Knie darunter angefühlt hatten, würde nie das Gewehrfeuer vergessen, in dem Bonnie und Clyde getötet wurden, und nie die erdrückende Peinlichkeit dieses Augenblicks.*

Obwohl die Story von Cross' Vietnam-Erfahrungen handelt, vermitteln die periodischen Rückblenden dem Leser weit genauer, was ihn seelisch belastet.

Rückblenden sollten in den meisten Fällen nicht zu lang sein, obwohl sie durchaus Dialoge enthalten dürfen. Aber stützen Sie sich nicht zu sehr darauf. Wenn Sie feststellen, dass Sie für eine Rückblende Seite um Seite brauchen, sollten Sie sich fragen, ob Ihre Geschichte nicht zum falschen Zeitpunkt beginnt. Wenn Sie Rückblenden nicht deutlich kennzeichnen, kann das den Leser verwirren. Er muss, wie bei der Umgebung, stets wissen, wo er und die Figuren gerade sind. Dass es auch dabei Ausnahmen gibt, beweist Toni Morrison in ihrem Roman *Menschenkind*, der sich mühelos auf verschiedenen Zeitebenen bewegt.

8. KAPITEL

Die Stimme: Der Klang einer Geschichte

Hardy Griffin

Als ich anfing, Geschichten zu schreiben, konnte ich mir nicht vorstellen, was die »Stimme« sein sollte, deshalb beschäftigte ich mich lieber mit der Entwicklung von Charakteren und dem Handlungsaufbau. Ich ging davon aus, dass ich nur schreiben musste und jene Stimme nutzen würde, die dann sicher irgendwann, irgendwie auftauchen würde.

Stattdessen tauchte ein Freund von mir auf, der im Restaurant an der Ecke eine Lesereihe veranstaltete. Er bat mich, ein paar meiner Texte öffentlich vorzutragen. Und plötzlich war meine kleine Wohnung erfüllt von *meiner* nervösen, frustrierten, verwirrten Stimme, während ich den größten Teil der Woche damit verbrachte, von der Spüle zur Couch und wieder zurück zu wandern und eine schlichte dreiseitige Geschichte zu verbessern und mir immer wieder laut vorzulesen. Die Geschichte handelte von einem jungen Mann (teils ich, teils erfunden), der Thanksgiving bei seinen Großeltern verbringt. Nichts klang so, wie es sollte, und nichts schien zu stimmen, weder der Südstaatenakzent noch der Lemon Merengue Pie noch die Glühwürmchen in der dunkelblauen Dämmerung.

Als ich den Keller des Restaurants betrat, in dem die Lesung stattfand, bekam ich sofort einen Gin-Tonic (wegen meines Südstaatenakzents, versteht sich). Es war brechendvoll, und mir war schlecht vor Nervosität. Aber als ich an der Reihe war, vor den vielen Menschen stand und zu lesen begann, geschah etwas. Das Ding in meinen Händen fühlte sich plötzlich weniger wie meine Geschichte, sondern wie die meines Erzählers an. Es war, als ob sich die Wörter auf dem Papier neu zusammengefügt und eine andere Person erschaffen hatten – eine, die an meiner Stelle sprach und die das Publikum in den Bann ziehen konnte.

Drei Dinge wurden mir an jenem Abend mit einem Mal klar: Erstens, dass es die Stimme ist, die einen Text zu etwas Besonderem macht, zu einem Text, der sich von anderen unterscheidet und der *erlebt* werden kann. Zweitens, dass die Stimme nicht so flüchtig und kurzlebig ist, wie Kritiker und Akademiker uns glauben machen wollen. Und drittens – und das ist die Hauptsache –, wie wichtig es ist, dass die Erzählstimme natürlich und authentisch klingt. Der Erzähler sollte entspannt sein und sich mit seiner Geschichte identifizieren, sodass der Leser das auch tun kann. Das jedenfalls war es, was diese Lesung zu einem Erfolg machte: *Mir stand der Schweiß auf der Stirn, während die »Stimme« meines Erzählers vollkommen in der Geschichte aufging.*

Was *ist* diese mysteriöse Stimme?

Eines meiner bevorzugten Oxymora ist die oft verwendete Redefigur »die Stimme des Schriftstellers«. Wie viel Geräusch kann sie mit ein paar schwarzen Symbolen und Zeichen auf Papier machen? Das einzige Geräusch, das ich höre, wenn ich schreibe, ist das Klackern der Tastatur und diverse Stöhnlaute, die ich zwischendurch selbst von mir gebe. Das jedoch ist sicher nicht die »Stimme«, die Kritiker, Akademiker und Leser meinen.

Einfach gesagt: Die Stimme des Schriftstellers ist das, was die Leser in ihren Köpfen »hören«, wenn sie lesen. Die Stimme ist der »Klang« der Geschichte.

In jedem guten Werk der Literatur erhebt sich *eine* Stimme über das allgemeine Getöse, verbindet den Text und führt den Leser durch das Dickicht der anderen individuellen Stimmen, mit denen sich die einzelnen Figuren ausdrücken. Diese *eine* Stimme ist deshalb so wichtig, weil sie es ist, die dem Leser nach Ende der Geschichte in der Erinnerung bleibt. Die Stimme der Geschichte ist die des Erzählers.

Als Autor sollten Sie sich bei jedem neuen Werk auf die individuelle Stimme des Erzählers konzentrieren. Eines Tages wird ein Kritiker vielleicht sehen, wo die Gemeinsamkeiten in Ihren verschiedenen Werken liegen und einen schmeichelhaften Artikel über Ihren »Stil« oder Ihre »Stimme« schreiben. Bis dahin aber ist es Ihre Aufgabe, jedem Erzähler und seiner Stimme in jeder Geschichte besondere Aufmerksamkeit zu widmen.

Stimmen-Typen

Erstaunlich, aber wahr: Die Stimme, die Sie wählen, kann eine unendliche Vielfalt von »Klängen« haben. Wie also die richtige für Ihren Erzähler herausfinden?
Vor allem muss die Stimme des Ich-Erzählers zur Persönlichkeit der jeweiligen Figur passen. Haben Sie einen Erzähler in der zweiten oder dritten Person, dann ist er ein Geschichtenerzähler, der wie Sie klingen kann (aber nicht muss). Der Klang des Erzählers in der zweiten oder dritten Person wird auch davon beeinflusst, mit welcher emotionalen Distanz der Erzähler die Geschichte vorträgt. Ein Ich-Erzähler dagegen gibt die Geschichte unmittelbar wieder, weil er selbst eine Figur in der Geschichte ist.
Bei einem Erzähler der zweiten oder dritten Person ist das aber nicht unbedingt der Fall. Ein solcher Erzähler *kann* den Figuren so nahe sein wie ein Ich-Erzähler, er kann aber die Geschichte auch mit Abstand betrachten, von außen sozusagen.
Um Ihnen eine Vorstellung von den verschiedenen Möglichkeiten zu geben, hier einige unterschiedliche Stimmen-Typen. Die Einteilung in Kategorien kann Ihnen bei der Wahl der Stimme in Ihrer Geschichte helfen, und Sie können rechtzeitig erkennen, wenn sie sich verändert und die Geschichte von ihrer ursprünglich geplanten Route abweicht.

Die saloppe Stimme

Jeder kennt eine Person, für die man sich nicht extra schick machen muss – einen guten Freund oder ein Familienmitglied. So zwanglos, wie man sich mit dieser Person unterhalten kann, tut das auch der Erzähler dieses Typus.

Mark Twains *Die Abenteuer des Huckleberry Finn* ist ein gutes Beispiel dafür:

Ihr wisst nichts von mir, falls ihr nicht ein Buch mit dem Titel Tom Sawyer *gelesen habt, aber das tut nix zur Sache. Das Buch ist von Mr. Mark Twain geschrieben worden, und der hat eigentlich schon so weit die Wahrheit gesagt. Es gibt ein paar Dinge, die er 'n bisschen ausgewalzt hat, aber, macht ja nix, im Großen und Ganzen hat er es so geschrieben, wie es war. Ich kenn' auch niemanden, der nich' ab und zu mal ein bisschen gelogen hat, außer vielleicht Tante Polly oder die Witwe oder vielleicht noch Mary.*

Twain hat hier einen Hillbilly-Jungen namens Huckleberry Finn zu Wort kommen lassen, und seine Stimme klingt sehr authentisch. Bevor dieses Buch 1885 veröffentlicht wurde, hatte die Literatur zum größten Teil eine gehobene Stimme, aber Twain setzte sich darüber hinweg und ließ Huck wirklich in seiner eigen Art sprechen. Das Ergebnis war so unprätentiös, originell und in der damaligen belletristischen Literatur eine absolute Novität. Das Werk zählt auch heute noch zur Weltliteratur.

J. D. Salingers *Der Fänger im Roggen* gehört ebenfalls in die Kategorie der saloppen Stimme:

Wenn Sie das wirklich hören wollen, dann möchten Sie wahrscheinlich als Erstes wissen, wo ich geboren bin, wie meine lausige Kindheit gewesen ist und was meine Eltern so gemacht haben, bevor sie mich gekriegt haben, und all dieses David-Copperfield-Zeug, aber eigentlich habe ich überhaupt keine Lust, das zu erzählen, wenn Sie's wirklich wissen wollen.

Schon aus den ersten Zeilen kann man schließen, dass wir es hier mit der Stimme eines sympathischen, manchmal etwas sarkastischen Teenagers zu tun haben. Erst am Ende des Romans finden wir heraus, dass Holden Caulfield seine Geschichte einem Psychiater erzählt hat, aber im Rückblick erkennt man, dass der komplette Text in einer Stimme erzählt ist.

Ein weiteres Beispiel ist Dorothy Parkers »Der Walzer«. Hier lässt sich eine Frau von einem Mann zum Tanzen auffordern, obwohl sie nicht will. Anschließend denkt sie darüber nach, wie sie ihm einen Korb hätte geben können:

Mit Ihnen tanze ich bestimmt nicht, eher treffen wir uns in der Hölle. Ach, ich würde ja schrecklich gerne, aber leider, leider habe ich Wehen. Oh, ja, tanzen wir doch zusammen – es ist herrlich, mal einen Mann kennen zu lernen, der keine Angst davor hat, sich mit Beriberi anzustecken. Nein, ich habe gerade nichts zu tun, aber sagen wir, ich hätte es furchtbar gerne. Nun ja, bringen wir's hinter uns. Also gut, Kanone, begeben wir uns aufs Schlachtfeld. Sie haben beim Münzwerfen gewonnen, Sie dürfen führen!

Der größte Teil der Geschichte besteht aus den zynischen Gedanken der Frau, die mit ihrem Tanzpartner ringt, ihn im Stillen in der Luft zerreißt, aber nach außen hin liebenswürdige Konversation macht.

☞ *Sie sind dran:* Überarbeiten Sie den Auszug aus Dorothy Parkers »Der Walzer«, indem Sie die Position eines objektiven Betrachters einnehmen – Sie dürfen also diesmal nichts über die Gedanken der Frau verraten. Zeigen Sie, was geschieht, – so wie ein Reporter ein bestimmtes Ereignis kommentieren würde. Schreiben Sie so trocken und distanziert wie möglich und versuchen Sie, die Gedanken der Frau allein durch ihr Verhalten – vielleicht auch durch Dialog – wiederzugeben. Dann vergleichen Sie Ihre Version mit der von Parker: Dasselbe Ereignis, zwei ganz verschiedene Stimmen!

Die saloppe Stimme ist fast immer die eines Ich-Erzählers und gebraucht oft die Umgangssprache oder sogar Slang. Die saloppe Stimme würde eher »*Also, die Frau, die verfolgt mich jetzt schon seit mindestens zwei Wochen*« sagen als »*Vor zwei Wochen begann eine Frau, mich zu verfolgen, und heute sah ich sie wieder*«.

Diese Stimme erlaubt Ihrem Ich-Erzähler, ohne Hemmungen so zu reden, wie er es gewohnt ist ... und dadurch viel über seine Persönlichkeit zu verraten. Trotzdem sollten Sie aufpassen bei dem, was Ihr Erzähler verraten darf. Es sollte nicht so enden, dass er intime Details ausplaudert, ohne dass sie für die Geschichte wichtig sind.

Die informelle Stimme

Schick machen müssen Sie sich auch für diese nicht, aber stecken Sie bitte wenigstens das Hemd in die Hose. Die informelle oder zwanglose Stimme trifft man häufig. Sie tritt in vielen Variationen auf und ist nicht ganz so locker-lässig wie die saloppe, aber auch nicht so wohlerzogen wie die formelle Stimme.

Nehmen wir Raymond Carvers »Kathedrale«:

Ich erinnere mich, irgendwo gelesen zu haben, dass Blinde nicht rauchten, weil sie, so lautete die Annahme, den Rauch nicht sehen konnten, den sie ausatmeten. Ich glaubte, ich wüsste immerhin das, wenn auch nur das, über blinde Menschen. Aber dieser Blinde rauchte seine Zigarette auf bis auf eine kurze Kippe, und dann steckte er sich eine neue an.

Dieser Ich-Erzähler ergeht sich weder in Plauderei noch in besonders umgangssprachlichen Ausdrücken, ist aber ein Durchschnittstyp, der gelegentlich trinkt und kifft.

Ein anderes Beispiel, aus John Cheevers »Goodbye, my Brother«:

Ich denke nicht viel an die Familie, aber wenn ich mir ihre Mitglieder in Erinnerung zurückrufe, die Küste, an der sie lebten, und das Meersalz, das sich, wie ich glaube, in unserem Blut befindet, bin ich froh zu wissen, dass ich ein Pommeroy bin – dass ich die Nase, Haar- und Augenfarbe und das Versprechen auf ein hohes Lebensalter besitze. Und obwohl wir nicht als bedeutende Familie gelten, geben wir uns, wenn wir zusammen sind, doch gerne der Illusion hin, dass wir Pommeroys einzigartig sind.

Der Lehrer, der dies erzählt, strebt ein Gleichgewicht zwischen der »blaublütigen« Herkunft seiner Familie – und der aufgezwungenen

Verschwiegenheit, die sich daraus ergibt – und der eigenen Offenheit bei der Enthüllung von Familienproblemen an.

Bei der informellen Stimme verwendet der Erzähler die Alltagssprache, ohne sie jedoch durch seine Persönlichkeit zu färben, so wie es die saloppe Stimme tut. Aber wie Sie an den beiden Literaturbeispielen sehen, ist Alltags- oder Umgangssprache für keine zwei Erzähler dasselbe.

Zwanglos kann auch ein Erzähler in der dritten Person reden, wie in diesem Ausschnitt aus Amy Blooms »Das Hohelied«:

Die kleine Sarah hatte etwas früher als üblich aufgehört zu trinken, und Kate war darüber so froh, dass sie ihre Bäuerchen mit einem Lied begleitete. Alles lief glatt; die kleine Sarah war so berauscht vom Stillen, dass sie vollkommen zufrieden in ihrer Wiege lag und leise Geräusche von sich gab. Kate zog sich so sorgfältig und konzentriert wie eine Chirurgin an. Wieder blickte sie auf die Uhr. Sie hatte fünfundzwanzig Minuten, um zur Synagoge zu kommen.

Obwohl der Erzähler keine Figur ist, klingt die Stimme wie die einer realen Person, wie von jemandem, den wir kennen und der uns eine Geschichte in seinem Wohnzimmer erzählt. Amys Blooms Erzähler steht der Protagonistin nahe genug, um uns ihre leichte Nervosität durch Gedanken und Gesten zu vermitteln, hält aber genügend Abstand, um auch einen Blick auf das Baby zu werfen. Einem Ich-Erzähler wäre das Gleichgewicht zwischen Kates Gefühlen und denen des Babys nicht so gelungen.

Nehmen wir uns einmal ein Beispiel aus dem 4. Kapitel vor. Es ist aus »Earth to Molly« von Elizabeth Tallent. Hier haben wir einen Erzähler in der dritten Person, der seiner Figur, aus deren Blickwinkel die Ereignisse betrachtet werden, sehr nahe kommt. Seine Stimme ist informell:

Im Hotel, kaum mehr als eine schäbige Übernachtungsmöglichkeit mit Frühstück, kniff die Besitzerin missbilligend die Lippen zusammen, weil sie sich aus ihrem Sessel hieven musste. Sie ließ Molly in ihr Zimmer eintreten und ging. Sie brauchte lange, um sich über den

Flur zu entfernen. Ihr quälend langsamer Rückzug, der immer wieder durch Pausen unterbrochen wurde, hatte jedoch nichts mit Lauschen, sondern mit Arthritis zu tun. Es tat Molly leid, dass die Frau ihr steifes Bein wegen ihr die Treppe hatte hinaufschaffen müssen, aber andererseits musste sie ja ständig Gästen die Zimmer zeigen. Oh, wie konnte jemand hier ernsthaft übernachten wollen? Ein kratziger, grauer Teppich spannte sich straff von Wand zu Wand. Es war die Farbe der Erstarrung und mindestens genauso abscheulich.

Die Stimme des Erzählers klingt, wie Mollys Stimme klingen würde, wenn sie die Geschichte in der ersten Person erzählen würde. Wenn Sie einem Erzähler in der dritten Person eine informelle Stimme geben wollen, dann sollten Sie ihn nahe an die Figur heranführen, aus deren Perspektive erzählt wird.

Der Vorteil der informellen Stimme ist, dass sie den Mittelweg beschreitet. Wenn Sie mit der ersten Person arbeiten, aber nicht wollen, dass der Erzähler die Geschichte dominiert, ist dies eine gute Wahl. Es ist auch dann eine gute Wahl, wenn Sie mit zweiter oder dritter Person arbeiten, aber nicht so sehr wie ein »Schriftsteller« klingen wollen. Tatsächlich ist die informelle Stimme selten ein Fehlgriff, und das ist wohl auch der Grund dafür, dass sie so häufig in der zeitgenössischen Literatur verwendet wird.

Formelle Stimme

Bei dem Wort formell muss ich immer an eine steife Tanzschulveranstaltung mit Mädchen in himmelblauen Kleidern und pickelgesichtigen Jungen in Anzügen denken, die sich in zwei Reihen gegenüberstehen. Aber in der Praxis muss die formelle Stimme ganz und gar nicht steif und bieder sein.

Früher verwendeten Schriftsteller meist die formelle Stimme wie in diesem Beispiel aus Tolstois *Herr und Knecht*:

Plötzlich drang ein seltsamer, erschreckender Schrei an seine Ohren, und alles unter ihm schien zu schwanken und zu zittern. Er klammerte sich an die Mähne seines Pferdes, stellte jedoch fest, dass selbst die zu beben schien, während der Schrei immer durchdringender gellte.

Hier hat die Stimme einen gewissen Abstand zu den Figuren – sie klingt unbeteiligt. In diesem Abschnitt bleibt der Erzähler in seiner Beobachtungsposition, obwohl der Mann, um den es hier geht, dem Erfrierungstod nahe ist und in Panik gerät. Sie verstehen, was ich meine, wenn Sie ihn mit dem Zitat aus *Huckleberry Finn* oder *Der Fänger im Rogge*n vergleichen.

Diese Art von vornehmem Stil funktioniert auch in zeitgenössischer Literatur. Wenn Sie beispielsweise an einem Roman arbeiten, der die Geschichte mehrerer Generationen behandelt und eine große Anzahl von Charakteren hat, ist die formelle Stimme besonders geeignet, weil sie die Atmosphäre des Werkes als großes Epos unterstützt.

Lesen Sie die Eröffnung von Gabriel García Marquez' *Hundert Jahre Einsamkeit*:

Viele Jahre später, als er dem Erschießungskommando gegenüberstand, musste Colonel Aureliano Buendía an jenen vergangenen Nachmittag denken, an dem sein Vater ihn mitnahm, um ihm Eis zu zeigen. Zu der Zeit war Macondo ein Dorf von zwanzig Lehmhäuschen. Die Häuser standen am Ufer eines klaren Flusses, der durch sein Bett aus polierten Steinen strömte, die so riesig und weiß wie prähistorische Eier waren. Die Welt war noch so neu, dass vielen Dingen Namen fehlten, und wenn man auf etwas hinweisen wollte, musste man darauf zeigen.

Während der Roman ein Jahrhundert Familiengeschichte zeigt und sich dabei in der Zeit vorwärts und rückwärts bewegt, verzichtet Marquez darauf, den Leser an einzelne Figuren zu binden (was dem Roman zugute kommt, da er mehr als zwanzig Hauptfiguren einsetzt). Stattdessen sind es die seltsamen, detaillierten und wunderschönen Beschreibungen von Macondo, die den Leser festhalten und die eine Konstante in diesem Epos bilden. Und die formelle

Stimme verleiht dem Roman die Tiefe und die Bedeutung einer historischen Chronik.

Die formelle Stimme wird wahrscheinlich am häufigsten für Erzähler in der dritten Person verwendet, aber sie ist nicht darauf beschränkt. Sie kann auch mit einem Ich-Erzähler funktionieren, solange dieser Erzähler selbst eine formelle Person ist.

Humbert Humbert aus Nabokovs *Lolita* ist der Sohn eines Geschäftsmannes, der ein Luxushotel an der französischen Riviera betreibt. Wir erfahren schon sehr früh, dass Humbert auf einer renommierten englischen Schule war und danach Literatur studierte. Es passt daher, dass er mit einer formellen Stimme spricht, die an Anmaßung grenzt:

Und weniger als fünfzehn Zentimeter von mir und meinem brennenden Leben entfernt befand sich nebelhaft Lolita! Nach einer langen, reglosen Nachtwache bewegten sich meine Tentakel auf sie zu, und dieses Mal weckte das Knarren der Matratze sie nicht. Es gelang mir, meine heißhungrige Körpermasse so nah an sie heranzubringen, dass ich die Aura ihrer nackten Schulter wie einen warmen Hauch auf meiner Wange spürte.

Nur sehr wenige Menschen würden wohl so reden und klingen, doch Humbert Humbert ist definitiv einer von ihnen.

Ein weiteres Beispiel ist die Stimme Nick Carraways aus Fitzgeralds *Der große Gatsby*. Auch Nick ist als Figur gebildet genug, um mit der formellen Stimme glaubhaft zu erscheinen. Hier beschreibt er seinen ersten Eindruck von Jay Gatsby:

Die Silhouette einer Katze huschte durch das Mondlicht, und als ich mich umwandte, um sie zu beobachten, sah ich, dass ich nicht allein war – fünfzig Fuß entfernt war eine Gestalt aus dem Schatten des nachbarlichen Anwesens getreten und stand nun, die Hände in den Taschen, da und betrachtete den silber gesprenkelten Himmel. Etwas an den lässigen Bewegungen und der Selbstsicherheit, mit der er auf dem Rasen stand, verriet mir, dass es sich um Mr. Gatsby selbst handelte, der hinausgekommen war, um nachzusehen, welches Stück von unserem Himmel ihm gehörte.

Nicks Beobachtungen sind so distanziert, dass seine Stimme eher nach der des Autors als nach der einer Figur aus dem Roman klingt, und dieser Ausschnitt könnte problemlos in die dritte Person übersetzt werden. Aber dann würden wir natürlich nicht mehr das Gefühl haben, der Erzähler sei Augenzeuge des Geschehens.

Wählen Sie die formelle Stimme, wenn Sie für Ihr Werk einen gehobenen Stil ausgewählt haben. Und wenn Sie diese Stimme einem Ich-Erzähler verleihen, dann sorgen Sie dafür, dass es jemand ist, der lieber mit einem Montblanc-Füller schreibt als mit einem abgekauten Bleistift.

☞ *Sie sind dran:* An einer Kreuzung stoßen zwei Autos zusammen. Beschreiben Sie diesen Vorfall zuerst aus der Sicht eines Teenagers, dann aus der Sicht einer Person aus der besseren Gesellschaft, anschließend aus der eines Cowboy-Verschnittes. Sie entscheiden selbst, inwiefern die Figuren in den Unfall verwickelt sind. In allen drei Fällen sollten Sie jedoch einen Ich-Erzähler wählen und ihm den Stimm-Typus geben, der ihm angemessen ist. Auf den ersten Blick scheint die saloppe Stimme gut zu dem Jugendlichen zu passen, aber er könnte beispielsweise aus einer Akademiker-Familie kommen und entsprechend formulieren. Wenn Sie mit der Übung fertig sind, sollte jede weitere Version anders als die anderen klingen, schließlich haben wir es hier mit drei sehr unterschiedlichen Figuren zu tun.

Die offizielle Stimme

Wenn Sie Meister der offiziellen, formvollendeten Stimme werden wollen, bleibt Ihnen nur der Smoking. Man sollte nicht meinen, dass diese feierliche Stimme oft in der Literatur zu finden sei, aber tatsächlich haben viele Schriftsteller sie mit überraschendem Ergebnis genutzt. Nehmen Sie diesen Ausschnitt aus Charles Dickens' *Oliver Twist*:

Oliver Twist war an seinem neunten Geburtstag ein blasses, schmächtiges, im Wachstum zurückgebliebenes Kind. Aber Natur oder Vererbung hatte in seine Brust einen gesunden, kräftigen Geist gepflanzt, der auch dank der spärlichen Diät der Anstalt hinreichend Raum hatte, sich auszudehnen. Vielleicht ist es nur diesem Umstand zuzuschreiben, dass er sich überhaupt eines neunten Geburtstags erfreuen durfte.

Dieser Erzähler ist extrem distanziert. Oliver ist halb verhungert und in einem jämmerlichen Zustand, aber der Erzähler hat so viel Abstand, dass er sich über das Elend des Jungen ironisch äußern kann. Aber vielleicht kann der Leser erst dadurch die quälende, triste Geschichte, die sich über mehr als vierhundert Seiten hinzieht, überhaupt ertragen.

Getrude Steins *Melanctha*, die Geschichte einer schwarzen Frau in Bridgeport, Connecticut zur Jahrhundertwende, nutzt eine andere Form der feierlichen Stimme.

Melanctha Herbert verlor in dem Bestreben, alles zu bekommen, was sie sah, stets alles, was sie hatte. Melanctha wurde stets verlassen, wenn sie nicht gerade andere verließ.
Melanctha Herbert liebte stets zu innig und viel zu häufig. Sie war stets voller Mysterien und subtiler Bewegungen und Verweigerungen und vagem Misstrauen und komplizierten Enttäuschungen. War sie eben noch unvermittelt und impulsiv und grenzenlos in ihrem Vertrauen, so war sie im nächsten Moment leidend und zutiefst zurückhaltend.
Melanctha Herbert suchte stets Ruhe und Stille, fand aber immer nur neue Mittel, sich in Schwierigkeiten zu bringen.

Stein erzeugt durch sich wiederholende Satzstrukturen und seltsame Aneinanderreihungen einen beinahe biblischen Rhythmus. Durch die feierliche Stimme wird Melanctha Herberts Leben beinahe auf das Niveau einer Heiligen gehoben, so dass ihre Alltagsprobleme dem Leser plötzlich gar nicht mehr so banal und unbedeutend vorkommen.

So wie sich die saloppe Stimme selten in der dritten Person findet, so tritt die offizielle Stimme fast nie bei einem Ich-Erzähler auf. Der Vorteil dieser Stimme ist, dass sie das Tempo verringert und der Geschichte eine tiefere Bedeutung verleiht. Der Nachteil: Sie kann sehr gestelzt und unnatürlich wirken und die Energie der Geschichte unterdrücken.

Andere Stimmen

Die Stimmen-Typen, über die wir gesprochen haben, sind lediglich inoffizielle Bezeichnungen; sie sollen Ihnen helfen, auf dem richtigen Weg zu bleiben. Ihre Stimme kann im Grunde genommen jeden beliebigen »Klang« annehmen, solange Sie einen guten Grund dafür haben. In der Literatur gibt es viele ungewöhnliche Stimmen, die sich in keine meiner Kategorien einsortieren lassen. Nehmen Sie zum Beispiel Helen Fieldings *Schokolade zum Frühstück – Das Tagebuch der Bridget Jones*:

Dienstag, 3. Januar
130 Pfund (erschreckendes Abgleiten in Fettleibigkeit – warum? Warum?), Alkoholeinheiten 6 (sehr gut), Zigaretten 23 (s.g.), Kalorien 2472.
9.00 Uhr. Urgh. Keinerlei Antrieb, zur Arbeit zu gehen. Das Einzige, was es erträglich macht, ist der Gedanke, dass ich Daniel sehe, aber selbst das ist nicht erstrebenswert, weil ich fett bin, einen Pickel am Kinn habe und nur auf der Couch sitzen, Schokolade essen und Weihnachtsspecials sehen will.

Diese ungewöhnliche Stimme ist die einer modernen, pfiffigen, leicht neurotischen Frau von etwas über dreißig. Der ganze Roman ist als Tagebuch konzipiert, und die Sprache ist ausgesprochen salopp und sehr individuell.

Eine Stimme kann auch sehr lyrisch klingen. Hören Sie dem Erzähler von Jack Kerouacs *Unterwegs* zu:

Die einzigen Menschen für mich sind die Verrückten, die, die verrückt sind nach Leben, verrückt zu reden, verrückt danach, gerettet zu werden, die alles gleichzeitig begehren, die, die niemals gähnen oder abgedroschene Phrasen sagen, sondern brennen, brennen, brennen wie fabelhafte gelbe Wunderkerzen und spinnenartig am Himmel explodieren, und in der Mitte zerplatzt ein blaues Licht, und alle machen »Aaaah!«

Hier ist der Erzähler ein meist berauschter Beatnik auf der Suche nach dem Sinn des Lebens und sich selbst. Man kann diesen Typen beinahe trunken durch die Straßen taumeln sehen.

Besonders lyrisch klingt eine Stimme auch dann, wenn wir es mit einem Bewusstseinsstrom zu tun haben, in dem der Autor die Gedanken so zufällig und sprunghaft aneinanderreiht, wie sie einem Menschen tatsächlich durch den Kopf gehen. Das letzte Kapitel aus James Joyces *Ulysses* besteht aus Molly Blooms Gedanken auf fünfundvierzig Seiten. Hier nur das Ende:

… er küsste mich unter der maurischen Mauer und ich dachte na ja er ist genauso gut wie jeder andere und dann bat ich ihn mit einem Blick er soll noch mal fragen ja und dann fragte er mich ob ich ja sagen würde sag ja meine Bergblume und zuerst legte ich meine Arme um ihn ja und zog ihn zu mir herunter sodass er meine Brüste spüren konnte die so dufteten ja und sein Herz spielte verrückt und ja ich sagte ich will Ja.

Nein, diese Stimmen lassen sich in keine bestimmte Kategorie einordnen, denn in den Tiefen der Psyche lauert kein Lektor.

Noch ein Beispiel für eine Stimme, die sich in keine Kategorie einordnen lässt? Gut, gehen wir noch einen Schritt weiter. Werfen Sie einen Blick auf Anthony Burgess' *Uhrwerk Orange*:

Der Tschelluffjeck neben mir, denn wir saßen auf so einer langen Plüschbank, die um drei Wände herumlief, war weit weggetreten, mit glasigen Klassis, und schwallte allerlei Slowos wie, »Aschentotels werkgerecht vermehrten Wischwasch ausgangs Veilchen fortikulierte ganz reizend.«

Ganz ruhig, entspannen Sie sich. Dieser Roman spielt in der Zukunft, und der Autor hat eine ganz neue Sprache erfunden, die der Zeit und der Persönlichkeit des Erzählers entspricht.

☞ *Sie sind dran:* Nehmen Sie sich einen Ihrer Texte vor, vielleicht aus den vorangegangenen Übungen. Schreiben Sie einen Teil davon neu, indem Sie eine andere Stimme verwenden. Die Veränderung kann einfach sein – ein Wechsel von formeller zu salopper Stimme beispielsweise. Oder experimentieren Sie, indem Sie die Stimme eines Detektivs aus einem alten Film Noir entleihen oder einem Märchenerzähler ablauschen. Um die Stimme an die Ereignisse Ihrer Geschichte anzupassen, müssen Sie vielleicht die Perspektive wechseln. Wählen Sie eine Stimme, die Ihren Text in einem neuen, interessanten Licht zeigt.

Stil

Stimme und Stil werden oft für dasselbe gehalten, aber für den Schriftsteller sind sie zwei unterschiedliche Dinge. Der Stil entsteht durch handwerkliche Methoden, die der Autor anwendet. Die Stimme ist das Resultat dieser Techniken. Wenn die Stimme das Samtkleid ist, dann ist der Stil der Stoff, das Garn, die Knöpfe und alles andere, woraus das Kleid gemacht wurde.

Die Stimme einer Erzählung wird mit Hilfe der elementaren Werkzeuge des Schreibhandwerks lebendig – durch die Wörter und die Art, wie Sie sie zusammenfügen, und durch die Mischung und das Zusammenspiel der Sätze, aus denen Ihre Absätze bestehen.

Wörter

Um zu sehen, wie stark die Wortwahl, auch Diktion genannt, die Stimme prägt, untersuchen wir zwei Beispiele, die sich beide mit dem Thema Schlaf beschäftigen und beide einen Ich-Erzähler haben. Der erste Auszug stammt aus Haruki Murakamis »Sleep«:

Ich wollte nichts weiter als mich hinwerfen und schlafen. Aber ich konnte nicht. Die Schlaflosigkeit war immer bei mir. Ich konnte ihren kalten Schatten spüren. Es war mein eigener Schatten. Komisch, dachte ich stets, wenn die Benommenheit mich einhüllte, ich bin in meinem eigenen Schatten. Ich ging, aß und redete innerhalb meiner Benommenheit ...

Murakami hat hier die informelle Stimme für einen Mann gewählt, der sich an seine Zeit an der Universität erinnert. Die Wörter, die er benutzt, sind alltäglich und unkompliziert, und *Schlaflosigkeit* und *Benommenheit* fallen nur auf, weil sie mehr Silben haben als die restlichen. Hätte er stattdessen *Insomnie* und *Phlegma* gewählt, hätte die Stimme sofort einen anderen, formelleren Klang bekommen.

Lesen Sie den Abschnitt noch einmal und achten Sie auf die kurzen, aussagekräftigen Wörter (im Englischen ist es, zugegeben, deutlicher: Dort haben alle Wörter nur ein oder zwei Silben). Sie passen zu einer Person, die wenig oder gar nicht geschlafen hat. Man kann sich die kurzen, fahrigen, unruhigen Bewegungen gut vorstellen. Das Wort *komisch* wirkt darin beinahe salopp, und dieser leichte Bruch in dem Gedankengang unterstreicht die Qualität des Textes.

Vergleichen Sie diesen Auszug nun mit dem folgenden aus John Updikes »Falling Asleep up North«:

Einzuschlafen ist mir nie als ein besonders natürlicher Vorgang erschienen. Es liegt eine surreale Komplexität in diesem Durchschreiten der Zwischenwelt, wenn das Bewusstsein seinen Griff lockert, aber nicht wirklich loslässt, und seltsame mutierte Gedanken als normale Kogitation durchgehen, es sei denn ins helle Licht gezerrt durch eine knarrende Tür, das Zucken des Partners im Bett oder der voreiligen jubilierenden Erkenntnis, Ich schlafe ein! Die kleinen tastenden Larven des Unsinns, die den ungezügelten Schmetterlingen der Träume vorangehen, werden einem vernichtenden Licht ausgesetzt, das sie nicht überleben können, und wir müssen von Neuem beginnen, den Geist entspannen und ihn entwirren.

Updike verwendet in diesem Auszug weit komplexere und komplizertere Wörter, die Stimme ist formell. Dieser Erzähler ist ein ganz anderer Mensch als der aus dem ersten Beispiel. Die meisten Wörter, die dieser Erzähler verwendet, würden in Murakamis Text fehl am Platz wirken, hier aber passen sie, ohne den Fluss der Erzählung zu stören.

Die Wörter zeigen auch, wie unterschiedlich die Schlaflosigkeit der beiden Protagonisten ist. Der von Murakami torkelt aus Übermüdung zombie-ähnlich durch die Gegend, während sich Updikes auf das Einschlafen konzentriert und die Fremdwörter und Substantive seine neurotische Persönlichkeit erkennen lassen.

Die »richtigen« Worte zu finden, ist nicht so schwer, wenn Sie sich mit Ihrem Erzähler und seinem Wortschatz bekannt machen und Ihre Wortwahl zu dem Stimmtypus, den Sie gewählt haben, passt. Aber denken Sie während des Schreibens nicht zu intensiv darüber nach. Nachher ist immer noch Zeit genug, Ihr Werk durchzusehen und unpassende Wörter zu streichen oder zu ersetzen.

Sätze

Wörter allein machen noch keine Stimme; was das Geschriebene flüssig und fließend werden lässt, ist die Art, wie diese Wörter zu Sätzen zusammengefügt werden. Wie Sie Ihre Wörter in einem Satz anordnen, bestimmt den Stil.

Ein Satz ist nur ein neuer Gedanke, wobei »Satz« alles vom einzelnen Satzfragment bis zum verschlungenen absatzlangen Gebilde sein kann. In einem Satz kann alles geschehen. Dazu stehen Ihnen zwei Elemente zur Verfügung: die Satzlänge und die Struktur des Satzes, auch Syntax genannt.

Von Hemingway und Fitzgerald sagt man, sie seien die Stimmen der »Lost Generation« von Amerika nach dem Ersten Weltkrieg gewesen. Sowohl Hemingways *In unserer Zeit* als auch Fitzgeralds »May Day« beschäftigen sich mit dem Kriegsende und den Auswirkungen, die es auf den Einzelnen und die Gesellschaft hatte.

Hier die Eröffnung aus Fitzgeralds »May Day«:

Ein Krieg war ausgefochten und gewonnen worden, und die großartige Stadt des siegreichen Volkes war geschmückt mit Triumphbögen und voller weißer, roter und rosafarbener Blumen. Die ganzen langen Frühlingstage über marschierten die zurückgekehrten Soldaten über den Boulevard hinter dem Wummern der Trommeln und dem fröhlichen, klangvollen Wind der Blechbläser, während Händler und Angestellte ihr Geplänkel und ihre Rechnerei im Stich ließen, sich an den Fenstern drängten und ihre weißen, ernsten Gesichter den vorüberziehenden Bataillonen zuwandten.

Diese langen, grandiosen Sätze geben dem Text eine beinahe mythische Qualität. Fitzgeralds Erzähler beginnt am Abend des Ersten Mai, direkt nach Kriegsende, während die Siegesfeier noch in vollem Gang ist. Der Erzähler springt zwischen Feier und Jubel und dem Elend und Leiden einer Vielzahl von Hauptfiguren hin und her und widmet sich einem halben Dutzend Schicksalen, stellvertretend für jene unzähligen Geschichten, die sich in New York an einem einzigen Abend abspielen. »May Day« ist ein Mini-Epos, eine Collage, und die langen Sätze geben die Bedeutung des Ereignisses und die allgemeine Geschäftigkeit, die während der Feierlichkeiten herrscht, wieder.

Die Sätze sind aber auch lang, weil Fitzgerald sie mit einer Menge Adjektive füllt. (Entweder hielt Fitzgerald nichts von Henry David Thoreaus Rat an alle Schriftsteller – »Was Adjektive betrifft: Im Zweifel streichen!« –, oder er hatte keine Zweifel.) Für seinen Erzähler hat er eine blumige Sprache gewählt, die zu den Paraden und Girlanden passt, und man spürt die Stimmung in dieser *großartigen Stadt* durch Wörter wie *Triumph, siegreich, fröhlich, klangvoll*. Der ganze Prunk und Pomp und der Jubel werden in der komplexen Satzstruktur wiedergegeben.

Nun im Vergleich dazu Hemingways Beschreibung. Auch hier geht es um marschierende Soldaten. Aber der Rausch dieser Männer rührt nicht vom Siegestaumel her:

Alle waren betrunken. Die ganze Truppe ging betrunken die dunkle Straße entlang. ... Wir gingen jede Nacht im Dunkeln die Straße entlang, und der Adjutant tauchte immer wieder zu Pferd neben meiner Küche auf und sagte: »Du musst es löschen. Das ist gefährlich. Das muss doch bemerkt werden.« Wir waren fünfzig Kilometer von der Front entfernt, aber der Adjutant machte sich Sorgen über das Feuer in meiner Küche. Es war komisch, die Straße entlangzugehen. Damals war ich Küchen-Corporal.

Auffällig sind die kürzeren Sätze. In einem ungefähr gleich langen Absatz verwendet Fitzgerald zwei, Hemingway acht Sätze. Zugegeben, zum Teil liegt es an den stilistischen Vorlieben beider Autoren, aber auch am unterschiedlichen Inhalt der Werke. Hemingways Ich-Erzähler Nick zieht nach Kriegsende ziellos durch die Gegend – traumatisiert, zurückgezogen und desinteressiert an menschlicher Gesellschaft. Trost findet er nur in der Natur. Kein Wunder, dass seine Sätze kurz und knapp sind. Außerdem sind in diesem Absatz kein einziges Adverb und nur wenige Adjektive zu finden. Hemingways Erzähler liebt einfache Sätze, einfache Strukturen und einfache Wörter.

Egal ob Sie nun lange oder kurze Sätze bevorzugen, hin und wieder sollten Sie Ihre Satzlänge variieren. Wenn alle Sätze dieselbe Länge haben, langweilt sich der Leser schnell, so wie Sie sich langweilen würden, wenn Ihnen jemand Folgendes erzählen würde:

Ich ging zum Laden und kaufte Milch. Ich traf einen Mann, den ich kannte. Wir sprachen über den Fischpreis.

Selbst wenn der nächste Satz ein echter Schocker wie: *Sein Sohn mit den zwei Köpfen lachte* wäre, bliebe der einschläfernde Rhythmus der gleichförmigen Sätze.

Im Zusammenspiel erzeugen Satzlänge und Syntax einen Rhythmus, der sich gut gestalten lässt. Aus Hemingways *Der alte Mann und das Meer*:

Der Kopf des Hais ragte aus dem Wasser, und sein Rücken kam an die Oberfläche, und der alte Mann konnte das Reißen von Haut und

Fleisch hören, als er seine Harpune an der Stelle in den Kopf des Hais rammte, an der die Linie zwischen seinen Augen jene kreuzte, die von seiner Nase aufwärts lief. Es gab keine solchen Linien. Da waren nur der schwere blaue Kopf und die großen Augen und das zuschnappende, alles verschlingende Maul.

Hier hat sich Hemingway für einen besonders langen Satz und einen Korb voller Adjektive entschieden. Sowohl die Länge des Satzes wie auch seine Struktur erzeugen einen Rhythmus, der den Kampf der müden Gegner spiegelt. Bemerkenswert auch, wie geschickt, Hemingway Sätze verschiedener Länge mischt: erst der ganz lange, dann ein kurzer, dem sich wieder ein etwas längerer anschließt.

In James Baldwins »Sonnys Blues« wird die Geschichte eines Lehrers erzählt, dessen Bruder Sonny, ein heroinsüchtiger Jazzmusiker, im Gefängnis ist. Am Ende der Geschichte ist der Erzähler Zuschauer bei dem ersten Jazz-Gig, den Sonny nach seiner Entlassung gibt. Fünf wunderbare Seiten lang hält Baldwin den Leser in der Bar fest und lässt ihn Sonnys Blues lauschen:

Sonnys Finger erfüllten die Luft mit Leben, seinem Leben. Doch jenes Leben enthielt so viele andere. Und Sonny ging den ganzen Weg zurück, er begann wirklich mit der kargen, schlichten Aussage des Eröffnungssatzes. Und dann begann er, das Lied zu seinem eigenen zu machen. Es klang wunderschön, denn es war ohne Hast und nicht länger eine Klage. Es kam mir vor, als ob ich hören konnte, mit welcher Inbrunst er es zu seinem gemacht hatte, mit welcher Inbrunst wir es uns noch zu Eigen machen mussten, wie wir die Klagen zum Verstummen bringen konnten. Die Freiheit lauerte um uns herum, und ich verstand endlich, dass er uns helfen konnte, frei zu sein, wenn wir nur zuhörten – dass er niemals frei sein konnte, bis wir es waren.

Baldwin spielt in diesem Absatz mit dem Rhythmus, verwendet mal längere, mal kürzere Sätze und strategische Wortwiederholungen. Außerdem wird der Rhythmus durch den Klang der Wörter verstärkt. Die Sätze, ihre Laute und der Rhythmus verraten den Respekt des Erzählers vor Sonnys Musik.

Absätze

Variieren Sie die Absatzlänge, um Stagnation oder Vorhersehbarkeit zu vermeiden. Sie können mit dem Wechsel zwischen langen, weitschweifigen und kurzen, prägnanten Absätzen auch den Klang der Stimme verändern.

Im Allgemeinen signalisiert ein neuer Absatz einen anderen, neuen Gedanken oder einen Wechsel von Zeit oder Ort. Wann und wie Sie aber diesen Wechsel vollziehen, bleibt Ihnen überlassen. Es gibt Autoren, die viele verschiedene Gedanken in einem einzigen Absatz unterbringen, während andere für jeden einzelnen einen neuen Absatz wählen. Das Gleiche gilt auch für Schauplätze und Zeiträume.

Ein Auszug aus Joyce Carol Oates' »The Fine Mist of Winter«:

Vor einiger Zeit in Eden County trat Rafe Murray, der beste Deputy des Sheriffs, in das ein, was er als seine zweite Phase bezeichnete, wie er seinem Chef, seiner Frau und seinen erwachsenen Söhnen und jeder Person, schwarz oder weiß, der er im Laufe eines Monats begegnete, gegenüber erklärte – seine neue Phase, wie er in seltsamem Tonfall sagte, während er rhythmisch mit schmatzenden Geräuschen an seiner Oberlippe saugte. Er war achtunddreißig gewesen, als er den Ärger mit Bethl'em Aire gehabt hatte, sagte er, achtunddreißig, und er hatte drei Söhne aufgezogen; doch erst an jenem Tag waren ihm die Augen geöffnet worden; er war an jenem Tag neu geboren worden; er wollte es in seiner Erinnerung lebendig halten. Als der lange Winter schließlich endete und die dicke Schlammschicht die lichtüberfluteten Straßen formlos machte, waren der Neger Bethl'em und die Erinnerung an ihn aus Eden County und zur allgemeinen Erleichterung – besonders zu der seiner Frau – auch aus Murrays Kopf verschwunden. Doch bis dahin, in jenen zähen, grauen, nebelverhüllten Tagen, hielt er tatsächlich die Erinnerung an das, was geschehen war, lebendig; die Erinnerungen an den feinen Schnee, der an jenem Tag gefallen war, und an seine großartige Erfahrung schienen in seinen Gedanken wieder und wieder aufzutauchen.

Dieser Absatz hätte in zwei oder mehr Absätze eingeteilt werden können. Während der ganzen Geschichte steht die weitschweifige Stimme mit ihren langen, oft verschachtelten Sätzen in krassem Gegensatz zu dem einfachen Leben der Leute aus Eden County. Oates macht bereits am Anfang eine Aussage, indem sie den vorangegangenen Winter und den jetzigen Frühling in ein und demselben Absatz unterbringt: Die Zeit in dieser Geschichte fließt; Vergangenheit und Gegenwart gehören untrennbar zusammen. Obwohl der Deputy den Tag, der seine *zweite Phase* eingeleitet hat, in der Gegenwart der Geschichte bereits vergessen hat, erinnert sich der Erzähler noch sehr gut daran.

Absätze wie diese sind das eine Extrem; sehen wir uns das andere an. Die Hauptfiguren in Arundhati Roys *Der Gott der kleinen Dinge* sind Zwillinge – Bruder und Schwester, die einander so nahe stehen, dass der eine sich an die Träume des anderen erinnert. Doch als Kinder werden sie getrennt. Die folgende Szene findet kurz nach ihrer Wiedervereinigung als Erwachsene statt:

Aber was gab es schon zu sagen?

Von dort, wo er saß, am Ende des Bettes, konnte Estha sie sehen, ohne den Kopf zu drehen. Die scharfe Linie ihres Kiefers. Ihr Schlüsselbein, das sich wie Flügel von Halsansatz bis zu den Enden ihrer Schultern spreizte. Ein Vogel in der Haut gefangen.

Sie wandte den Kopf, um ihn anzusehen. Er hielt sich sehr gerade. Wartete auf ihre Inspektion. Er war fertig mit Bügeln.

Sie war in seinen Augen so schön. Ihr Haar. Ihre Wangen. Ihre kleinen, geschickten Hände.

Seine Schwester.

Der Leser spürt die Sehnsucht nach Nähe und die Verlegenheit der beiden Geschwister allein durch die Leerzeilen zwischen den Absätzen. Der letzte Absatz, der nur aus zwei Wörtern besteht, wirkt wie eine einzelne Träne auf der Wange des Bruders – nur nicht so melodramatisch, als wenn die Autorin diese Träne beschrieben hätte.

Kurze Absätze haben eine starke Wirkung auf den Leser. Vergleichen Sie sie mit den verschachtelten Sätzen des Auszugs aus Joyce Carol Oates' Geschichte. In beiden Texten bestimmt die Absatzlänge zum großen Teil die Energie, mit der die Stimme spricht. Oates zieht uns mit einer ausführlichen Erklärung ins Geschehen, während Roys Erzähler direkt und unverblümt spricht.

Absätze trennen auch erzählerische Abschnitte von Dialogen. Der Wechsel von Erzählung zu Dialog kann den Klang der Stimme unterstreichen, weil Erzählung und Dialoge oft verschiedene Sprachniveaus haben. Entweder ist die Sprache der Erzählung formeller als der Dialog oder umgekehrt.

Nehmen wir als Beispiel Virginia Woolfs Erzählung »Kew Gardens«. Im folgenden Auszug sehen Sie, wie eine schlichte, beinahe komische Unterhaltung zwischen einer jungen Frau und einem Mann sich in einen zweideutigen Dialog verwandeln kann.

»Zum Glück ist heute nicht Freitag«, bemerkte er.
»Wieso? Bist du abergläubisch?«
»Am Freitag muss man einen Sixpence bezahlen.«
»Na und? Was ist schon ein Sixpence? Ist es das nicht wert?«
»Was es? Was meinst du mit es?«
»Oh, na, alles, ich meine ... du weißt, was ich meine.«
Lange Pausen entstanden nach jedem einzelnen dieser Sätze, die mit tonlosen, monotonen Stimmen geäußert wurden. Das Paar stand am Rand des Blumenbeets und drückte gemeinsam die Spitze ihres Sonnenschirms tief in die weiche Erde. Die Geste und die Tatsache, dass seine Hand auf ihrer ruhte, drückte ihre Gefühle füreinander auf seltsame Weise aus, so wie diese knappen, unbedeutenden Worte etwas ausdrückten, Worte mit gestutzten Flügeln, die ungeeignet waren, den massigen Körper der Bedeutung weit zu tragen, zu massiv für die Berührung ihrer unerfahrenen Hände, und die daher ungeschickt auf den sehr gewöhnlichen Gegenständen, die sie umgaben, landeten. Aber wer konnte schon sagen (so dachten beide, während sie den Sonnenschirm in die Erde drückten), welche Abgründe darin verborgen sein mochten oder welche eisglatten Hänge auf der anderen Seite in der Sonne glitzerten?

Wer hätte gedacht, dass man in ein Gespräch über das Eintrittsgeld für einen Park oder in die Geste, mit der zwei Menschen einen Schirm in den Boden drücken, so viel hineinlegen kann? Und das Faszinierende an dieser Geschichte ist, dass die ganze Handlung auf diese Art erzählt wird: Die knappen Dialoge stehen in Kontrast zu den Erklärungen des Erzählers, der die Verbindungen verschiedener Paare kommentiert. Die dynamische Spannung zwischen der Interpretation des Erzählers und dem, was tatsächlich gesagt wird, sorgt immer wieder für einen überraschenden Funkenschlag.

☞ *Sie sind dran:* Nehmen Sie ein langweiliges und trockenes Stück Text, vielleicht ein amtliches Dokument oder eine Gebrauchsanweisung für ein technisches Gerät und bearbeiten Sie diesen Text, indem Sie ihn um hundertachtzig Grad drehen und ihn poetisch oder besonders freundlich oder im Jugendjargon schreiben. Verwenden Sie dabei ein völlig anderes Vokabular als das Original; auch die Syntax sollte keine Ähnlichkeit mehr haben.

Beständigkeit

Die Stimme wird natürlich nicht nur von der Wort- und Satzwahl oder der Absatzlänge bestimmt: Gibt es viele Beschreibungen im Text oder nur einige aussagestarke Details? Ist die Sprache bildhaft und poetisch oder schlicht und direkt? Werden die Figuren ausführlich beschrieben, oder wird viel der Fantasie des Lesers überlassen? Wie viele Figuren haben Sie? Hat die Geschichte einen straffen Plot oder mäandert die Handlung durch die Szenerie? Besteht ein Gleichgewicht zwischen Dialog und Erzählung, oder hat eines der Elemente deutlich mehr Gewicht?

Es ist wichtig, dass alle Elemente zu einer einheitlichen Stimme zusammenfließen. Das Schlüsselwort heißt Beständigkeit. Wie bei der Perspektive schließen Sie mit dem Leser einen Pakt über die Stimme des Werkes. Die meisten Leser mögen es, wenn eine bestimmte Person ihnen eine Geschichte erzählt, und dieser Erzähler sollte dann auch ständig anwesend sein. Wenn der Erzähler plötzlich mitten in der Geschichte von Scheherezade zu Huckleberry Finn wird, ist der Leser verwirrt und fühlt sich womöglich sogar betrogen. Anschließend wird er Ihnen nicht mehr glauben.

Es sei denn ... es sei denn, Sie verabschieden sich ganz bewusst von der ursprünglichen Stimme. Dazu muss der Erzähler nicht zu einer anderen Person werden, aber er kann seine Stimme für den Augenblick verändern. Ein großartiges Beispiel dafür ist Salingers »A Perfect Day for Bananafish«:

Es waren siebenundneunzig New Yorker Werbemenschen in dem Hotel, und weil sie die Fernleitungen belegten, musste das Mädchen in 507 von Mittag bis fast halb drei nachmittags darauf warten, durchgestellt zu werden. Allerdings nutzte sie die Zeit gut. Sie las in einer Frauenzeitschrift einen Artikel mit dem Titel, »Sex ist der Himmel – oder die Hölle«.

Diese Frau ist, wie sich bald darauf herausstellt, die Verlobte des Hauptcharakters, Seymour Glass. Der größte Teil der Geschichte konzentriert sich auf Seymour, der am Strand mit einem kleinen Mädchen herumalbert. Die Stimme behält ihren witzigen Klang, bis der Erzähler beginnt, zum Hotel zurückzugehen. An diesem Punkt verändert sich Seymours Stimmung, und der Erzähler in der dritten Person macht die Veränderung mit. Schauen Sie sich an, was aus der Stimme vom Anfang geworden ist, als Seymour sein Hotelzimmer betritt.

Er warf einen Blick auf das Mädchen, das auf dem Doppelbett schlief. Dann trat er an einen der Koffer, öffnete ihn und zog unter einem Stapel Shorts und Unterhemden eine Ortgies Automatik, Kaliber 7.65 hervor. Er holte das Magazin heraus, betrachtete es und schob es wieder hinein. Er entsicherte die Waffe. Dann ging er zum Bett, setzte sich auf die freie Seite, betrachtete das Mädchen, setzte die Waffe an und schoss sich eine Kugel durch die rechte Schläfe.

Der plötzliche Wechsel der Stimme schockiert den Leser und verstärkt die Wirkung der Handlung.

Die eigene Stimme finden

Wenn ein Autor angestrengt versucht, den Stil eines anderen Schriftstellers zu imitieren, kann das der Grund für seinen schlechten Stil sein. Sie dürfen und sollen die Werke anderer Autoren bewundern und analysieren, aber wenn Sie feststellen, dass Sie mit der Stimme eines Dickens, John Cheever oder einer Toni Morrison schreiben, dann riskieren Sie, sich anzuhören wie einer der Schwindler, die Holden Caulfield so verabscheut. Diese Autoren sind nicht Sie, und ihre Erzähler sind nicht Ihre. Wenn Sie unbedingt eine Hemingway-Phase durchmachen müssen, einverstanden, aber bleiben Sie nicht darin stecken.

Ihre eigene Stimme wird sich durch die Praxis und Erfahrung entwickeln, ob Sie Geschichten schreiben, ein Tagebuch führen oder aber die Übungen in diesem Buch machen. Je mehr Sie schreiben, umso deutlicher wird Ihre Stimme hervortreten, weil Sie selbstbewusster werden und nicht ständig innehalten, um zu korrigieren und zu lektorieren.

☞ *Sie sind dran:* Schreiben Sie jemandem, den Sie gut kennen, einen Brief. Keine kurze E-Mail, sondern einen längeren Brief, in dem Sie wirklich etwas mitteilen. Denken Sie nicht an Stil oder Stimme. Schreiben Sie einfach einen Brief. Und wenn Sie ihn beendet haben ... analysieren Sie die Stimme und den Stil des Briefes. Wahrscheinlich finden Sie Ihre natürliche Stimme darin, und diese Stimme kann die Erzählstimme sein, die Sie für eines Ihrer Werke wählen.

Sie können die Stimme einer Geschichte auch finden, wenn Sie dem Erzähler zuhören. Wenn Sie sich für einen Ich-Erzähler entschieden haben, studieren Sie noch einmal die Persönlichkeit, die Sie entwickelt haben, und stellen Sie sich vor, wie diese Person ihre Geschichte erzählen würde, ob sie ungebildet wie Huck Finn oder gespreizt wie Humbert Humbert redet. Wenn Sie mit einem Erzähler in der dritten Person arbeiten, müssen Sie die Stimme den

Figuren, der Perspektive, dem Setting und der Distanz, aus der der Erzähler berichtet, anpassen.

Aber lassen Sie sich nicht verwirren. Wenn Sie einen Plot oder eine Hauptfigur im Sinn haben, aber noch nicht wissen, welche Stimme Sie Ihrem Werk geben wollen, machen Sie sich den Kopf nicht schwer. Schreiben Sie.

Sobald Sie Ihren ersten Entwurf beendet haben, können Sie sich mehr Gedanken zur Frage der Stimme machen. Kehren Sie zum Anfang zurück und prüfen Sie, ob die Stimme an irgendeiner Stelle schwankt, unecht wirkt oder sich zu stark verändert. Achten Sie darauf, wie Ihre Wortwahl, Ihre Sätze und Absätze die Wirkung der Stimme unterstützen – oder von ihr ablenken. Klingt die Stimme falsch oder unnatürlich, suchen Sie nach einer, die Ihnen vertraut ist oder sich besser in Ihre Geschichte einfügt. Experimentieren Sie ruhig mit verschiedenen Stimmen, bis Sie sicher sind, was Sie wirklich brauchen.

Irgendwann werden Sie mutiger, was den Stil und die Anpassung an den Plot betrifft. Sie verwenden in einer Geschichte über eine zwangsneurotische Person plötzlich längere Sätze oder knappe, kurze in einer Erzählung über gefühlskalte Eltern. Sie werden sensibler für die Momente, in denen ein Stilwechsel einer besonderen Situation dient, zum Beispiel, um die Spannung zu steigern oder einen dramatischen Augenblick hervorzuheben.

Sie können sich aber auch von der Stimme führen lassen: Wenn Sie anfangen zu schreiben, ohne sich ganz über den Verlauf der Handlung oder die Richtung des Themas im Klaren zu sein, schreiben Sie zunächst aus der Sicht einer Person, die eine starke, unverwechselbare Art zu reden und zu denken hat, und warten Sie ab, wohin diese Stimme Sie führt.

Später sollten Sie die Stimme in Ihrem Werk testen: Nach der ersten oder zweiten Fassung lesen Sie sich das ganze Werk laut vor. Vielleicht können Sie sich den Text auch vorlesen lassen. Sie werden spüren, bei welchen Passagen die Stimme natürlich und bei welchen sie unecht klingt.

9. KAPITEL

Thema: Worum geht's hier eigentlich?

Terry Bain

Vor einigen Jahren hatte ich eine Menge Storys, die ich für fertig, abgerundet und veröffentlichungsreif hielt. Ich sah mich schon als berühmten Schriftsteller, der vor neidischen jungen Autoren auf der ganzen Welt Vorlesungen hielt, Fragen aus dem Auditorium beantwortete und sich anschließend auf Cocktail-Partys feiern ließ. Aber die Zeitschriften wollten meine Geschichten nicht drucken, und wenn ich sie anderen zu lesen gab, bekam ich oft Kommentare wie »Kapier ich nicht« zu hören.

Was gibt's da zu kapieren?, dachte ich. *Das ist eine Kurzgeschichte.*

Darum ging ich zu einer Schriftstellertagung, um mir Rat von einem echten Autor zu holen, der wusste, wovon er sprach – jemand, der es »kapierte«, der mich lobte und bewunderte und mich seinem Agenten vorstellte, der es ebenfalls »kapierte« und mein Manuskript sofort an Verleger schickte, die es sich gegenseitig aus den Händen rissen und einander überboten, ob sie es nun »kapierten« oder nicht.

Stattdessen traf ich den Leiter eines Workshops, den Autor Mark Richards (ein Ersatzdozent, der in letzter Sekunde eingesprungen war). Nachdem er meine Geschichte mit kritischem Blick gelesen hatte, sprachen wir darüber. Am Ende seiner abschließenden Analyse fragte er mich: »Worum geht es eigentlich in Ihrer Geschichte?«

Mir war leicht schwindelig, als ich Mark Richards ansah und mich fragte, ob er wirklich gefragt hatte, was ich gehört zu haben glaubte.

»Ich ... ich fürchte, ich weiß nicht«, sagte ich schließlich.

»Dann finden Sie es heraus«, antwortete er.

Nun ja, er hat noch eine Menge mehr gesagt, aber das waren die Worte, die mir in Erinnerung geblieben sind. Meinte er wirklich,

ich müsste herausfinden, worum es in meiner Geschichte ging, bevor ich sie beenden konnte? Er hatte das gesagt, als ob es das normalste Vorgehen der Welt war. Nur leider war dies eine Welt, in der ich mich noch nicht auskannte.

Ich glaube, dass ich damals Handlung mit Inhalt verwechselte. Er wollte nicht wissen, »Was geschieht?«, sondern, »Wie sieht das Gesamtbild aus? Was liegt der Geschichte zugrunde? Warum soll ich sie überhaupt lesen?« Er fragte nicht, was sich in meiner Geschichte tat, sondern worum es in ihr *wirklich* ging. Er forderte mich heraus, ich sollte mir mein Werk genauer ansehen und zu einem Schluss kommen. Er wollte, dass ich meine Geschichte destillierte und zu einer thematischen Essenz gelangte.

Ich beschloss, die Story noch einmal zu lesen. Sie handelte nicht von nichts. Sie handelte von allem und dadurch von nichts. Sie besaß keinen inneren Zusammenhalt. Sie marschierte ziellos voran und verlor sich hier und da im Nichts.

Als ich nach Hause kam, nahm ich mir eine andere Geschichte vor, die ich lange vor der Tagung begonnen hatte, und untersuchte sie auf ihr Thema. Ich hatte diese Geschichte eigentlich schon verworfen, weil ich sie für ziemlich langweilig hielt. Nach der Bearbeitung schickte ich sie los, und das Wunder geschah. Die *Gettysburg Review* kaufte sie, und ein paar Monate später wurde sie auch bei den O. Henry Awards veröffentlicht. Ich glaube kaum, dass jemand sie hätte lesen wollen, wenn ich sie nicht vorher bearbeitet hätte. Und das ist der Grund, warum ich hier das Thema zum Thema machen möchte.

Was ist ein Thema?

Der Begriff »Thema« ist irreführend und kann Ihnen schaden wie auch nutzen. Sie dürfen *Thema* nicht im Zusammenhang mit den bedeutungsträchtigen Erklärungen sehen, die Kritiker und Wissenschaftler so gerne abgeben. Sie bringen sich in ähnliche Schwierigkeiten, wenn Sie *Thema* mit *Botschaft* oder *Moral* gleichsetzen.

Der Romancier John Gardner brachte es so auf den Punkt: »Mit Thema meinen wir nicht die Botschaft – ein Wort, das kein guter Schriftsteller auf sein Werk bezogen hören möchte –, sondern das übergeordnete Leitmotiv, den Gegenstand einer Debatte, etwa wie das Thema eines Diskussionsforums, das beispielsweise die *weltweite Inflation* sein kann.« Und man kann sich über »weltweite Inflation« auslassen, ohne elegante Lösungen für dieses Problem oder auch nur eine einzelne Stellungnahme dazu zu präsentieren.

Anton Tschechow meinte, der Autor müsse ein Problem nicht lösen, sondern er müsse das Problem korrekt und verständlich benennen.

Sie müssen also kein Thema auswählen, das die Probleme dieser Welt löst. Sie müssen vielmehr einen Scheinwerfer auf ein paar Facetten des Lebens richten und diese dem Leser zeigen. Ein *paar* Facetten – nicht alle! Das ist ein wichtiger Punkt in der Themenfrage, denn ein Thema soll der Brennpunkt der Geschichte sein.

Das Thema ist der verbindende Gedanke innerhalb einer Geschichte.

Haben Sie je das Kinderbuch *Goodnight Moon* von Margaret Wise Brown gelesen? Die Geschichte ist einfach: Ein Häschen geht zu Bett, und dem Leser werden alle Dinge, die sich in seinem Zimmer befinden, vorgestellt. Der Hase sagt allen Gegenständen »Gute Nacht«: Schuh und Kuh, Kätzchen und Lätzchen, Fisch und Tisch. Und dann kommt eine Seite im Buch, auf der gar nichts zu sehen ist, und der Text lautet: »Gute Nacht, niemand.« Ich bin immer überrascht und entzückt, wenn ich zu dieser Seite komme, aber mir ist erst kürzlich aufgegangen, warum.

Wenn ich »Gute Nacht, niemand« lese, sehe ich die Hand der Autorin, den Hintergrund der Geschichte. Ich suche nach der tieferen Bedeutung: *Was soll ich nach Margaret Wise Browns Vorstellung auf dieser Seite sehen?* Ich glaube, ich soll sehen, dass das Häschen in dem Augenblick, in dem wir zu der leeren Seite kommen, eingeschlafen ist. Das Zimmer ist erfüllt mit dem ruhigen Atem des Schlafes. Das Thema von *Goodnight Moon*? Ein ruhiger, entspannter Schlaf.

Ein klar umrissenes Thema konzentriert die Geschichte auf einen Punkt – gibt ihr ein Zentrum. Ein klar umrissenes Thema erlaubt dem Autor, seine Ideen in einer Geschichte zusammenzufassen, die dem Leser länger als eine halbe Stunde in Erinnerung bleibt. *Goodnight Moon* ist nicht nur deshalb ein Kinderbuch-Klassiker, weil es hübsche Bilder hat, sondern weil seine Geschichte ein tieferes, bedeutungsvolleres Thema hat, als an der Oberfläche erkennbar ist.

Haben Sie schon einmal bei einem Buch gedacht, *nett, aber was soll das Ganze?* Sollen Ihre Leser nicht lieber denken, *diese Geschichte geht mir einfach nicht aus dem Kopf?* Wenn Sie sich auf Ihr Thema konzentrieren, kann aus einer netten Story ein Mythos werden, der sich im Kopf des Lesers, in seinem Bewusstsein verankert.

Vielleicht glauben Sie, es sei nicht möglich, das Thema großartiger und komplexer Werke zu bestimmen – hier die Themen einiger großer Werke; Sie dürfen natürlich anderer Meinung sein.

Krieg und Frieden, Leo Tolstoi: Die verschiedenen Auswirkungen von Krieg und Frieden.

Der große Gatsby, John F. Fitzgerald: Die Korruption des amerikanischen Traums.

»Die Dame mit dem Hündchen«, Anton Tschechow: Der Kontrast zwischen romantischer Liebe und den Zwängen der Ehe.

1984, George Orwell: Ein solcher Polizeistaat ist möglich.

»*Ein guter Mensch ist schwer zu finden*«, Flannery O'Connor: Die Möglichkeit, durch die Konfrontation mit dem Bösen zu Gott zu finden.

Lolita, Vladimir Nabokov: Die Macht der Begierde.

»Wo willst du hin, wo kommst du her«, Joyce Carol Oates: Die Entwicklung der eigenen Identität.

Und manchmal ist das Thema auch die Botschaft. Charles Dickens' *Weihnachtsgeschichte* fällt in diese Kategorie. Sie erinnern sich: Da haben wir diesen bösen, geizigen Ebenezer Scrooge, den nichts als Geld und Profit interessiert. An einem Weihnachtsabend wird er von den Geistern der vergangenen, gegenwärtigen und zukünftigen Weihnacht heimgesucht, die ihm vor Augen führen, dass er sein Leben vergeudet hat und schon bald einsam und ungeliebt in einem eisigen Grab liegen könnte. Und siehe da, Scrooge sieht ein, was für ein mieser Schuft er ist und wird zu einem neuen, besseren Menschen. Obwohl die Geschichte natürlich etwas mit Geiz zu tun hat, lautet das wahre Thema der Geschichte: *Ändere dich, bevor es zu spät ist.* Ja, das ist schon eher eine Botschaft, aber Dickens kommt damit durch, weil er es meisterhaft versteht, eine schöne Geschichte zu erzählen.

☞ *Sie sind dran:* Nehmen Sie eines Ihrer Lieblingswerke und versuchen Sie, das Thema der Geschichte mit einem Wort oder in einem Satz zu formulieren. Worum geht es in der Geschichte *wirklich*? Ein paar Tipps: Suchen Sie nach wiederkehrenden Bildern; denken Sie über den Titel nach; untersuchen Sie den Höhepunkt der Geschichte.

Lernen Sie Ihr Thema kennen

Die meisten großen Geschichten haben ein starkes Thema, auch Ihre braucht eins. Sie sollten es genau kennen. Eine vage Ahnung genügt nicht. Sie glauben vielleicht, schreiben sei zu mysteriös und magisch, als dass man wirklich wissen könnte, was das Thema der Geschichte ist. Aber Sie irren sich. Sie schreiben eine bessere Geschichte, wenn Sie genau wissen, welches Thema Ihrer Geschichte zu Grunde liegt. Sie müssen es niemandem verraten, nicht einmal in Interviews, falls Sie einmal berühmt werden, aber sehr gut kennen müssen Sie es in jedem Fall.

Sollten Sie es versäumen, Ihren Leser mit einem Thema zu versorgen, wird er sich wahrscheinlich selbst eins suchen. Dann könnte es passieren, dass der Leser Ihre Geschichte über die natürliche Auslese der Natur für eine über die Niedlichkeit von Welpen hält, und das wollen Sie doch nicht wirklich, oder?

Kann eine Geschichte mehr als ein Thema haben? Für den Kurzgeschichtenautor ist es natürlich besser, sich auf ein Thema zu konzentrieren. Der Romanautor hat dagegen mehr Raum für weitere Themen und kann problemlos Subplots einarbeiten. Aber selbst dem Romanautor ist in den meisten Fällen mehr damit gedient, an nur einem großen, umfassenden Thema zu arbeiten. Flannery O'Connor weiß, wovon ihre Geschichten handeln:

Eine gute Geschichte ist ein Abbild der Wirklichkeit so wie eine Kinderzeichnung ein Abbild der Wirklichkeit ist. Wenn ein Kind malt, will es nicht verzerren, sondern genau das wiedergeben, was es sieht, und weil sein Blick noch nicht abgelenkt ist, sieht es die Linien, die Bewegung erzeugen. Die Bewegungslinien, die den Autor interessieren, sind jedoch unsichtbar. Es sind Linien spiritueller Bewegung. Und in dieser Geschichte sollten Sie nach Dingen wie der Schönheit in der Seele der Großmutter Ausschau halten und nicht nach den toten Körpern.

Flannery O'Connor hat mit ihrem Thema gearbeitet. Man spürt, dass sie weiß, worüber sie schreibt, dass sie das, was im Mittelpunkt ihrer Geschichten steht, unter Kontrolle hat und dass sie in der Lage ist, dies von Anfang bis Ende zu steuern.

Interessant ist, dass O'Connor glaubt, *der Leser* müsse genau wissen, worüber sie schreibt. Ein Leser kann aber in einer Geschichte etwas vollkommen anderes erkennen, als der Autor ursprünglich beabsichtigt hat. Vielleicht widmet der Leser dem toten Körper wirklich zu viel Aufmerksamkeit, um die Anmut und Schönheit sehen zu können. Oder er sieht in den Taten der Großmutter etwas ganz anderes. Aber wenn der Autor sein Thema bewusst in seine Geschichte einarbeitet, nimmt der Leser es auf die eine oder andere Art wahr.

Während Sie sich also Ihres Themas stets bewusst sind, sollten Sie sich gleichzeitig davor hüten, es dem Leser aufzudrängen. Wenn wir den Leser zwingen zu begreifen, was er begreifen *soll*, bekommen wir Schwierigkeiten. Wir schreiben plötzlich didaktische Geschichten, die man rasch wieder vergisst.

Falls Sie über die Zerstörung des Regenwaldes schreiben, haben Sie wahrscheinlich schon einiges zur üppigen Vegetation gesagt und erklärt, wie die Umwelt Ihre Hauptfigur verändert. Ihr Protagonist muss sich nicht erst auf eine Bananenkiste stellen und einen Vortrag über den Nutzen des Regenwalds für das globale Klima halten. Ihr Protagonist könnte sogar der Feind sein. Und selbst wenn er ein Holzfäller ist, der den Wald zerstört, wird das, was Sie zu sagen haben, beim Leser ankommen. Ein Thema soll nicht belehren; es soll sich auf einer tieferen Bewusstseinsebene festsetzen.

☞ *Sie sind dran:* Stellen Sie sich einen Soldaten vor, der gerade aus dem Krieg heimgekehrt ist und sich nun erst wieder in sein früheres Leben einfügen muss. Arbeiten Sie Charakter und Umgebung aus, dann schreiben Sie einen Abschnitt, in dem die Figur etwas Alltägliches tun will, damit aber Probleme hat. Was immer Sie tun – *denken Sie nicht an das Thema des Textes.* Konzentrieren Sie sich allein auf die Figur und was sie tut. Anschließend notieren Sie drei bis sieben mögliche Grundthemen aus diesem Text. Von diesen wählen Sie das Thema, das Sie am meisten interessiert. Überlegen Sie, in welche Richtung sich die Story bewegen könnte, wenn Sie dieses Thema *subtil* verarbeiten.

Das Thema aufspüren

Eine Methode, Ihr Thema nicht übermäßig zu betonen, ist, es nicht gleich an den Anfang zu setzen. Der Autor, der mit einem Thema vor Augen zu schreiben beginnt, endet fast immer bei einem Lehrstück. Wenn Sie damit anfangen zu denken, *Ich will über die Intrigen der Akademiker schreiben*, werden Sie am Ende eine Menge Wörter und Sätze haben, aber vermutlich keine gute Geschichte, die auch über den Schluss hinaus noch Wirkung zeigt.

Deshalb beginnen Sie einfach damit, Ihre Geschichte zu erzählen. Kehren wir noch einmal zu Dickens' *Weihnachtsgeschichte* zurück. Glauben Sie, dass Dickens vor dem Schreiben gedacht hat, *Ich will eine Geschichte erfinden, die meinen Lesern klar macht, dass sie ihre gewissenlose Lebensweise unbedingt ändern müssen, bevor es zu spät ist?* Oder hat er einfach angefangen zu schreiben, um seine

Story zu erzählen? Vermutlich begann er damit, über Scrooge zu schreiben. Alles andere entwickelte sich, weil die Charaktere ihren Persönlichkeiten entsprechend agierten und reagierten.

Beginnen Sie mit Ihrer Geschichte und kehren Sie nachher an den Anfang zurück, um sie dem Thema anzupassen.

Möglich ist auch, dass Ihnen ein Thema während der Arbeit zufliegt. *Gut,* denken Sie, *hier geht es ja im Grunde um die Suche nach Wahrheit.* Wenn es Ihnen so ergeht – fantastisch! Lassen Sie das Thema Ihre Geschichte formen. Leider ist es nicht immer so einfach. Darum hier ein paar Wege, die Sie zu Ihrem Thema führen können:

Eine gute Methode ist es, sich Fragen zu stellen.

Liegt in den Handlungen der Charaktere eine universelle Wahrheit?

Stellt der Sieg des Superhelden über den grüngesichtigen Schurken den Triumph des Guten über das Böse dar?

Ergibt sich aus der edlen Tat des Postboten, der Ihrer Hauptfigur das Leben rettet, dass wir Schutzengel haben?

Könnte die Suche Ihrer Protagonistin nach ihrem Schlüssel vielleicht die Suche nach dem Schlüssel zum Sinn des Lebens sein?

Durch Fragen entdecken Sie auch, ob Ihre Geschichte zum Beispiel eine gesellschaftliche Bedeutung enthält. Liegt in den bedrückenden Lebensumständen Ihres Protagonisten das Thema Armut im Allgemeinen?

Eine Frage hilft Ihnen: Warum wollten Sie die Geschichte überhaupt schreiben? Ist das Thema Ihrer Geschichte vielleicht schon im Bedürfnis, sie zu schreiben, verborgen?

Erinnern Sie sich an die Geschichte, die ich mit der klaren Vorstellung vom Thema überarbeitet habe und die daraufhin veröffentlicht wurde? Das ging folgendermaßen vor sich:

Die Geschichte handelte von den Kifferspielchen einiger Teenager und spielte zum Teil im Partyraum eines Hauses – ein Billardtisch, Stroboskoplicht, eine Bar. Der dominantere von zwei Freunden will den anderen dazu bringen, das Nachbarmädchen zu küssen, indem er sie selbst küsst. Für ihn ist es ein Spiel, seinen

Freund zu manipulieren. So kam ich zu dem Schluss, dass mein Thema *Spiele, die man miteinander spielt* sei. Ich zoomte näher heran und begrenzte das Thema auf *Spiele der Heranwachsenden*, sodass es nun noch schärfer umrissen war als vorher. Ich nannte meine Story *Spiele,* fügte ein neues Ende hinzu, entfernte ein paar Szenen, die thematisch nicht passten, und schrieb ein paar neue Szenen. Daraufhin wurde die Geschichte nicht nur veröffentlicht, sondern erhielt auch einige Anerkennung. Übrigens hatte der Verleger, der meine Geschichte schließlich druckte, sie früher abgelehnt – sie hatte ihm zwar gefallen, aber eben nicht genug.

Vielleicht gibt es in Ihrer Geschichte etwas, das sich wiederholt, ein Symbol oder eine Metapher. Sie können auch nach Wort- oder Bildwiederholungen Ausschau halten. Das Wort Ring kann zum Beispiel symbolisch für Ehe, einen Boxring, für Tolkienjünger, sogar für Macht stehen.

Schreiben Sie an den Rand Ihrer Seiten, was Ihnen als Thema oder Hinweis auf ein Thema auffällt. Wenn Ihr Protagonist mit allen Mitteln versucht, den Verkaufsrekord dieses Jahres zu brechen, könnten Sie *Konkurrenzkampf* vermerken. Vielleicht erscheint Ihnen dann einer der Begriffe, die Sie aufgeschrieben haben, plötzlich als Schlüsselbegriff für die Geschichte.

Nehmen wir noch einmal *Goodnight Moon* als Beispiel. Wenn Sie diese Geschichte gerade schreiben würden, könnte die Suche nach dem Thema so aussehen (Sie werden vielleicht nicht an jeder Zeile Notizen machen, dies ist nur beispielhaft):

Text: »In dem großen grünen Zimmer«
 Notiz: Leben, Tiefe. Einsamkeit. Frieden. Stille.
Text: »war ein Telefon.«
 Notiz: Geschäftigkeit. Leben.
Text: »Und ein roter Luftballon.«
 Notiz: Spielen. Spaß.
Text: »Und ein Bild von der Kuh, die über den Mond springt. Und drei kleine Bären, die auf Stühlen saßen.«
 Notiz: Kindheit, Kinderreime.

Text: »Gute Nacht, Kamm. Und gute Nacht, Bürste.«
Notiz: Nacht. Alles schläft.
Text: »Gute Nacht, Niemand. Gute Nacht, Breichen.«
Notiz: Einfachheit. Schlaf. Das Häschen ist eingeschlafen.

Sie sehen, durch die Notizen ist ein Thema sichtbar geworden – Schlaf.

Eine andere Technik, Ihr Thema im Text aufzuspüren, ist das Verdichten. Fragen Sie sich, wie sich Ihre Story thematisch vereinfachen lässt. Versuchen Sie, den Leitgedanken mit wenigen Worten zu erklären: Mein Geschichte handelt von der Liebe; es geht um Missbrauch; um Hingabe; die Schönheit von Gemüse, Angst, Sehnsucht, Abscheu. Tod! Ja, es geht um den Tod – da haben Sie das Thema!

Es mag Ihnen unangemessen vorkommen, Ihr komplexes Kunstwerk auf ein einziges Wort oder einzelnen Satz zu reduzieren, aber auch Drehbuchautoren sind gewohnt, einen ganzen Film in einem kurzen Satz – der Logline – wiederzugeben.

Wie Sie auch vorgehen, um Ihr Thema zu finden, Sie *werden* es finden. Und dann? Nun, Sie können es sich in großen Lettern auf die erste Seite Ihrer Geschichte schreiben oder auf ein Schild, das Sie über Ihrem Arbeitsplatz aufhängen – Hauptsache es ist da, wenn Sie beginnen, Ihre Geschichte zu bearbeiten.

☞ *Sie sind dran:* Nehmen Sie einen Text, den Sie für eine der vorangegangenen Übungen verfasst haben. Formulieren Sie das Thema. Dann bearbeiten Sie den Text – unter dem Aspekt des Themas. Wenn Sie das Original verändern oder sogar das meiste davon streichen müssen, dann soll es so sein. Ein Thema fordert Beachtung.

Das Thema berührt alles andere

Ihre Entscheidung für ein Thema hat starken Einfluss auf die Bearbeitung Ihrer Story. Das Thema hilft Ihnen, Bezüge in Ihrer Geschichte herzustellen. Wenn die Schlüsselsuche der Protagonistin tatsächlich die Suche nach Wahrheit ist, erklärt das gleichzeitig ihren Besuch bei einer Handleserin. Und wenn sie bei ihrer Mutter in alten Fotoalben blättert, *sucht* sie darin vielleicht etwas, statt allein zum Vergnügen die Bilder zu betrachten. Aber was? Nicht nur, dass Sie mit einem Thema immer einen Anhaltspunkt haben, der Sie bei der Bearbeitung immer wieder auf das Wesentliche zurückführt. Sie haben auch Material, mit dem Sie Ihren Plot weiterführen und beleben können. Kultivieren Sie den roten Faden ihres Themas. Und erlauben Sie ihm, Ihre Geschichte zu gestalten.

Ihre Geschichte erhält Tiefe, weil sich die thematischen Elemente wiederholen und die Wiederholungen schließlich zu einer Art Nachhall innerhalb Ihrer Geschichte werden. Thematische Wiederholungen sind gut. Wenn Sie genug Elemente anbieten, die mit Ihrem Thema zusammenhängen, wird der Leser sich ein Bild von dem thematischen Kern Ihrer Geschichte machen. Er spürt das Thema und nimmt es in sich auf, selbst wenn er zunächst in Ihrer Geschichte etwas ganz anderes sieht.

Wenn ich das Thema der Kurzgeschichte auf einen Satz reduziere, würde ich sagen, das Thema von Raymond Carvers »Kathedrale« ist *Man sieht nicht allein mit den Augen, sondern auch mit dem Herzen.*

Carver bringt das Thema direkt von Anfang an zur Sprache. Die Geschichte beginnt so:

Dieser blinde Mann, ein alter Freund meiner Frau, war auf dem Weg, um die Nacht bei uns zu verbringen.

Ein paar Zeilen später sagt der Erzähler:

Ich war nicht begeistert von der Aussicht auf seinen Besuch. Ich kannte ihn nicht.

Schon jetzt haben wir den Eindruck, dass der Erzähler, ein Mann, mit gesunden Augen, emotional blind zu sein scheint, weil er sich so gar nicht für den Freund seiner Frau interessiert. Der Name dieses Freundes lautet Robert, aber der Erzähler ist so desinteressiert an ihm, dass er ihn fortgesetzt »der blinde Mann« nennt. Tatsächlich ist der Erzähler an nichts interessiert. Er sieht nicht den Menschen in Robert und dessen Leben, weil er seinen Gast auf die Behinderung reduziert. Er ist schockiert, einen Blinden mit Bart und ohne dunkle Brille zu sehen, und er kann es kaum fassen, dass sein Gast auch noch raucht und scheinbar eine rege berufliche Vergangenheit hat. Auch seine Frau und deren Interessen sind dem Erzähler weitgehend gleichgültig. Er will weder etwas von ihren Gedichten – oder Poesie im Allgemeinen – wissen, noch von ihrem vergangenen oder sogar gegenwärtigen Leben. Aber noch wichtiger ist die Tatsache, dass er sich nicht einmal für sein eigenes Leben interessiert. Wir spüren, dass sein idealer Abend darin besteht, sich zu betrinken, zu bekiffen und fernzusehen. Möglicherweise ist das Desinteresse auch daran Schuld, dass er uns nie seinen eigenen Namen verrät.

Der Protagonist, der Erzähler, passt perfekt ins Thema der Geschichte. Aber die beiden anderen Figuren ebenfalls. Wenn der Mann, der sehen kann, emotional blind ist, dann ist es sehr hilfreich, einen Blinden zu entwickeln, der emotional sehr gut sieht, Robert. Er genießt sein Leben in vollen Zügen und scheint an allem interessiert, was ihm begegnet. Wir spüren, dass er seine kürzlich verstorbene Frau innig geliebt hat und dass er seine Freundschaften pflegt, und selbst seine Trinkfestigkeit und die Tatsache, dass er raucht, scheinen eher gesellschaftliche Werkzeuge als Krücken zu sein. Er besitzt sogar zwei Fernseher und zieht den mit Farbe vor!

Die Frau des Erzählers, die dritte Figur der Geschichte, scheint eine warmherzige Person zu sein, die ihre Freundschaft mit Robert schätzt und alles tut, damit er sich wie zu Hause fühlt. Wenn die Frau zänkisch wäre, könnten wir ja verstehen, warum der Erzähler sich abschottet, aber so verstärkt ihre Freundlichkeit noch die »Blindheit« des Protagonisten.

Diese wichtigen Charakterzüge werden mit jeder einzelnen Dialogzeile bestätigt:

Ich sagte: »Lassen Sie mich einen Drink für Sie holen. Was hätten Sie denn gerne? Wir haben ein bisschen von allem da. Eins von unseren Freizeitvergnügen.«
»Bub, ich bin ein Scotch-Trinker«, sagte er sofort mit dieser volltönenden Stimme.
»Richtig«, sagte ich. Bub! »Klar sind Sie das. Ich wusste es.« Er tastete mit den Fingern nach seinem Koffer, der längsseits vom Sofa stand. Er war dabei, sich zu orientieren. Ich konnte es ihm nicht verdenken.
»Ich bring das mal rauf in dein Zimmer«, sagte meine Frau.

Es ist alles enthalten: das Desinteresse des Erzählers, die Jovialität des Blinden, die Freundlichkeit der Frau. Was die Figuren sagen, unterstützt das Thema.

Carver hat für seine Geschichte einen Ich-Erzähler gewählt, und im Hinblick auf das Thema war das eine kluge Wahl. Wir beobachten nicht nur die »Blindheit« des Erzählers, wir *erfahren* sie, indem wir alles durch sein Bewusstsein wahrnehmen. Diese Blindheit macht den Protagonisten übrigens zu einem ziemlich unzuverlässigen Erzähler. Wir trauen seinen Meinungen nicht, und wir tun gut daran. Er präsentiert uns engstirnige Ansichten, von denen wir wissen, wie dumm sie sind. Ein Beispiel:

Der blinde Mann, man male sich das aus, trug einen Vollbart! Ein blinder Mann mit einem Bart. Nicht zu fassen, würde ich sagen.

Die Stimme des Erzählers verstärkt noch den Eindruck, den wir von ihm haben: Sie ist zynisch und von Ignoranz geprägt. Die ganze Geschichte über arbeiten Perspektive und Stimme Hand in Hand, um uns den begrenzten Horizont des Erzählers bewusst zu machen.

Die ganze Geschichte spielt im Haus des Protagonisten. Dennoch wissen wir nie genau, wie es dort aussieht. Carver ist generell sehr sparsam mit Einzelheiten, aber in diesem Fall passt diese Kargheit besonders gut: Selbst in seinem eigenen Haus scheint der

Erzähler nicht in der Lage, etwas zu »sehen«. Als Leser erfahren wir so gut wie nichts über das Interieur, über das Essen, die Drinks oder die Frau ... nichts davon wird uns vom Erzähler mit Hingabe oder auch nur mit besonderer Genauigkeit beschrieben. Alles wirkt apathisch:

Die Nachrichtensendung war zu Ende. Ich stand auf und stellte einen anderen Kanal ein. Ich setzte mich wieder aufs Sofa.

Raymond Carver verbindet Stimme, Perspektive und Beschreibungen so miteinander, dass sie uns die »Blindheit« des Erzählers – und somit das Thema seiner Geschichte – in vollem Ausmaß offenbaren. Die Beschreibungen werden genauer und lebendiger, als der Erzähler gegen Ende der Geschichte endlich doch zu »sehen« beginnt. Der Blinde und der Protagonist schauen sich im Fernsehen eine Sendung über Kirchen im Mittelalter an:

Die Kamera bewegte sich jetzt auf eine Kathedrale draußen vor Lissabon zu. Die Unterschiede zwischen der portugiesischen Kathedrale und den französischen und italienischen waren nicht so riesig. Aber es gab sie.

Plötzlich erkennt dieser unglaublich desinteressierte Erzähler sogar den Unterschied zwischen portugiesischen und französischen Kathedralen. Wenn das kein Sprung ist!

Das Thema ist hier bei jeder Weiterentwicklung des Handlungsschemas sichtbar. Der Plot ist eine lebendige Illustration des Themas – Thema in Bewegung, wenn Sie so wollen. Wenn Sie dem Leser das Thema durch die Handlung der Figuren vermitteln, brauchen Sie es nicht explizit anzusprechen, und auch Carver tut das nicht.

Wie wir im dritten Kapitel gesehen haben, lautet die zentrale Frage dieser Kurzgeschichte, ob der Erzähler jemals wirklich »sehen« wird. Alle Ereignisse in der Geschichte, von Anfang bis Ende, treiben den Erzähler auf den Augenblick zu, in dem er zu »sehen« beginnt. Der Erzähler versucht mit aller Macht, reglos und desinteressiert zu bleiben, aber Robert lässt nicht locker, stellt Fragen, ist charmant und freundlich, bis unser Protagonist dieser lebensbejahenden Einstellung einfach nicht mehr widerstehen kann. Im Höhepunkt der Geschichte – der Erzähler zeichnet gemeinsam mit Robert eine Kathedrale – kommen schließlich Thema und Handlung in einem strahlenden Moment der Auflösung zusammen.

Vorher sitzen die beiden vor dem Fernseher und sehen eine Kathedrale, richtiger: Der Erzähler sieht die Kathedrale. Robert dagegen hat nie eine gesehen. Was also geschieht? Der Mann mit dem Augenlicht beschreibt Robert, auf seinen Wunsch hin, die Kathedrale. Nur leider ist der Mann mit dem Augenlicht emotional blind; er hat keine Ahnung, wie er ein solches Gebäude beschreiben soll:

»*Es ist mir einfach nicht gegeben*«, gesteht er seinem Gast.

Aber der Blinde besteht darauf, weil er derjenige ist, der »sehen« kann. Er weiß, dass der Erzähler emotional verarmt ist, weiß, dass es wichtig ist, diesem Mann zu helfen – oder vielleicht seiner Freundin zu helfen, die mit diesem auf seine Art blinden Mann verheiratet ist. Deshalb fordert Robert seinen Gastgeber auf, Stift und Papier zu holen, und der Erzähler versucht, mit Roberts Hand auf seiner, eine Kathedrale zu zeichnen. Robert behauptet, er bekäme dadurch ein Gefühl für das Bild einer Kathedrale, aber vielleicht will er dem Erzähler auch einfach nur Mut machen, seine Aufgabe zu bewältigen. Und dieser schafft es tatsächlich: Schließlich hat er seine Kathedrale gezeichnet. Er schließt die Augen und kann endlich, wundersamerweise, »sehen«.

Inzwischen sehen *Sie*, wie die handwerklichen Elemente des Schreibens im Thema zusammenlaufen.

☞ ***Sie sind dran:*** Nehmen Sie Ihr Lieblingsbuch zur Hand, für das Sie das Thema herausgefunden haben. Blättern Sie es durch und suchen Sie sich ein paar Seiten heraus. Notieren Sie nun alles, was bestätigt, dass Sie das richtige Thema formuliert haben: Charaktere, Umgebung und Milieu, Stimme, Titel, Eröffnungssatz usw. Wenn Sie aber nicht viel finden können, was mit dem von Ihnen angenommenen Grundthema im Zusammenhang steht, welchen

Schluss ziehen Sie dann daraus? Dass das Thema sehr subtil behandelt wird? Oder nicht genügend? Oder dass Sie womöglich nicht das richtige Thema gefunden haben?

Können Sie es wie Carver machen? Versuchen Sie es! Finden Sie nach der ersten oder zweiten Fassung Ihr Thema, bevor Sie Ihr Werk überarbeiten und nochmals überarbeiten. Wenden Sie bei jeder Überarbeitung andere Methoden an, die dazu führen, dass die vorhandenen Elemente ergänzt, erweitert und noch besser auf das Thema ausgerichtet einfließen. Wenn Sie einmal Schwierigkeiten damit haben, dann machen Sie es dem Erzähler von »Kathedrale« nach: Schließen Sie Ihre Augen und »sehen« Sie.

10. KAPITEL

Überarbeitung: Die echte Autorenkorrektur

Peter Selgin

Ich schreibe aus dem gleichen Grund, aus dem andere Menschen an Gott glauben: um dem Leben einen Sinn und eine gewisse Ordnung zu verleihen oder wenigstens hier und da ein wenig Gestalt. Wie viele Menschen fühle ich mich in Chaos und Unordnung nicht wohl. In meinem Büro stehen penibel aufgeräumte Regale, Schränke und auf den Oberflächen polierte Halter für Schreibgeräte, die Notizblöcke sind nach Größe, Kategorie und Datum geordnet. Ich bin nahezu krankhaft ordentlich. Aber da bin ich nicht der Einzige. Der beste Beweis für die menschliche Fixierung auf Ordnung steht in den Sternen: Was sind die Konstellationen und Sternbilder denn anderes, als säuberlich etikettierte Schachteln, in die wir die Planeten einsortieren? Der Große Wagen ist kosmische Fiktion.

Wenn ich ein Seminar gebe, warne ich meine Studenten direkt in der ersten Stunde, dass ich ihnen nicht beibringen werde, wie man schreibt, ja, dass ich es ihnen nicht beibringen *kann*. Ich kann ihnen nur beibringen, wie man bearbeitet, wie man das, was man geschrieben hat, betrachten und analysieren kann, und wie man es dann anschließend verbessert und optimiert. Das Schreiben selbst, die Arbeit, ihre Ideen zu Papier zu bringen, ist wirklich ganz allein ihre Aufgabe. Aber wenn sie etwas zu Ende gebracht haben, wenn tatsächlich etwas auf dem Papier *steht*, wenn meine Studenten bereit sind, Ordnung ins Chaos zu bringen, biete ich ihnen gerne meine Hilfe an.

Erstfassungen

Nehmen wir an, es liegt eine Erstfassung vor. »Dass man sie zu Ende bringt, ist alles, was zählt«, sagte Hemingway über Erstfassungen. Nach einem anderen Ausspruch sollte man die erste Fassung mit dem Herzen schreiben und bei den nachfolgenden das etwas kritischere Organ – das Hirn – einschalten.

Papa Hemingway, der mit Worten nie zimperlich war, bezeichnete Erstfassungen auch als »Exkremente«. Das ist ziemlich derb, aber auch befreiend. Es ist okay, wenn ein Erstentwurf Schrott ist – das darf er, vielleicht *soll* er das sogar sein. Hauptsache, der Schrott ist geschrieben! Bringen Sie etwas zu Papier. Seien Sie skrupellos, schamlos, sogar grob fahrlässig und schrecklich zügellos, aber bringen Sie etwas zu Papier. Und denken Sie daran: Während Sie Ihren ersten Entwurf schreiben, dürfen Sie nicht lektorieren.

Eine Freundin von mir, die eine ganze Sammlung Hüte und Kappen besitzt, trägt, während sie an einer Rohfassung schreibt, eine rote Baseball-Kappe, auf deren Schirm in Goldbuchstaben der Name *Kerouac* prangt. Wenn sie jedoch die Überarbeitung beginnt, muss es das knallbunte, trichterförmige Chinesenhütchen sein. Das ist vielleicht etwas übertrieben, und der Trichter als Symbol für den Lektor kommt mir auch ein wenig komisch vor, aber es zeigt, worum es geht: Lektorieren und Schreiben sind zwei ganz verschiedene Dinge, die verschiedene Fähigkeiten und Techniken erfordern, auch wenn beide dasselbe Ziel – ein literarisches Kunstwerk zu erschaffen – anstreben. Während die Frau mit der roten Baseball-Kappe allein von Instinkt und Gefühl – halb Genie, halb Neandertaler – getrieben wird, muss die Person, die das Chinesenhütchen aufsetzt, ein emotionsloser Diagnostiker sein, der – Skalpell in der einen, Lupe in der anderen Hand – jedes Wort genau prüft und jeden Absatz kritisch betrachtet.

Selbst wenn Inspiration oder Genie ihre Hand im Spiel hatten, können Erstfassungen Bearbeitung vertragen. Genau genommen können sie das *immer*. »Keine Sentimentalität in diesem Job«, schrieb Daphne du Maurier über die Aufgabe des Lektors. Und obwohl Überarbeitung ohne Sentimentalität und manchmal sogar mit einer gewissen Kaltblütigkeit und Brutalität ausgeführt werden muss, kann sie auch Spaß machen. Denn mit der Zeit lernt jeder Schriftsteller nicht nur, wie man technische Probleme entdeckt und löst, sondern auch, dass das Finden dieser Lösungen ebenso kreativ sein kann wie das Schreiben eines ersten Entwurfs.

Sie haben Ihre erste Fassung beendet. Da liegt sie nun neben Ihrem Keyboard – ein Stapel Papier übersät mit Wörtern –, Ihre Wörter. Vielleicht haben Sie ja in glühender Hitze geschrieben und frei nach Jack Kerouacs Motto, »Erstgedanke, Bestgedanke« alles rausgelassen, was gerade in Ihnen steckte. Oder Sie haben behutsam und berechnend gearbeitet wie William Styron, der jeden Satz bereits in der Erstfassung bis zur Perfektion feilte, bevor er zum nächsten überging, und auf diese Art unendlich lange Romane verfasste. Ob so oder so – Sie glauben, dass Sie mit Ihrer Arbeit fertig sind. Und vielleicht haben Sie Recht.

Aber in den meisten Fällen irren Sie sich. Nur sehr, sehr wenige von uns sind wie William Styron, der seine Arbeitstechnik selbst als die »Hölle« bezeichnete. Wenn Sie ehrlich sind, werden Sie zugeben, dass Sie für jeden Satz, der auf dem Papier glüht wie ein Blitz, den Zeus herniedergeschleudert hat, zehn andere mühsam wie Wurzelgemüse ausgraben und von Erde befreien müssen.

Manche Autoren sind der Meinung, dass sie nur ihrem Genie freien Lauf lassen müssen. Die Aufräumarbeiten soll jemand anderes übernehmen – wozu sind Lektoren und Redakteure schließlich da? Und in der guten alten Verlegerzeit mag das auch gelegentlich so gewesen sein. Damals konnte ein Thomas Wolfe tatsächlich sein Manuskript, das so sperrig und unordentlich war wie er selbst, auf den Tisch des Verlegers fallen lassen und hoffen, dass es tatsächlich gedruckt wurde – vorausgesetzt der Verleger war der legendäre Maxwell Perkins von Scribner, der Wolfe und anderen zu Berühmtheit verhalf.

Aber leider, leider sind die alten Zeiten vorbei und Männer wie Perkins längst tot. Heutzutage ist der Verleger ein gehetztes Wesen, das Dringenderes zu tun hat, als Ihr Meisterwerk zu bearbeiten.

Deshalb tun Sie es besser selbst. Und falls Sie noch keinen Merkzettel an Ihrem Bildschirm kleben haben, dann machen Sie sich jetzt einen: WAHRE SCHRIFTSTELLER ÜBERARBEITEN!

Der Auftakt

Doch bevor wir mit der Bearbeitung beginnen, bevor wir beginnen, den Körper unserer Geschichten zu öffnen und uns auf die Suche nach Tumoren, Fremdkörpern und Anzeichen interner Blutungen zu machen, müssen unser Wortschatz und unsere Emotionen abgekühlt, ernüchtert und gut ausgeruht sein. Schlafmangel, Katerstimmung, Wahnvorstellungen oder zu viel Koffein sind Dinge, die in dieser Chirurgie nichts zu suchen haben.

Will sagen: Überarbeiten Sie nicht im Nachbeben Ihrer kreativen Ekstase oder wenn Sie wütend, erschöpft, deprimiert, voller Selbstzweifel, Furcht oder Abscheu sind. Sie haben Ihre Erstfassung ausgedruckt? Prima. Lassen Sie sie liegen. Machen Sie eine Weile etwas anderes, arbeiten Sie an einem neuen Projekt, nehmen Sie sich zwei Wochen Urlaub und packen Sie Ihr Malzeug und die Tauchausrüstung ein. Erfrischen Sie Ihren müden Geist im Meer, während Ihr Manuskript erkaltet. Räumlicher Abstand, so heißt es, steigert die Liebe. Und sie macht auch die Überarbeitung leichter. Es ist paradox: Je weniger wir unsere Worte wiedererkennen, umso besser gerüstet sind wir, sie zu beurteilen.

Keine Sorge – Sie müssen nicht erst so weit reisen wie Neil Armstrong, um Abstand zum eigenen Werk zu bekommen. Manche Autoren schreiben morgens und beginnen bereits am Nachmittag oder am Abend mit der Überarbeitung. Andere brauchen nur bis zum nächsten Tag, um sicher zu sein, dass Sie das, was sie geschrieben haben, nicht mehr zu sehr lieben oder hassen. Aber eine so kurzfristige Überarbeitung, ohne zeitlichen Abstand, birgt einige Gefahren. Hier Virginia Woolf zum Thema Überarbeitung:

Als ich das Ding noch einmal las (an einem sehr grauen Abend), fand ich es so abgeflacht und monoton, dass ich die Atmosphäre nicht einmal »spüren« konnte: Ganz sicher hatte es keinen Charakter. Am nächsten Morgen machte ich mich in der Hoffnung, es beleben zu können, daran, es drastisch zu kürzen und umzuarbeiten und vernichtete dabei (wie ich vermute, weil ich es nicht noch einmal gelesen hatte) die einzige Tugend, die es hatte – eine Art von Kontinuität, denn ich hatte es ursprünglich in einem traumartigen Zustand geschrieben, der zumindest ungebrochen war ... Ich habe alle Seiten, die ich herausgestrichen habe, behalten, sodass das Ding genau so rekonstruiert werden kann, wie es war.

Woolf hat gut daran getan, ihre Entwürfe aufzubewahren. Aber was, wenn Sie auch nach ein oder zwei Tagen immer noch nicht klar erkennen können, was Sie geschrieben haben, ein Urlaub in Ihrem Budget nicht drin ist und Sie sich den Luxus von mehr Zeit nicht leisten können? Oder wenn Ihr Abgabetermin mit Riesenschritten naht und Sie bereits den heißen Atem Ihres Verlegers im Nacken spüren? Wie lässt sich ein Manuskript in solchen Fällen im Eiltempo abkühlen und die allzu vertrauten Worte etwas überraschender machen?

Lesen Sie Ihren Text mit spitzem Stift in der Hand und laut. Lesen Sie laut und deutlich und schleudern Sie jedes Wort einem imaginären Publikum entgegen. Stellen Sie sich vor, dass irgendwo in diesem Publikum Ihr idealer Leser sitzt. Vielleicht ist er oder sie sogar Ihr Lieblingsautor, der Geist von Jane Austen oder William Faulkner. Stellen Sie sich vor, dass er ebenfalls mit einem gespitzten Stift – oder in Faulkners Fall mit einer Flasche Whiskey – dasitzt und aufmerksam lauscht. Beobachten Sie, während Sie lesen, das Minenspiel; achten Sie genau darauf, ob die Person lächelt, die Stirn runzelt, Grimassen schneidet oder sogar zusammenzuckt. Und hören Sie sich selbst ganz genau zu. Wörter zu lesen ist eines, sie zu hören etwas ganz anderes: Sie klingen anders, wenn sie laut ausgesprochen werden. Man hört nicht nur stolpernde Rhythmen und Logik-Brüche heraus, sondern auch gestelzte Sprache, Klischees, umständliche Beschreibungen und viele andere schriftstellerische Sünden. Sie werden überrascht sein, wie viele Korrekturen Sie machen wollen. Wenn die Vorstellung, Faulkner etwas vorzulesen, zu einschüchternd ist, suchen Sie sich einen gnädigeren imaginären Leser wie Ihren neuen Literaturdozenten, der Ihnen eine eins für Ihren Aufsatz über Trüffelsuche mit Ihrem verrückten französischen Onkel in der Normandie gegeben hat.

Manchen Menschen fällt es schwer, sich selbst laut vorzulesen, sie sollten sich einen echten Zuhörer suchen. Keinen Lektor bitte, nicht einmal einen anderen Autor, nur eine Person, die gerne zuhört (und die gibt es, ob Sie es glauben oder nicht). Diese Person muss nicht kommentieren; im Grunde ist es sogar besser, wenn sie es nicht tut. Sie ist nicht dazu da, um zu kritisieren, sondern um zu reagieren und Ihnen zu helfen, das zu hören, was Sie hören müssen.

Eine andere Möglichkeit ist, sich den eigenen Text vorlesen zu *lassen*. Dazu brauchen Sie allerdings Mut und ein dickes Fell. Dennoch: Die eigenen Worte mit der Stimme eines anderen zu hören, kann den Überarbeitungsprozess enorm beschleunigen und erleichtern. Wenn Ihnen das zu peinlich ist, nehmen Sie sich selbst auf Tonband auf.

☞ *Sie sind dran:* Nehmen Sie sich einen Text vor, den Sie in einer der vorangegangenen Übungen geschrieben haben. Lesen Sie ihn laut. Machen Sie sich während des Lesens Notizen, sobald Sie merken, dass etwas verbesserungswürdig ist. Wenn Sie sich beim Lesen langweilen, dann wird ein anderer Leser das vermutlich auch tun. Fragen Sie sich, warum Ihr Text Sie nicht packt. Und jedes Wort oder jeder Satz, der Sie zusammenzucken lässt, muss als überaus verdächtig betrachtet werden. Dann überarbeiten Sie den Text anhand Ihrer Notizen.

Es gibt noch zwei andere Möglichkeiten, rasch in die Überarbeitungsphase übergehen zu können. Die eine ist so simpel, dass es schon peinlich ist, aber sie funktioniert. Drucken Sie Ihr Kapitel oder Ihre Geschichte in einer ungewöhnlichen (aber lesbaren) Schrifttype aus. Die Wörter werden Ihnen plötzlich fremd vorkommen, und Sie können mit der Bearbeitung beginnen.

Die zweite – und ultimative – Möglichkeit ist, sich Hilfe zu holen, das heißt, falls Sie das Glück haben, einen verständnisvollen Leser zu kennen, der gleichzeitig ein geschickter Lektor ist. Mit *verständnisvoll* meine ich sowohl im Hinblick auf Ihre Absichten als auch auf Ihren Stil im Allgemeinen. Professionelle Lektoren sind überhaupt nicht rar gesät – zahlen Sie ein Honorar, können Sie sich einen aussuchen. Aber selbst der teuerste und erfahrenste Lektor kann die falsche Wahl für Ihr Werk sein. Professionell oder nicht – die Meinung des Lektors ist immer noch nur eine Meinung. Und viele gute Schriftsteller mussten schon erdulden, dass ein »Experte« ihre Werke, gelinde gesagt, verhunzte. Erinnern Sie sich an Ihren letzten, scheußlichen Haarschnitt, nach dem Sie Ihren Coiffeur am liebsten verklagt hätten? Lektoren sind wie Friseure: Wenn Sie einen guten gefunden haben, schätzen Sie sich glücklich und lassen Sie ihn nie wieder los. Noch besser: Geben Sie ihm Ihr Manuskript und fliegen Sie endlich in Urlaub.

Übrigens: Kein noch so guter Lektorenrat muss sklavisch befolgt werden. Es ist Ihr Werk. Sie müssen selbst wissen, wann Sie Vorschläge annehmen und wann Sie dankend ablehnen. Manchmal räumt ein Lektor Ihre Arbeit auf, obwohl Sie es schmuddelig und chaotisch haben wollten. Wie Tennessee Williams einst zu Gore Vidal sagte, nachdem dieser mit dem Lektorieren fertig war: »Sie haben alle meine Fehler korrigiert, und meine Fehler sind alles, was ich habe!«

Der Überarbeitungsprozess

Sie sind nun also bereit, sich an die Arbeit zu machen. Aber was, wie und wie viel überarbeiten?

»*Überarbeiten Sie, bis Ihre Finger bluten.*«
(Donald Newlove)
»*Pfuschen Sie bloß nicht zu viel dran herum.*«
(Lawrence Durrell)

Zwei gute Schriftsteller, zwei scheinbar unvereinbare Ratschläge. Was tun?

Mehrere Fassungen ermöglichen es uns zu erkennen, was uns selbst als Aussage wichtig ist und es danach in seine endgültige Form zu bringen. Denken Sie an einen Maler vor der Leinwand. Er malt, vielleicht tagelang, an seinem Ölbild, dann schabt er ab und beginnt von Neuem – bis ein Meisterwerk entstanden ist. Und all das abgekratzte Material umsonst? Keinesfalls. Entwerfen und verwerfen gehört unbedingt zu dem Prozess dazu.

Anfangs ist Überarbeitung oft eine Frage der neuen Betrachtung. Es kann sein, dass wir aus unserem Erstentwurf nur einen guten Charakter, eine Szene, eine Beschreibung, einen Eröffnungssatz und wahrscheinlich das Thema behalten – der Rest ist eine Menge entbehrlicher Wörter. Aber wenn diese dazu beigetragen haben, auch nur eines der oben genannten Elemente zu schaffen, dann waren sie nicht umsonst.

Ein Vorschlag: Sobald Sie Ihren ersten Entwurf beendet haben, beginnen Sie von Neuem. Spannen Sie ein weißes Blatt ein oder öffnen Sie ein neues Dokument und fangen Sie an zu schreiben; diesmal mit einer Vorstellung, in welche Richtung Ihre Geschichte gehen soll. Legen Sie nur dann Ihren Erstentwurf zu Grunde, wenn er etwas enthält, das es wert ist, andernfalls schreiben Sie einen vollkommen neuen Erstentwurf. D. H. Lawrence hat das mit *Lady Chatterley* dreimal getan, sodass er am Ende drei Romane zum selben Thema hatte, von denen keiner Teile der anderen beinhaltete. Alte Worte können manchmal neue Erkenntnisse blockieren.

☞ *Sie sind dran:* Nehmen Sie sich einen Ihrer Texte vor und versuchen Sie, ihn neu zu sehen. Lesen Sie ihn mehrmals durch und fragen Sie sich dabei, was in diesem Text besonders hervorsticht, worin die meiste Kraft steckt – das kann ein Charakter sein, ein Thema, eine flüchtige Idee, selbst eine einzelne Zeile. Und nun brauchen Sie Mut: Werfen Sie alles raus, bis auf diese eine, viel versprechende Sache. Schreiben Sie auf dieser Basis Ihren Text vollkommen neu.

Zwei Entwürfe sind vielleicht nur der Anfang. Es ist nicht außergewöhnlich für einen Schriftsteller, dass er für eine einzige Geschichte zwanzig Entwürfe schreibt. Ich muss es wissen. Ich habe es schon selbst getan. Und es kann passieren, dass selbst nach zwanzig Fassungen manche Geschichten noch immer unveröffentlicht in einer Schublade vor sich hin modern. Bin ich deswegen ein Narr? Nein, denn der *einundzwanzigste* Entwurf kann der sein, der meine Geschichte endlich in die Druckerei bringt. Andererseits hatte ich auch schon Geschichten, die bereits nach dem zweiten Entwurf gekauft wurden.

Manche Geschichten schreiben sich leichter als andere. Doch die, die sich eine ganze Weile sperren, sind nicht weniger wert, geschrieben zu werden. Bereiten Sie sich darauf vor, mehrere Male zu überarbeiten. Raymond Carver, einer der besten Kurzgeschichtenautoren dieses Landes, hat gestanden, seine Storys durchschnittlich zwölfmal durchzusehen. Er hatte begriffen, dass echte Schriftsteller sich dafür nicht zu schade sein dürfen.

Das Neun-Punkte-Programm

Wenn die Erstfassung die ist, die man mit dem Herzen schreibt, dann sind alle nachfolgenden Fassungen die, in denen man den vielen Ratschlägen, die in diesem Buch gegeben werden, folgen sollte. Sie könnten eine ganze Neufassung damit verbringen, sich auf ein einziges Element Ihres Handwerks zu konzentrieren, und womit Sie anfangen. Aber bevor Sie sich mit Feinarbeiten (Zeichensetzung oder Satzstrukturen zum Beispiel) beschäftigen, sollten Sie mit den wichtigsten Punkten zufrieden sein, zum Beispiel:

Charaktere

Kurz gesagt: Menschen sind an Menschen interessiert. Deswegen lesen sie Geschichten und Romane.
Es hilft, wenn Sie sich bei der Überarbeitung ein paar Fragen stellen. Die erste:

Habe ich alle Figuren, die ich brauche, um meine Geschichte zu erzählen? Und wenn ja:
Kann ich es mir leisten, ein paar zu verlieren? Kommt mein Protagonist mit zwei oder einem statt drei Kumpels aus?

Was die Anzahl der Figuren betrifft, mit denen Sie die Geschichte erzählen wollen, gilt wie in so vielen anderen Bereichen: Weniger ist mehr.

Sobald Sie sicher sind, dass Sie wirklich die Figuren haben, die Sie brauchen, fragen Sie sich:

Ist eine meiner Hauptfiguren vielleicht zu flach? Spielt sie ihre Rolle zu sauber, zu perfekt?

Wenn wir Figuren eingeschränkte, vorhersehbare Rollen in unserem Werk zudenken, riskieren wir, sie zu Archetypen, wenn nicht sogar zu Stereotypen zu machen. Wie F. Scott Fitzgerald schrieb: »Beginn mit einem Individuum, und bevor du dich versiehst, hast du einen Typus erschaffen; beginn mit einem Typus, und du erschaffst – nichts.«

Letzte Frage zu Charakteren:

Sind meine Figuren ausreichend motiviert?

Eine Figur ohne ein starkes Ziel, auf das sie sich zubewegt und für das sie kämpfen kann, eine Figur, die sich von externen Kräften herumschubsen lässt, ist nichts als eine *austauschbare* Figur. Voltaires

Candide ist eine solche Person, der Protagonist aus Camus' *Der Fremde* ebenfalls, aber solange Sie nicht eine satirische Fabel oder einen existenzialistischen Roman schreiben wollen, sollten Ihre Figuren unbedingt etwas wollen.

Handlungsaufbau

Die Definition von Plot hat der englische Dichter Philip Larkin mit kurzen Worten zusammengefasst: Eine Geschichte besteht aus drei Teilen: Anfang, Wirrwarr, Ende.

Anfänge sind von ungeheurer Wichtigkeit. Wenn nämlich die Geschichte schwach startet, sind die Chancen, dass der Leser überhaupt bis zum »Wirrwarr« kommt, gering – vom Ende reden wir dabei noch gar nicht. Autoren bekommen oft zu hören, sie müssten ihre Leser mit dem ersten Satz oder Absatz sofort an der Gurgel packen und nicht mehr loslassen. Manchmal funktioniert es. Man kann Sätzen wie diesen eben nicht widerstehen:

Hale war gerade erst drei Stunden in Brighton, als er begriff, dass man ihn umbringen wollte.

Das ist der Eröffnungssatz aus Graham Greenes *Am Abgrund des Lebens*. Aber nicht alle Leser möchten gleich an der Gurgel gepackt werden. Manche werden lieber sanft verführt, in dem Fall kann ein schüchternes Winken oder ein lockender Finger wirkungsvoller sein. Hier der erste Satz aus *Moby Dick*:

So nennt mich denn Ismael.

Was ich sagen will: Es ist nicht nötig, den ersten Satz immer sensationell zu gestalten, um den Leser in den Bann zu ziehen. Amüsant, unterhaltend oder interessant tut's auch. Denken Sie sich selbst als einen Gast, der gerade auf eine Party gekommen ist. Sie möchten beeindrucken. Sie könnten die Gastgeberin erwürgen; das würde sicherlich seinen Zweck erfüllen. Oder Sie tippen mit einem Löffel ans Weinglas und beginnen, mit ihrer eigenen, originellen Stimme eine einzigartige Geschichte voller Charme und farbenfrohen Einzelheiten zu erzählen. Mit anderen Worten, Sie können Ihre Leser für sich gewinnen, ohne ihnen an den Hals zu gehen.

Aber Anfänge haben noch eine schöne Eigenschaft: Man kann einen Anfang häufig dadurch verbessern, dass man den ersten Absatz, die ersten Seiten oder sogar das erste Kapitel ganz streicht. Lektoren nennen diese überflüssigen Wörter und Sätze gerne das »Räuspern« vor dem Erzählen. Untersuchen Sie, wo sich in Ihrem Werk zum ersten Mal etwas wirklich Interessantes ereignet, und fangen Sie da an. Alles, was vorher kommt, kann weg.

Wenn Sie Ihre Erstfassung beendet haben, befindet sich das Wirrwarr genau dort, wo es sein soll – in der Mitte nämlich. Die Mitte entsteht aus einem oder mehreren Ereignissen, die zum größten Ereignis überhaupt führen – dem Höhepunkt. Haben Sie Ihre Charaktere ausreichend motiviert und eine nicht zu große Anzahl bedeutungsvoller Momente in ihrem Leben ausgewählt, dann entwickelt sich der Mittelteil mehr oder weniger von alleine – vorausgesetzt natürlich, Sie haben wirklich die richtigen Szenen ausgesucht und setzen sie so ein, dass sie nahezu perfekt sind.

Die Frage, die Sie sich hier stellen müssen, lautet:

Habe ich die notwendigen Ereignisse, mit denen ich meine Geschichte erzählen will, vernünftig ausgesucht?

John Gardner spricht vom »Gesetz von Eleganz und Effizienz«, was bedeutet: Wenn du deine Geschichte in vier Szenen erzählen kannst, erzähle sie nicht in fünf. Nachdem Fitzgerald uns in *Der große Gatsby* eine Szene beschrieben hat, in der er seine Hemden vor Daisys funkelnden Augen auf dem Bett ausgebreitet hat, führt er uns keineswegs anschließend in Gatsbys Garage, um uns dessen Studz Bearcat zu zeigen.

Was den Schluss einer Geschichte angeht, so ist es besser, niemals wirklich dort anzukommen, selbst wenn wir die ganze Handlung über einen bestimmten Punkt am Horizont anpeilen. Im Übrigen ist es wahrscheinlich, dass wir es auch gar nicht schaffen, denn starke, motivierte und gut ausgearbeitete Charaktere sind durchaus in der Lage, ihre eigenen Lösungen zu finden, die dann wiederum ihre eigenen dramatischen Wirkungen haben. Das Ende einer Geschichte muss nicht nur für den Leser, sondern auch für den Autor unvorhersehbar sein.

Hinzu kommt, dass ein Ende überraschend sein muss, aber nicht unwahrscheinlich oder gar unmöglich sein darf. Ideal ist ein Ende, das gleichzeitig überraschend und unvermeidlich ist! Idealerweise sollte der Leser am Schluss zunächst mit einem »Du meine Güte!« und anschließend sofort mit »Aber natürlich!« reagieren, da ein gutes Ende stets das Ergebnis all der Dinge ist, die sich vorher ereignet haben.

Perspektive

Die Entscheidung für eine Erzählperspektive wird dem Autor oft vom Stoff und Thema seiner Geschichte diktiert. Und in den meisten Fällen wird Sie Ihr Instinkt nicht in die Irre leiten. Aber eine Geschichte instinktiv auf ganz bestimmte Art zu erzählen, garantiert nicht, dass sie dadurch auch richtig erzählt wird ... oder auf die einzig mögliche Art.

Fragen Sie sich also nach Beendigung Ihrer Erstfassung, ob Sie die bestmögliche Perspektive gewählt haben. Ist es besser, sich allein an eine Figur zu klammern, oder können Sie mehr erreichen, indem Sie mehrere Charaktere begleiten? Diese Fragen nicht zu stellen, wäre ein grober Unterlassungsfehler. Falls eine Geschichte oder auch nur eine *Szene* nicht stimmt, ist die Perspektive stets die Hauptverdächtige, die Sie zum Verhör vorladen sollten.

Jede Perspektive hat Vor- und Nachteile. Die des Erzählers in der dritten Person ist unproblematisch, weil sie viele Ausdrucks- und Sichtweisen erlaubt. Andererseits – wer will schon den *Fänger im Roggen* in der dritten Person lesen? Oder *Huckleberry Finn*? Hätte Melville geschrieben, *Sein Name war Ismael* – na ja, toll. Ein Ich-Erzähler ist ganz Intimität, ganz Stimme; wir bekommen die Nachrichten quasi noch heiß direkt aus dem Mund des Kronzeugen präsentiert.

Umgekehrt wäre *Madame Bovary* als Ich-Erzählerin wohl ziemlich unerträglich. Und könnten Sie sich vorstellen, dass Jay Gatsby seine eigene Geschichte erzählt?

Mein Rat: Welche Perspektive Sie auch wählen, bleiben Sie dabei.

Beschreibungen

»Fürchte dich vor Abstraktionen«, sagte der Poet Ezra Pound. Wenn Sie etwas beschreiben, soll der Leser hören, sehen, riechen, schmecken und fühlen, was Ihre Figuren hören, sehen, riechen, schmecken und fühlen. Sie brauchen lebendige Empfindungen, etwas, das die Sinne anspricht, nicht den Intellekt. Obwohl abstrakte Worte wie *schön* und *geheimnisvoll* eine allgemeine, zeitlose Wahrheit zu vermitteln scheinen, entlocken sie dem geübten Leser nur ein verächtliches Schnauben. Wenn Sie *Sally hatte wunderschönes, feuerrotes Haar* schreiben, sagt das wenig. *Sallys Haar fiel wie Kupfer glänzend zu beiden Seiten Ihres Gesichtes auf die Schultern nieder* sagt vielleicht schon zu viel, oder?

Bei Beschreibungen triumphiert das Besondere immer über das Generelle, so wie das Konkrete über das Abstrakte. Hier schreibt Shakespeare in *König Lear* über einen Sturm:

Blaset ihr Winde, und zersprengt eure Baken, wüthet, blaset! Ihr Wolkenbrüche und Orkane, speyet Wasser aus bis ihr unsre Glokenthürme überschwemmt und ihre Hahnen ersäuft habet. Ihr schweflichten, meine Gedanken ausrichtenden *Blitze, senget mein* weisses *Haupt; und du* allerschütternder *Donner, schlage die* dicke *Ründe der Welt platt, zerbrich die Form der Natur, und zerstücke auf einmal alle die* ursprünglichen *Keime, woraus der* undankbare *Mensch entsteht.*

Ein ziemlicher Unterschied zu »Es war eine dunkle und stürmische Nacht«, nicht wahr? Ich habe die Adjektive hervorgehoben; es sind einige. Aber was für Adjektive: Wir haben es hier dreimal mit Verben und Substantiven zu tun, die in adjektivische Dienste gezwungen wurden. Abstrakt ist hier nichts – »weiß« ist wie alle Farben eine konkrete Abstraktion, und »ursprünglich« kommt nur in der deutschen Übersetzung vor. Na gut, da ist noch »undankbar«, aber selbst ein großer Dichter darf gelegentlich Schwächen zeigen.

Auch bei konkreten Einzelheiten lohnt es sich, genau auszuwählen. D. H. Lawrence macht in Bezug auf Einzelheiten den Unterschied zwischen »den lebendigen und den toten«. Die »lebendigen« sind die, die dem Text das Leben einhauchen, und die »toten« sind, nun ja … tot eben. Das Erste, was Ihnen an Personen oder einem Ort auffällt, sind garantiert die »lebendigen« Details; die restlichen – die toten nämlich – werden kaum wahrgenommen.

Dialog

Ein paar Stichworte zum Dialog:

Prägnanz: Je weniger Worte, um das Wesentliche auszudrücken, umso besser.

Subtext: Es zählt nicht, was eine Figur sagt, sondern was sie meint.

Logik: Menschen sind unlogisch, besonders, wenn sie reden, ganz besonders, wenn sie streiten.

Gegner: Und streiten *sollten* sie! Wir erfahren viel mehr, wenn Figuren sich streiten oder unterschiedliche Auffassungen vertreten.

Dialoge dürfen nie O-Ton-Qualität haben, dennoch sollten Ihre Gespräche sprechbar sein, was sich durch lautes Lesen überprüfen lässt.

Versuchen Sie nicht, Ihren Figuren Gespräche aufzuzwingen. Wenn Sie sie gut kennen und Sie ihnen genügend Antrieb und Motivation mitgegeben haben, dann sprechen sie von sich aus und wissen selbst, wann sie was zu sagen haben, während Sie sich mit der Rolle des Stenografen bescheiden sollten.

Achten Sie auf das Verhältnis Szene/Zusammenfassung und Beschreibung/Dialog. Ein geschickter Autor mixt Szene mit Zusammenfassung, denn die besten Erzählungen sind wie Achterbahnen, deren langsam ansteigende Exposition zu dramatischen Schussfahrten führt. Aber es gibt nicht nur eine Methode, eine Achterbahn zu bauen. Während der eine Autor Dialoge der

Zusammenfassung vorzieht, verzichtet der andere vollkommen auf Dialoge. Wenn wir ein Werk als temporeich bezeichnen, ist das eine quantitative, keine qualitative Beurteilung. Ein Buch zu schreiben, ist kein Formel-1-Rennen. Manchmal kommt man langsam und beständig schneller ins Ziel, wie man an Autoren wie Thomas Mann, Virginia Woolf und Malcolm Lowry sieht, die sich im Schneckentempo voranbewegen und dennoch Weltliteratur geschaffen haben.

Umgebung und Milieu

Das Umfeld ist alles, denn unser Schicksal wird ebenso durch unsere Umgebung wie durch die Zeit bestimmt. Unsere Leser sollten wissen und fühlen, in welcher Zeit und an welchem Ort sie sich befinden. Das erreichen Sie, durch sorgfältig eingestreute Daten, oder Sie flechten komplexe Elemente subtil in Ihr Handlungsschema ein. Eine Geschichte, die in Shanghai spielt, ist smogverhangen; durch die in Hamburg weht ein frischer Wind; eine Liebesgeschichte, die mit einer »dunklen, stürmischen Nacht« beginnt, entwickelt sich anders als eine, die an einem strahlenden Sonnentag anfängt. Die Umgebung muss wie ein Charakter behandelt werden, der seine eigenen Ansprüche an den Handlungsverlauf stellt.

Suchen Sie danach, ob Sie die Umgebung als Metapher einsetzen können. Der allgegenwärtige Nebel, durch den wir das London aus Dickens' *Bleak House* erleben, unterstreicht die trostlose Düsterkeit des englischen Rechtssystems – das Thema des Buches. In Marilynne Robinsons *Das Auge des Sees* ist der Schauplatz des Romans gleichzeitig das Bild: Der See nämlich, der buchstäblich und sinnbildlich die Vergangenheit und die Gegenwart ertränkt.

Rückblenden

In seinem Frühwerk *Der Zentaur* schickt John Updike seinen Leser über drei Seiten auf einen Abstecher nach New York, der wenig mit der Szene zu tun hat. In der wird von einer Autofahrt an einem verschneiten Morgen zu einer Schule in Brewer, Pennsylvania, erzählt. Hierbei handelt es sich um etwas, das Autoren »Digression« oder »Exkurs« nennen, eine Abschweifung also – nur dass es in diesem Fall keine echte ist. Nennen wir es daher Rückblende. Eine Rückblende ist im Grunde genommen ein Exkurs, der funktioniert. Und wieso funktioniert Updikes dreiseitige Rückblende? Erstens, weil er wie John Updike schreibt. Und zweitens, weil er weiß, wie lange man die Aufmerksamkeit des Lesers von einer Szene ablenken kann, bevor er entweder die eigentliche Szene vergisst, oder sich ganz vom Text verabschiedet.

Manche Autoren verlieren ihre Szene aus den Augen und verirren sich in endlosen Rückblenden wie Polarforscher im Schneesturm, von denen man anschließend nie wieder etwas hört. Ein Meister wie Updike weiß immer, in welcher Szene er gerade schreibt und wie viel Spannung sie ertragen kann. Er weiß, dass er genau drei Seiten hat, um die Vergangenheit zu beschreiben und ein wenig Sightseeing zu machen – noch etwas länger, dann verfällt sein Rückfahrticket. Updike ist außerdem klug genug, niemals in einen ausgedehnten Dialog einzutauchen, damit der Leser nicht glaubt, der Autor habe die eine Szene verlassen, um eine neue zu beginnen. Er beschränkt seinen Rückblick auf einen einzigen – zugegeben langen – Absatz.

Formulieren wir für Rückblenden eine grundlegende Regel: Halten Sie sie kurz. Wenn eine Rückblende hartnäckig darauf besteht, sich zu einer eigenen Szene zu entwickeln, überlegen Sie, ob Sie sie anderswo einbauen oder ihr ein eigenes Kapitel widmen können.

Stimme

In den ersten Absätzen Ihres Werkes schließen Sie mit Ihrem Leser einen Vertrag ab: Sie willigen ein, eine bestimmte Geschichte in einer bestimmten Stimme zu erzählen – und sie auch einzuhalten. Selbst wenn es Ihnen kleinlich erscheint, wird die Hälfte von dem, was Ihr Lektor tut, für die Beständigkeit in Ihrem Werk getan.

Man könnte sogar sagen, dass das, was wir Stil nennen, aus nicht viel mehr besteht als aus Eigenheiten und seltsamen Angewohnheiten des Autors, die durch das Lektorat zu etwas Beständigem gemacht werden – die Erzählstimme. Machen Sie hin und wieder etwas Merkwürdiges, und es ist falsch; machen Sie es andauernd, und es ist Stil. Ein Stilist ist daher ein Autor, der besonderen Wert auf Einzelheiten legt: Sprache, Zeichensetzung, die Verwendung von Sprachfiguren, Satzrhythmen und die Musik der Worte im Zusammenspiel. Ich kann Sie nicht zum Poeten machen, sage ich meinen Studenten, aber ich kann Ihnen beibringen, Stilisten zu werden.

Wenn ein Buch zwei oder mehrere Male gelesen wird, dann nicht wegen der Geschichte oder der Handlung, sondern wegen der Sprache, wegen des Vergnügens, das die einzigartige Kombination von Wörtern und Sätzen im Leser hervorruft.

Thema

Wir lesen Bücher, um etwas über Menschen zu erfahren. Und obwohl wir meistens eine Vorstellung davon haben, was unser Thema ist, müssen wir zu Anfang das Thema noch nicht genau formuliert haben. Wie der Historiker Daniel J. Boorstin einmal sagte: »Ich schreibe, um zu erfahren, was ich denke.« Während wir schreiben, begegnen uns unsere Themen. Sie sind oft erst das Ergebnis des Schreibens, nicht der Ausgangspunkt.

Als sich zum Beispiel aus dem Material für *Der große Gatsby* abzeichnete, dass es um Geldgier ging, beschloss Fitzgerald, das Licht an Daisys Landungssteg grün leuchten zu lassen, und er erwähnt es nicht nur einmal, sondern mehrfach, sogar an einer der exponiertesten Stellen, nämlich dem Schluss.

Schriftsteller pflanzen ihre Themen nicht, sie finden sie und nehmen sich ihrer an, päppeln sie für ihre Leser auf, werfen sie in Schale und zeigen sie her. Und wenn die Schriftsteller so gut sind wie Fitzgerald, dann machen sie es mit einer Subtilität, die ans Unsichtbare grenzt.

☞ *Sie sind dran:* Suchen Sie einen Ihrer Texte aus und überarbeiten Sie ihn, indem Sie eine größere Veränderung vornehmen – die Perspektive ändern, die Dialoge überholen, das Milieu umgestalten etc. Verändern Sie nur dieses eine Element. Sie können den Text anschließend erneut durchgehen und sich auf ein anderes – aber wieder nur ein einziges – Element konzentrieren.

Feinarbeiten

Dieser Teil des Überarbeitungsprozesses kann genauso viel Spaß machen wie das Verfassen der ersten Version. Genau *jetzt* lernen Sie, wie Sie Ihren Lektorenstift spitzen und sich in einen literarischen Stilisten verwandeln können.

Übrigens tun Sie auch jetzt wieder gut daran, Ihr Werk laut zu lesen. Jede kleine Sache, die Ihnen aufstößt, während Sie lesen, ist es wert, markiert und anschließend überdacht zu werden. Und es ist der geeignete Moment, Ihre bisherige Fassung einem Kollegen Ihres Vertrauens zu geben und sich seine Meinung anzuhören – ohne jedoch dabei zu vergessen, dass *Sie* darüber entscheiden, was bleibt und was raus muss.

Hier ein paar Kleinigkeiten, auf die Sie achten sollten:

Grammatik und Zeichensetzung

Grammatik ist eine Konvention, auf die zivilisierte Menschen sich geeinigt haben und von der kreative Geister – wie von jeder Konvention – Abstand nehmen können, wenn sie einen guten Grund dafür haben. Während ich diesen Satz schreibe, schreibe ich die Wörter, wie sie im Duden stehen, setze ein Komma hinter das erste *schreibe* und eines hinter *Wörter* und ende den ganzen Satz mit einem Punkt. ahber wass wenn ich auf rächtschraibung unt zaichensätzung feiffe unt nur noch klaine buchschtaben neeme. Sicher wären Sie entsetzt.

Benutzen Sie die Grammatik, nicht sklavisch und kritiklos, aber mit dem gebührenden Respekt vor den großen Geistern, die sie über die Jahrhunderte zur Geltung gebracht haben. Ein Absatz ist etwas Wunderbares. Satzzeichen sind *dramatis personae*: das überschwängliche Ausrufungszeichen, der impulsive Gedankenstrich, die schüchternen Auslassungspunkte, das intellektuelle Semikolon. Ein schlichtes Komma, das falsch gesetzt wurde, kann alles verändern. *Pardon, unmöglich zu hängen!*, schrieb der Page des Königs, obwohl er eigentlich schreiben wollte *Pardon unmöglich, zu hängen!*

Ich will Ihnen keine Grammatikstunde geben – schauen Sie lieber in einem guten Lehrbuch nach. Ebenfalls sinnvoll sind ein Stilwörterbuch und eines über sprachliche Zweifelsfälle. Alles was Sie über den Gebrauch und Missbrauch der Sprache wissen sollten, finden Sie dort. Kaufen Sie sich diese Bücher, wenn Sie sie noch nicht haben. Die Ausgabe lohnt sich.

Nicht, dass Sie Ihre künstlerische Seele an Duden, Brockhaus und Co. verkaufen sollen. Aber wer Konventionen brechen will, muss sie kennen: Nur wer die Grammatik beherrscht, kann elegant dagegen verstoßen. Sonst halten Ihre Leser Sie für ungebildet.

Achtung: Metapher!

Sie erinnern sich: Eine Metapher ist eine dichterische Rhetorikfigur, bei der ein Wort aus seinem eigentlichen Bedeutungszusammenhang herausgenommen und auf einen anderen übertragen wird. *Lesters Mund ist ein offener Schacht* ist demnach, wie wir hoffen, eine Metapher. Fügen Sie das Wort *wie* hinzu, und Sie haben die entschärfte Version, *Lesters Mund ist wie ein offener Schacht*, den Vergleich. Mein Grundsatz lautet so: Wenn Sie einen Vergleich in eine Metapher verwandeln können, ohne die Leser zu verwirren, dann tun Sie es. Warum sagen, dass etwas *wie* etwas ist, wenn Sie auch gleich behaupten können, dass es *so* ist? Der Leser weiß, dass Sie es nicht wörtlich meinen – es ihm zu erklären, käme einer Beleidigung gleich.

Was das Mischen von Metaphern angeht: Wenn das Artdéco-Hotel am Anfang wie ein Luxusliner aussieht, dann verwandeln

Sie es nicht später in eine Hochzeitstorte. Wenn eine Metapher im ersten Satzteil wässrig ist, dann sollte sich kein Feuer einmischen. Wenn die Bühne unter den Scheinwerfern wie ein Streifen Sandstrand aussieht, dann könnte das ungeduldig murmelnde Publikum wie die leichte Brandung sein, aber wohl kaum wie ein Maisfeld in Kansas. Steinbeck meinte: »Wörter können wie Butter im Eisschrank Geruch und Geschmack von anderen Dingen annehmen.« Metaphern sind wie Zwiebeln. Packen Sie sie gut ein, sonst durchziehen Sie alles in Ihrem Kühlschrank mit ihrem Geruch.

Weg mit dem Beiwort

Adjektive und Adverbien sind Wörter, die ein anderes näher bestimmen. Gewöhnlich hofft man, dass ein solches Wort dem anderen eine Bedeutung verleiht, die es vorher noch nicht hatte. Das Ärgerliche bei den meisten Adjektiven und Adverbien ist, dass sie oft leblos sind. Die *schreckliche Katastrophe* ist ein solcher Fall. Der Schrecken steckt bereits in dem Wort Katastrophe, es braucht keine Hilfe – es kann bestens allein zurechtkommen. Suchen Sie treffende Substantive und Verben, und Sie brauchen keine Beiwörter. Sehen Sie Ihren Text durch und streichen Sie jedes Adjektiv und Adverb, das entweder nichts Zusätzliches leistet oder durch ein Substantiv oder Verb ersetzt werden kann.

Natürlich müssen Sie Adjektive und Adverbien nicht vollkommen aufgeben. Warum diese Wortarten einen solch schlechten Ruf haben, liegt darin, dass sie von Schriftstellern oft aus Faulheit benutzt werden und nicht so, wie sie verwendet werden sollten, nämlich um ein Substantiv oder ein Verb mutig irgendwo hinzuschicken, wo es noch nie gewesen ist. Joseph Heller, der Adjektive liebt, schreibt in *Catch-22*, dass sein General Dreedle ein *rotes, monolithisches Gesicht* hat, womit er dem Gesicht etwas gibt, was vorher noch nicht da gewesen war. Wenn er das Schweigen mit *streng* modifiziert, nimmt der Leser das Schweigen anders wahr. Und wenn er die unterwürfigen Militärärzte und Oberste mit *tüchtigen Mündern* und *untüchtigen Augen* ausstattet, glaubt der Leser, genau zu wissen, was Heller meint – selbst wenn er eigentlich überhaupt keine Ahnung hat. »Fürchten Sie sich vor Adjektiven und Adverbien« bedeutet nicht, dass Sie sie nicht benutzen sollen – das hieße, sich wie ein Feigling vor der Verantwortung zu stehlen. Es bedeutet, Sie sollen sie unerwartet, frech, tapfer, aber sparsam einsetzen, so wie ein Chefkoch Gewürze verwendet.

Tötet Klischees

Der Romancier Martin Amis nennt Schreiben eine »Kampagne gegen die Klischees«. Und er präzisiert: »Nicht nur gegen die Klischees des Stiftes, sondern auch die des Geistes und des Herzens.«

Ein Klischee ist eine Rhetorikfigur, die einmal im Scheinwerferlicht gestanden hat. Vor langer, langer Zeit war der Satz, *Es regnet Hunde und Katzen,* poetisch. Heute ist er nichts als ein armes, kleines, erschöpftes Klischee. Wenn Sie diesen Ausdruck geprägt hätten, dürften Sie stolz auf sich sein. Aber Sie waren es nicht, und ich auch nicht, und sollte ihn einer von uns zu Papier bringen, sollten wir uns schämen ... es sei denn, wir legen den Satz einer Figur in den Mund, deren Ausdrucksweise besonders platt und einfallslos sein soll. Wir wollen Schriftsteller sein; wir sollten uns etwas Eigenes, Originelles einfallen lassen, um den Regen zu beschreiben.

Und das ist schon alles, was sich zum Klischee sagen lässt. Wenn Sie Ihren Text durchlesen und auf etwas stoßen, was Ihnen bekannt vorkommt, dann haben Sie es wahrscheinlich mit einem Klischee zu tun. Das muss nicht einmal so auffällig wie die Sache mit den Hunden und Katzen sein – auch *ein Herz aus Stein* ist ein Klischee, oder *babyblaue Augen* oder alles, was jemandem auf einem *silbernen Tablett* serviert wird. Tatsächlich sind die meisten Klischees überflüssig: Die Schwester der schrecklichen Katastrophe: eine furchtbare Tragödie oder die elende Armut (welche Armut ist nicht elend?) und so weiter und so fort. Viele schöne Wortkreationen und Bilder (Tucholskys »wo die Seele baumeln kann« zum Beispiel), ursprünglich witzige Sprüche und Slogans (»Nicht immer, aber immer öfter«) oder markante Sätze und Satzfragmente (wie der Filmtitel »Die üblichen Verdächtigen«) verwandeln sich, wenn Sie zu oft zitiert werden, ebenfalls in Klischees.

Sag es schlicht

Sagte, das nichtssagendste aller Wörter, ist die perfekte Begleitung für einen Dialog: leise, diskret, beinahe unsichtbar, wie der Butler aus Kazui Ishiguros *Was vom Tage übrig blieb*. Also quälen Sie sich nicht, einen Ersatz für *sagte* zu finden. *Kichern, bellen, seufzen, stöhnen* brauchen Sie nicht. Und Ihre Charaktere brauchen auch nicht *anzustimmen, zu äußern, zu meinen* oder *die Auffassung zu vertreten,* Wörter *auszuspucken* oder gar mit ihnen *herauszuplatzen*. Es ist auch vollkommen unnötig, sie dazu zu zwingen, etwas mit oder ohne *Nachdruck* zu *beteuern*, wenn es ein schlichtes *Ja* tut. Oder ein Nicken.

Ich will damit nicht sagen, dass Sie nichts anderes als *sagte* einsetzen dürfen. Auf den dreihundertvierzig Seiten von Nelson Algrens *Der Mann mit dem goldenen Arm sagt* kein Charakter irgendetwas. Stattdessen *erzählen, warnen, stöhnen, seufzen, entscheiden, antworten, versichern, werfen sie ein* oder *verlangen sie zu wissen*. Robert Stone dagegen verbietet sich jedes andere Wort als sagte. Beides sind gute, ehrbare Schriftsteller.

Weg mit den Fremdwörtern

Nach meiner Definition ist ein Fremdwort ein sperriges Wort, häufig aus dem Lateinischen entlehnt, das in den meisten Fällen durch ein einheimisches ersetzt werden könnte. Lassen Sie Ihre Figuren nicht *konversieren*, wenn sie sich auch *unterhalten* können, achten Sie auch auf allzu gestelzte Sprache. Wenn Hank in den Schnapsladen geht, weil er eine Flasche Korn haben will, dann soll er sie *kaufen*, nicht *erwerben* oder *erstehen*.

Was Wörter wie *ombrieren, extrapolieren, extemporär* oder *Präliminarien* betrifft (um nur ein paar *exemplarische* Beispiele zu geben), so gehören Sie in Fachzeitschriften, aber nicht in gute Prosa.

Warum sind zu viele Fremdwörter schlecht? Weil sie so tun, als ob sie klare, präzise Aussagen machen, obwohl sie die wahre Bedeutung verschleiern, weil ihre Bedeutung oft nicht bekannt ist. Natürlich kann Fachjargon im richtigen Zusammenhang eine wunderbare Wirkung haben, aber auch nur da. In Ihrem Roman oder in Ihrer Kurzgeschichte haben Fremdwörter im beschreibenden oder erzählenden Teil nichts zu suchen.

Vergessen Sie auch gedrechselte Phrasen wie *Ungeachtet der Tatsache, dass* und *stellt sich die Frage, ob*. Und machen Sie keine Substantive aus Verben, wenn dies nicht absolut unumgänglich ist. Substantivierungen machen sich prima in politischen Reden, aber nicht in Geschichten, es sei denn, sie handeln von snobistischen oder pedantischen Erzählern wie Nabokovs Humbert Humbert.

Im Zweifel streichen und ersetzen Sie umständliche, steife Wörter und Satzgefüge. Vereinfachen Sie, wo immer es geht. Ihre Leser werden es Ihnen danken.

☞ *Sie sind dran:* Nehmen Sie sich den Text der vorangegangenen Übung vor, in dem Sie sich ein Hauptelement zur Überarbeitung vorgenommen hatten. Sehen Sie ihn sich noch einmal an, selbst wenn Sie ihn inzwischen satt haben. Überarbeiten Sie ihn, indem Sie a) die Grammatik überprüfen, b) alle Adjektive, Adverbien, Klischees und Fremdwörter herausstreichen, die Sie nicht für absolut notwendig halten, c) alle Mischmetaphern entwirren und d) alle Synonyme für »sagen« entfernen, die sich wichtig machen. Sie können versuchen, auf alle Aspekte gleichzeitig zu achten, oder den Text mehrfach durchgehen. Wenn Sie fertig sind, dürfen Sie sich beglückwünschen: Sie sind Lektor geworden.

Schneiden und Justieren

Leser können unhöflich sein. Sie klappen Ihr Werk mitten im schönsten Absatz zu, für den Sie zehn Stunden gebraucht haben, und schlagen es – ohne sich dafür zu entschuldigen – nie wieder auf. Der Leser sitzt am längeren Hebel; er hat keinerlei Verpflichtungen dem Autor gegenüber, während der Autor umgekehrt dem Leser gegenüber jede Menge Verpflichtungen hat. Das ist der Grund, warum Schriftsteller während der Überarbeitung gnadenlos streichen und verbessern müssen, bis ihr Werk seine endgültige Gestalt erhält.

Irgendwann müssen Sie einen strengen, unbestechlichen Blick auf jeden einzelnen Ihrer Sätze werfen und ihn so objektiv wie möglich beurteilen. Keine Gnade. Wie Don Newlove, der Mann mit den blutenden Fingern, bemerkte: »Besser rausschneiden als abschaben.« Und Ihr Skalpell sollte über jeder Zeile schweben.

So viel Schneiden und Streichen mag masochistisch erscheinen, aber warum soll ein Werk, das mit fünftausend Wörtern eine perfekte Geschichte erzählt, zehntausend haben? Und Sie werden verblüfft sein, wie viel sich streichen lässt. Vieles von dem, was wir schreiben, ist bereits als Bedeutung unausgesprochen in dem Geschriebenen enthalten. Vieles, was wir erklären, kann sich der Leser selbst zusammenreimen. Vergessen Sie nicht: Der Leser will an der Geschichte beteiligt werden. Wenn Sie für ihn denken, fühlt er sich unterfordert oder ausgeschlossen. Die Fantasie des Lesers will beschäftigt sein, warum überlassen Sie ihr nicht auch ein wenig Arbeit? Was wir streichen, wird niemand außer uns je vermissen.

Denken Sie an Ihre künstlerischen Kollegen, die Maler: Anders als Ölfarben kosten Wörter nichts. Sie können verschwenderisch sein, nehmen Sie so viele, wie Sie wollen, radieren Sie sie aus, holen Sie sich neue – keine Ausgaben. Was aber auch bedeutet, dass Sie keine Entschuldigung haben, wenn Sie bei der Auswahl an Wörtern sparen.

Mit Verbessern meine ich, jedes Wort, jeden Satz und jeden Absatz ausfeilen, gestalten, verbessern, herumrücken und umstellen, bis alles klar und treffend ist.

Das Verbessern mag weniger schmerzvoll als das Schneiden sein, doch dafür ist es schwieriger. Es braucht Erfahrung. Für jeden Absatz, den man verbessert, verstümmelt man ein Dutzend anderer. Als literarische Chirurgen üben wir an unseren eigenen Körpern, ohne Betäubung, und lernen aus unseren Fehlern. Und wie wir lernen.
   Sehen Sie sich die Evolution eines schwierigen Absatzes aus meinem eigenen Roman, *Life goes to the movies*, an. Die Szene: Ein Restaurant-Schiff auf dem East River. In der Erstfassung des Romans ist die Szene lediglich skizziert und enthält weder Stimmung noch Atmosphäre. Sie besteht eigentlich nur aus Stichworten:

Die Hochzeit fand im August 1985 auf einem Boot auf dem East River, Brooklyn-Ufer, statt. Wie um das Ereignis zu feiern, standen die Sterne am Himmel. Ein zwölfköpfiges Jazz-Orchester spielte.

Springen wir ein paar Fassungen weiter:

Der Hochzeitsempfang fand auf einem Boot auf dem East River statt, und die Brooklyn Bridge summte ihr Harfenlied in der feuchtwarmen Luft hoch über unseren Köpfen. Am anderen Ufer funkelte Manhattans Strass-Tiara. Eisskulpturen hielten silberne Kaviar-Schüsseln, während ein zwölfköpfiges Jazzensemble in schlichten Jacketts und goldfarbenen Melonen Messingröhren und silbriges Saitengespinst in der nächtlichen Brise bearbeitete.

Lieber Himmel, schauen Sie sich bloß diesen Schwulst an! Hier greift der Autor nach Fitzgerald'scher Üppigkeit und fällt glatt auf die Nase. Die Strass-Tiara ist ein Klischee, das eines Schundromans würdig wäre. Und dann die Adjektivparade, die den Leser verzweifelt nach einer Reling suchen lässt, über die er sich übergeben kann. Die Beschreibung der Instrumente war ein tapferer Versuch, einen synästhetischen Effekt zu erzeugen, aber es geht gründlich schief.
   Acht Monate und zwei weitere Überarbeitungen später:

Montage. Nacht. Ein Zeltdachboot am Brooklyn-Ufer des East River. Ein sommerlicher Nieselregen reinigt die schmutzige Luft, während die berühmte Brücke über den Köpfen unter dem dichten Verkehr stöhnt. Eisjungfrauen halten die silbernen Kaviarschüsseln, Austern in ihren zerschlagenen Hüllen zucken auf zerstoßenem Eis, und Garnelen kämpfen im Meer der Cocktailsauce verbissen ums Überleben. Ein Swing-Orchester in cremefarbenen Jacketts und papierenen Melonen webt und stampft Rhythmen in die feuchte Finsternis. Auf der anderen Seite des Flusses verschwendete Manhattan derweil so viel Strom wie möglich.

Besser, aber noch immer zu viele Adjektive und Adverbien. Wie wär's damit:

Montage, Nacht. Ein Zeltdachkahn am Brooklyn-Ufer des East River. Ein sommerlicher Nieselregen reinigt die Luft, während die Brücke hoch oben unter dem Verkehr stöhnt. Eisjungfrauen halten Kaviarschüsseln, Austern zucken auf zerstoßenem Eis, Garnelen kämpfen im Meer der Cocktailsauce ums Überleben. Ein Swing-Orchester hämmert und spinnt Rhythmen ins Dunkel. Auf der anderen Seite des Flusses verschwendet Manhattan so viel Strom wie möglich.

Die meisten Adjektive sind verschwunden, der Schwerpunkt liegt nun auf den Verben. Um das Thema des Romans, indem es um die Verschmelzung von Film und Leben geht, hervorzuheben, wurde Filmjargon eingefügt. Im Nachhinein erscheint mir der letzte Satz ein wenig passiv und schwach, aber mir wollte einfach nichts Dynamischeres mehr einfallen. Vielleicht haben Sie ja einen Vorschlag dazu.

Wie auch immer – so steht der Absatz inzwischen im Buch. Vielleicht sind Sie nicht mit meiner Wortwahl einverstanden. Aber ich hoffe doch, Sie können mir zustimmen, dass sich von der ersten bis zur letzten Fassung einiges getan hat.

☞ **Sie sind dran:** Nehmen Sie sich einen Ihrer Texte aus einer vorangegangenen Übung vor. Kürzen Sie ihn um ein Drittel. Das mag Ihnen unmöglich vorkommen. Seien Sie skrupellos. Danach vergessen Sie den Text erst einmal – für eine halbe Stunde oder mehrere Tage. Ist er nicht jetzt schon, allein durch das Kürzen, viel besser geworden? Wenn Sie Lust haben, stürzen Sie sich noch einmal darauf und beginnen Sie zu verbessern, um das, was geblieben ist, auf ein höheres Niveau zu heben.

Woher weiß man, dass man es geschafft hat? Woher weiß man, dass die Geschichte so weit verbessert worden ist, dass sie nicht weiter verbessert werden kann? Manche Schriftsteller behaupten, sie würden nie wirklich mit einem Text fertig – sie brechen die Arbeit daran einfach ab. Für manche Autoren ist ein Buch erst dann fertig, wenn es gedruckt ist und in den Buchhandlungen steht. Und nicht einmal dann können Sie aufhören zu verbessern.

Aber es gibt auch Autoren, die behaupten, sie wüssten einfach, wann sie es geschafft haben: Wenn die Planeten in der richtigen Konstellation zueinander stehen, wenn Gestalt und Bedeutung so miteinander verschmolzen sind, dass man sie nicht mehr unterscheiden kann, wenn jedes Wort absolut richtig, wie in Stein gemeißelt, steht.

In meinen Augen ist es, als ob man Kinder erzieht: Ab einem bestimmten Alter ziehen sie aus – ob sie dazu reif sind oder nicht. Sie müssen sich selbst in der kalten, grausamen Welt zu Ende entwickeln. Manche Geschichten werden nicht alle Leser zufrieden stellen, werden sich nicht durchsetzen und geliebt und bewundert werden. Aber genau wie ihr Urheber haben sie ihr Bestes gegeben.

CHECKLISTE

Charakter
> Haben Ihre Figuren Wünsche?
> Sind Ihre Figuren unverwechselbar und keine Stereotypen?
> Haben Ihre Figuren kontrastierende Züge und eine komplexe Persönlichkeit?
> Sind die Persönlichkeiten Ihrer Figuren trotz kontrastierender Züge beständig?
> Haben Ihre Figuren die Fähigkeit, sich zu ändern?
> Kennen Sie Ihre Figuren gut genug?
> Sind die richtigen Figuren abgerundet, die richtigen flach?
> Präsentieren Sie Ihre Figuren eher durch zeigen als durch erzählen?
> Zeigen Sie Ihre Figuren mit den Mitteln – Handlung, Sprache, äußere Erscheinung, Gedankenwelt –, die Ihnen zur Verfügung stehen?
> Haben Ihre Figuren passende Namen?

Handlungsaufbau
> Hat Ihre Geschichte eine zentrale Frage?
> Hat sie einen Protagonisten, der ein Ziel verfolgt?
> Wird der Protagonist daran gehindert, sein Ziel zu erreichen?
> Muss Ihr Protagonist sich sowohl äußeren als auch inneren Hindernissen stellen?
> Hat Ihre Geschichte Anfang, Mitte und Ende?
> Ist Ihr Anfang nicht mit zu viel Exposition verstopft?
> Sind Sie an der richtigen Stelle in Ihre Story eingestiegen?
> Eskaliert der Konflikt im mittleren Teil?
> Sind die Ereignisse durch Ursache und Wirkung verbunden?
> Hat Ihre Geschichte Krise, Höhepunkt und ein Ende, in dem die Folgen angedeutet werden?
> Ist das Ende plausibel, befriedigend und knapp genug?

Perspektive
> Funktioniert Ihre Geschichte am besten in der ersten, zweiten oder dritten Person?
> Funktioniert Ihre Geschichte am besten mit einem oder mehreren Erzählern?
> Funktioniert Ihre Geschichte am besten mit einem allwissenden oder objektiven Erzähler?
> Welchen emotionalen Abstand hat der (jeweilige) Erzähler zu Ihrer Geschichte und den Figuren?
> Wird die Erzählperspektive konstant beibehalten?

Beschreibung
> Sprechen Ihre Beschreibungen alle fünf Sinne an?
> Sind Ihre Beschreibungen spezifisch?
> Sind Sie sparsam mit dem Gebrauch von Adjektiven und Adverbien?
> Verwenden Sie Sprachfiguren und lyrische Techniken, wo es angebracht ist?
> Besteht die Gefahr, dass Ihre Beschreibungen die Geschichte erdrücken?
> Verwenden Sie vielsagende Einzelheiten?
> Achten Sie auf Klischees und gemischte oder unsaubere Metaphern?
> Spiegeln die Beschreibungen das Bewusstsein der Figuren wider, aus deren Sicht erzählt wird?

Dialog
- Verwenden Sie Dialoge und Szenen für die wichtigeren Momente in Ihrer Geschichte?
- Klingt Ihr Dialog natürlich und kommt trotzdem rasch auf den Punkt?
- Ziehen Ihre Zuordnungssätze zu viel Aufmerksamkeit auf sich selbst?
- Verwenden Sie Bühnenanweisungen, um Ihren Dialog aufzuwerten?
- Klingen Ihre Figuren unterschiedlich und charakteristisch?
- Kann Ihr Dialog durch Subtext verbessert werden?
- Haben Sie die Exposition gegebenenfalls subtil genug eingeflochten?
- Enthält Ihr Dialog zu starken Dialekt?

Ort und Zeit
- Haben Sie Ihre Geschichte an einem besonderen Schauplatz (oder mehreren) angesiedelt?
- Haben Sie Ihre Geschichte in einer bestimmten Zeit (oder mehreren Zeitebenen) verankert?
- Beeinflussen Zeit und Ort die Handlung Ihrer Geschichte?
- Prägen oder beeinflussen Ort und Zeit die Atmosphäre oder Stimmung?
- Zeigen Ihre Figuren durch Handlungen und Reaktionen, dass sie sich in ihrer Umgebung wohl fühlen oder nicht wohl fühlen?
- Beschreiben Sie Umgebung und Milieu so ausführlich, dass es das Tempo der Handlung drosselt?
- Komprimieren bzw. dehnen Sie die Zeit an den richtigen Stellen aus?

Stimme
> Haben Sie eine Stimme gewählt, die mit Ihrer Perspektive, der Persönlichkeit Ihres Erzählers und der emotionalen Distanz des Erzählers zur Geschichte harmoniert?
> Unterstützt Ihre Wort-, Satz- und Absatzwahl Ihre Stimme?
> Ist der Klang der Stimme die ganze Geschichte über beständig?

Thema
> Haben Sie das Thema Ihrer Geschichte identifiziert?
> Tritt das Thema Ihrer Geschichte subtil oder leicht genug hervor?
> Unterstützen alle Elemente der Geschichte das Thema?

Überarbeitung
> Haben Sie genügend Abstand zur Geschichte, um mit der Überarbeitung zu beginnen?
> Haben Sie darüber nachgedacht, einen zweiten Erstentwurf zu verfassen?
> Haben Sie alle wichtigen Elemente Ihrer Geschichte durch ein Vergrößerungsglas betrachtet?
> Haben Sie die Feinheiten durchs »Mikroskop« untersucht?
> Haben Sie so intensiv gestrichen und verbessert wie möglich?

Raymond Carver
Kathedrale

Raymond Carver

Kathedrale

Übersetzt von
Helmut Frielinghaus

Dieser blinde Mann, ein alter Freund meiner Frau, war auf dem Weg, um die Nacht bei uns zu verbringen. Seine Frau war gestorben. Und so besuchte er die Verwandten der verstorbenen Ehefrau in Connecticut. Er rief meine Frau von seinen Schwiegereltern aus an. Verabredungen wurden getroffen. Er würde mit der Bahn kommen, eine Fünf-Stunden-Fahrt, und meine Frau würde ihn vom Bahnhof abholen. Sie hatte ihn nicht mehr gesehen, seit sie vor zehn Jahren einen Sommer lang in Seattle für ihn gearbeitet hatte. Aber sie und der blinde Mann waren in Verbindung geblieben. Sie besprachen Bänder und schickten die Kassetten hin und her. Ich war nicht begeistert von der Aussicht auf seinen Besuch. Ich kannte ihn nicht. Und dass er blind war, störte mich. Meine Vorstellungen von Blindheit stammten aus Filmen. In Filmen bewegten sich die Blinden langsam und lachten nie. Manchmal wurden sie von Blindenhunden geführt. Ein Blinder in meinem Haus, das war nichts, worauf ich mich freute.

In dem Sommer in Seattle hatte sie einen Job gebraucht. Sie hatte kein Geld. Der Mann, den sie am Ende des Sommers heiraten wollte, war in der Offiziersausbildung. Er hatte auch kein Geld. Aber sie war verliebt in den Mann, und er war verliebt in sie usw. Sie hatte eine Suchanzeige in der Zeitung gesehen: *Wer liest einem Blinden vor?,* und eine Telefonnummer. Sie rief an und fuhr hin und wurde auf der Stelle angeheuert. Sie arbeitete den ganzen Sommer lang bei dem blinden Mann. Sie las ihm alles Mögliche vor, Fallstudien, Gutachten – solche Sachen. Sie half ihm, sein kleines Büro im Bezirkssozialamt in Ordnung zu bringen. Sie waren gute Freunde geworden, meine Frau und der blinde Mann. Woher ich das alles weiß? Sie hat es mir erzählt. Und sie hat mir noch etwas erzählt. An ihrem letzten Tag in seinem Büro fragte sie der Blinde, ob er ihr Gesicht berühren dürfte. Sie willigte ein. Sie erzählte mir, dass er mit seinen Fingern jede Stelle in ihrem Gesicht berührte, ihre Nase

– sogar ihren Hals! Sie hatte es nie vergessen. Sie versuchte sogar, ein Gedicht darüber zu schreiben. Sie versuchte dauernd, irgendein Gedicht zu schreiben. Sie schrieb ein oder zwei Gedichte jedes Jahr, meist nachdem ihr etwas wirklich Wichtiges passiert war.

Als wir anfingen, zusammen auszugehen, zeigte sie mir das Gedicht. In dem Gedicht erinnerte sie sich an seine Finger und wie sie über ihr Gesicht gewandert waren. In dem Gedicht sprach sie davon, was sie damals empfunden hatte, was ihr durch den Kopf gegangen war, als der blinde Mann ihre Nase und ihre Lippen berührte. Ich kann mich erinnern, dass ich von dem Gedicht nicht viel hielt. Natürlich hab ich ihr das nicht gesagt. Vielleicht verstehe ich nur nichts von Lyrik. Ich gebe zu, Gedichte sind nicht das Erste, wonach ich greife, wenn ich mir was zum Lesen nehme.

Jedenfalls, der Mann, dem sie zuerst ihre Gunst gewährte, der angehende Offizier, war ihre Jugendliebe gewesen. Also gut. Ich wollte sagen: Am Ende des Sommers erlaubte sie dem blinden Mann, ihr mit den Händen über das Gesicht zu streichen, sagte ihm *Auf Wiedersehen* und heiratete ihre Jugendundsoweiter, den Mann, der inzwischen sein Offizierspatent hatte. Und sie zog aus Seattle weg. Aber sie blieben in Verbindung, sie und der Blinde. Sie war es, die nach einem Jahr oder so den Kontakt wieder herstellte. Sie rief ihn eines Abends an, von einem Air-Force-Stützpunkt aus, in Alabama. Sie wollte sprechen. Sie sprachen. Er bat sie, ihm eine Kassette zu schicken und ihm von ihrem Leben zu erzählen. Das tat sie dann auch. Sie schickte ihm die Kassette. Auf dem Band erzählte sie dem Blinden von ihrem Mann und von ihrem gemeinsamen Leben beim Militär. Sie erzählte dem Blinden, dass sie ihren Mann liebte, dass es ihr aber nicht gefiel, wo sie lebten, und es gefiel ihr auch nicht, dass er zu dem militärisch-industriellen Komplex gehörte. Sie erzählte dem blinden Mann, sie habe ein Gedicht geschrieben und er komme darin vor. Sie erzählte ihm, dass sie gerade ein Gedicht darüber schreibe, wie es sei, die Frau eines Air-Force-Offiziers zu sein. Das Gedicht sei noch nicht fertig. Sie schreibe noch daran. Der Blinde besprach ein Band. Er schickte ihr die Kassette. Sie besprach ein Band. So ging das über Jahre hin. Der Offizier meiner Frau war mal auf dem einen Stützpunkt und dann auf einem anderen stationiert. Sie schickte Kassetten von Moody AFB, McGuire, McConnell und schließlich von Travis, bei Sacramento, wo sie eines Nachts das Gefühl überkam, dass sie einsam war und abgeschnitten von Menschen, die sie bei diesem Herumziehen nach und nach alle verlor. Sie hatte schließlich das Gefühl, so könne sie nicht weitermachen, nicht einen Schritt. Sie ging ins Haus und schluckte alle Tabletten und Kapseln aus dem Medizinschränkchen und spülte sie mit einer Flasche Gin runter. Dann stieg sie in ein heißes Bad und wurde ohnmächtig.

Doch statt zu sterben, wurde ihr schlecht. Sie übergab sich. Ihr Offizier – warum sollte er einen Namen haben, er war ihre Jugendliebe, und was will er mehr? – kam von irgendwo nach Hause, fand sie und rief die Ambulanz. Nach einiger Zeit sprach sie alles auf Band und schickte die Kassette an den blinden Mann. Im Lauf der Jahre sprach sie alles mögliche Zeug auf Bänder und schickte die Kassetten ruckzuck ab. Neben dem Schreiben eines Gedichts pro Jahr war es dies, vermute ich, wobei sie sich am besten erholte. Auf einer Kassette erzählte sie dem Blinden, sie habe beschlossen, eine Zeit lang von ihrem Offizier getrennt zu leben. Auf einer anderen Kassette erzählte sie ihm von ihrer Scheidung. Sie und ich fingen an auszugehen, und natürlich erzählte sie ihrem Blinden davon. Sie erzählte ihm alles – so jedenfalls kam es mir vor. Einmal fragte sie mich, ob ich die neueste Kassette von dem blinden Mann hören wollte. Das war vor einem Jahr. Ich käme auf der Kassette vor. Also sagte ich okay, ich würde es mir anhören. Ich holte uns Drinks, und wir ließen uns im Wohnzimmer nieder. Wir richteten uns aufs Zuhören ein. Zuerst schob sie die Kassette in das Abspielgerät und stellte ein paar Knöpfe ein. Dann drückte sie eine Taste. Das Band quietschte, und jemand begann mit lauter Stimme zu sprechen. Sie stellte den Ton leiser. Nach ein paar Minuten harmlosen Geplauders hörte ich meinen Namen aus dem Mund dieses Fremden, dieses Blinden, den ich nicht einmal kannte! Und dann dies: »Nach allem, was du über ihn gesagt hast, kann ich nur zu dem Schluss kommen –« Aber wir wurden unterbrochen, es klopfte an der Tür, oder irgendetwas, und wir kamen nie wieder dazu, uns das Band anzuhören. Vielleicht war das auch gut so. Ich hatte alles gehört, was ich hören wollte.

Und jetzt war ebendieser Blinde unterwegs, um in meinem Haus zu übernachten.

»Vielleicht könnte ich ja mit ihm zum Bowling gehen«, sagte ich zu meiner Frau. Sie stand am Abtropfbrett und machte überbackene Kartoffeln. Sie legte das Messer, das sie benutzte, hin und drehte sich um.

»Wenn du mich liebst«, sagte sie, »kannst du jetzt etwas für mich tun. Wenn du mich nicht liebst, okay. Aber wenn du einen Freund hättest, irgendeinen Freund, und der Freund käme zu Besuch, würde ich alles tun, damit er sich wohl fühlt.« Sie wischte sich die Hände mit dem Geschirrtuch ab. »Ich hab keine blinden Freunde«, sagte ich.

»Du hast *überhaupt* keine Freunde«, sagte sie. »Punkt. Außerdem«, sagte sie, »verdammt noch mal, seine Frau ist gerade gestorben! Kapierst du das denn nicht? Der Mann hat seine Frau verloren!«

Ich antwortete nicht. Sie erzählte mir ein bisschen von der Frau des blinden Mannes. Sie hieß Beulah. Beulah! Das ist ein Name für eine farbige Frau.

»War seine Frau Negerin?« fragte ich.

»Bist du verrückt?« sagte meine Frau. »Bist du jetzt übergeschnappt, oder was?« Sie nahm eine Kartoffel. Ich sah, wie die Kartoffel auf den Fußboden fiel und unter den Herd kullerte. »Was ist los mit dir?« sagte sie. »Bist du betrunken?«

»Ich frag ja nur«, sagte ich.

Und dann versorgte mich meine Frau mit mehr Details, als ich wissen wollte. Ich machte mir einen Drink und setzte mich an den Küchentisch, um zuzuhören. Einzelne Stücke der Geschichte fügten sich zusammen.

Beulah hatte in dem Sommer angefangen, bei dem blinden Mann zu arbeiten, nachdem meine Frau aufgehört hatte. Ziemlich bald ließen sich Beulah und der Blinde kirchlich trauen. Es war eine kleine Hochzeit – wer will schon zu so einer Hochzeit gehen? –, nur sie beide, plus der Geistliche und die Frau des Geistlichen. Aber es war trotzdem eine kirchliche Trauung. Beulah hatte es sich so gewünscht, hatte er gesagt. Aber schon da muss Beulah den Krebs in ihren Lymphdrüsen gehabt haben. Nachdem sie acht Jahre lang unzertrennlich gewesen waren – *unzertrennlich,* das war der Ausdruck meiner Frau –, ging es mit Beulahs Gesundheit rapide bergab. Sie starb in einem Krankenhauszimmer in Seattle, der blinde Mann saß an ihrem Bett und hielt ihr die Hand. Sie hatten geheiratet, hatten zusammen gelebt und gearbeitet, zusammen geschlafen – hatten Sex, klar –, und dann musste der blinde Mann sie begraben. All das, ohne dass er jemals gesehen hatte, wie die gottverdammte Frau eigentlich aussah. Das überstieg mein Vorstellungsvermögen. Als ich das hörte, tat mir der blinde Mann ein bisschen leid. Und dann ertappte ich mich dabei, dass ich dachte, was für ein jammervolles Leben die Frau geführt haben musste. Man stelle sich das vor, eine Frau, die sich nie so sehen konnte, wie sie mit den Augen ihres Liebsten gesehen wurde. Eine Frau, die Tag für Tag um ihn war und nie das geringste Kompliment von ihrem Geliebten zu hören bekam. Eine Frau, deren Ehemann nie den Ausdruck in ihrem Gesicht sehen konnte, ob es Traurigkeit oder etwas Schöneres war. Eine, die Make-up tragen konnte oder nicht – was bedeutete es ihm schon? Sie konnte, wenn sie wollte, grünen Lidschatten um das eine Auge auflegen, eine Nadel im Nasenflügel tragen, gelbe Hosen und purpurrote Schuhe anziehen, es war egal. Und dann davongleiten, in den Tod, die Hand des blinden Mannes auf ihrer Hand, seine blinden Augen tränenüberströmt, und dies vielleicht – so male ich mir jetzt aus – ihr letzter Gedanke: dass er nie auch nur gewusst hatte, wie sie aussah, und sie per Express auf dem Weg ins Grab. Robert blieb allein zurück, mit einer kleinen Versicherungspolice und mit der einen Hälfte einer mexikanischen Zwanzig-Peso-Münze. Die andere Hälfte der Münze ging mit ihr in den Sarg. Jammervoll.

Und so fuhr meine Frau, als es so weit war, zum Bahnhof, um ihn abzuholen. Da ich nichts anderes zu tun hatte, als zu warten

– wofür ich ihm die Schuld gab, klar –, machte ich mir einen Drink und sah fern, bis ich das Auto in die Einfahrt fahren hörte. Ich stand mit meinem Drink auf und ging ans Fenster, um einen Blick hinauszuwerfen.

Ich sah meine Frau lachen, während sie das Auto abstellte. Ich sah, wie sie ausstieg und die Tür schloss. In ihrem Gesicht stand noch immer ein Lächeln. Einfach erstaunlich. Sie ging herum, auf die andere Seite des Autos, wo der Blinde schon dabei war auszusteigen. Dieser Blinde, man male sich das aus, trug einen Vollbart! Ein blinder Mann mit Bart! Nicht zu fassen, würde ich sagen. Der Blinde griff nach hinten und zog einen Koffer heraus. Meine Frau nahm seinen Arm, schlug die Autotür zu und führte ihn, die ganze Zeit redend, die Einfahrt entlang und dann die Stufen zur vorderen Veranda herauf. Ich schaltete den Fernsehapparat ab. Ich trank meinen Drink aus, spülte das Glas, trocknete mir die Hände ab. Dann ging ich zur Tür.

Meine Frau sagte: »Das ist Robert. Robert, das ist mein Mann. Ich hab dir alles über ihn erzählt.« Sie strahlte. Sie hielt den Blinden am Mantelärmel.

Der Blinde setzte den Koffer ab und streckte die Hand aus. Ich nahm sie. Er drückte meine Hand fest, hielt sie, und dann ließ er sie los.

»Ich hab das Gefühl, dass wir uns schon begegnet sind«, sagte er mit dröhnender Stimme.

»Ebenfalls«, sagte ich, weil ich nicht wusste, was ich sonst sagen sollte. Dann sagte ich: »Willkommen. Ich hab eine Menge über Sie gehört.« Wir bewegten uns jetzt, ein kleines Grüppchen, von der Veranda ins Wohnzimmer; meine Frau führte ihn am Arm. Der Blinde trug seinen Koffer in der anderen Hand. Meine Frau sagte Dinge wie: »Nach links, Robert. So ist es richtig. Jetzt pass auf, da ist ein Stuhl. Ja, so. Setz dich hierhin, dies ist das Sofa. Wir haben das Sofa gerade erst vor zwei Wochen gekauft.«

Ich wollte schon etwas über das alte Sofa sagen. Ich hatte das alte Sofa sehr gern gemocht. Aber ich sagte nichts. Dann wollte ich etwas anderes sagen, wollte Konversation machen, über die landschaftlich schöne Strecke am Hudson. Und dass man, wenn man *nach* New York fuhr, im Zug auf der rechten Seite sitzen musste und, wenn man *von* New York kam, auf der linken Seite.

»Haben Sie eine gute Bahnfahrt gehabt?«, sagte ich. »Nebenbei, auf welcher Seite des Zuges haben Sie gesessen?«

»Was für eine Frage, auf welcher Seite!«, sagte meine Frau. »Das ist doch egal, auf welcher Seite!«, sagte sie.

»Ich hab ja nur gefragt«, sagte ich.

»Auf der rechten Seite«, sagte der blinde Mann. »Ich bin fast vierzig Jahre lang nicht mehr mit der Eisenbahn gefahren. Seit meiner Kindheit nicht. Zuletzt mit meinen Eltern. Das ist lange her. Ich hatte fast schon das Gefühl vergessen. Ich hab jetzt Winter in meinem Bart«, sagte er. »Hat man mir jedenfalls gesagt. Sehe ich distinguiert aus, meine Liebe?« sagte der Blinde zu meiner Frau.

»Du siehst distinguiert aus, Robert«, sagte sie. »Robert«, sagte sie, »Robert, es ist so schön, dich wiederzusehen.«

Meine Frau wandte schließlich die Augen von dem Blinden ab und sah mich an. Ich hatte das deutliche Gefühl, dass sie nicht mochte, was sie sah. Ich zuckte mit den Schultern.

Ich hatte nie jemanden getroffen oder persönlich kennen gelernt, der blind war. Dieser Blinde war Ende vierzig, ein gedrungener Mann mit beginnender Glatze und mit hängenden Schultern, als trüge er eine schwere Last. Er hatte eine braune Hose an, braune Schuhe, ein hellbraunes Hemd, einen Schlips, ein Sportjackett. Schick. Und dazu hatte er diesen Vollbart. Aber er benutzte keinen Blindenstock, und er trug keine dunkle Brille. Ich hatte immer gedacht, dunkle Brillen wären ein *Muss* für Blinde. Tatsache war, ich wünschte, er hätte eine getragen. Auf den ersten Blick sahen seine Augen wie die jedes anderen aus. Aber wenn man näher hinguckte, dann war irgendwas an ihnen anders. Zu viel Weiß in der Iris, zum einen, und die Augäpfel schienen sich in den Höhlen zu bewegen, ohne dass er es wusste oder stoppen konnte. Unheimlich. Während ich in sein Gesicht starrte, sah ich, wie die linke Pupille sich zur Nase hin bewegte, während die andere sich bemühte, an ein und demselben Platz zu bleiben. Aber es blieb bei dem

Bemühen, denn das Auge wanderte umher, ohne dass er es wusste oder wollte.

Ich sagte: »Lassen Sie mich einen Drink für Sie holen. Was hätten Sie denn gern? Wir haben ein bisschen von allem da. Eins von unseren Freizeitvergnügen.«

»Bub, ich bin ein Scotch-Trinker«, sagte er sofort mit dieser volltönenden Stimme.

»Richtig«, sagte ich. Bub! »Klar sind Sie das. Ich wusste es.«

Er tastete mit den Fingern nach seinem Koffer, der längsseits vom Sofa stand. Er war dabei, sich zu orientieren. Ich konnte es ihm nicht verdenken.

»Ich bring das mal rauf in dein Zimmer«, sagte meine Frau.

»Nein, schon gut«, sagte der Blinde mit lauter Stimme. »Das kann warten, bis ich raufgehe.«

»Ein bisschen Wasser in den Scotch?«, sagte ich.

»Ein ganz bisschen«, sagte er.

»Ich wusste es«, sagte ich.

Er sagte: »Nur einen Tropfen. Der irische Schauspieler, Barry Fitzgerald, kennst du den? Ich bin wie der. Wenn ich Wasser trinke, hat Fitzgerald gesagt, trinke ich Wasser. Wenn ich Whiskey trinke, trinke ich Whiskey.« Meine Frau lachte. Der Blinde schob die Hand unter seinen Bart. Er hob den Bart langsam an und ließ ihn fallen.

Ich goss die Drinks ein, drei große Gläser Scotch mit einem Spritzer Wasser in jedem. Dann machten wir es uns bequem und sprachen über Roberts Reisen. Zuerst über den langen Flug von der Westküste nach Connecticut; wir erörterten diesen Teil ausgiebig. Dann von Connecticut mit dem Zug hier herauf. Wir tranken ein zweites Glas, während wir uns mit diesem Abschnitt der Reise befassten.

Ich erinnerte mich, irgendwo gelesen zu haben, dass Blinde nicht rauchten, weil sie, so lautete die Annahme, den Rauch nicht sehen konnten, den sie ausatmeten. Ich glaubte, ich wüsste immerhin das, wenn auch nur das, über blinde Menschen. Aber dieser Blinde rauchte seine Zigaretten bis auf eine kurze Kippe, und dann steckte er sich eine neue an. Dieser Blinde füllte seinen Aschenbecher, und meine Frau leerte ihn aus.

Als wir uns zum Abendessen an den Tisch setzten, tranken wir einen weiteren Scotch. Meine Frau häufte Grillsteak, überbackene Kartoffeln und grüne Bohnen auf Roberts Teller. Ich bestrich zwei Scheiben Brot mit Butter für ihn. Ich sagte: »Hier ist Brot mit Butter für Sie.« Ich trank einen Schluck von meinem Scotch. »Nun lasset uns beten«, sagte ich, und der blinde Mann senkte den Kopf. Meine Frau sah mich mit offenem Mund an. »Beten wir darum, dass das Telefon nicht klingelt und das Essen uns nicht kalt wird.«

Wir langten zu. Wir aßen alles auf, was auf dem Tisch war. Wir aßen, als ob es morgen nichts zu essen gäbe. Wir sprachen nicht. Wir aßen. Wir fraßen. Wir grasten den Tisch ab. Wir waren ernsthafte Esser. Der Blinde hatte sich schnell auf seinem Teller zurechtgefunden, er wusste genau, wo die verschiedenen Sachen waren. Ich beobachtete mit Bewunderung, wie er dem Fleisch mit Messer und Gabel zu Leibe rückte. Er schnitt zwei Stücke Fleisch ab, schob sie sich mit der Gabel in den Mund, nahm dann die überbackenen Kartoffeln in Angriff, als Nächstes die Bohnen, und riss dann ein großes Stück von dem mit Butter bestrichenen Brot ab und aß das alles. Anschließend trank er jedes Mal einen großen Schluck Milch. Es machte ihm offensichtlich auch nichts aus, hin und wieder die Finger zu benutzen.

Wir aßen alles auf, und dazu noch einen halben Erdbeerkuchen. Ein paar Momente lang saßen wir wie betäubt da. Schweiß perlte uns von den Gesichtern. Schließlich standen wir vom Tisch auf und ließen das schmutzige Geschirr einfach stehen. Wir blickten nicht zurück. Wir schleppten uns ins Wohnzimmer und ließen uns wieder auf unsere Plätze sinken. Robert und meine Frau saßen auf dem Sofa. Ich nahm den großen Sessel. Wir tranken noch zwei oder drei Gläser Scotch, während die beiden über die gewichtigen Dinge sprachen, die sich in den vergangenen zehn Jahren in ihrem Leben ereignet hatten. Größtenteils hörte ich nur zu. Hin und wieder sagte ich etwas. Ich wollte nicht, dass er dachte, ich wäre aus dem Zimmer gegangen, und ich wollte nicht, dass sie dachte, ich fühlte mich ausgeschlossen. Sie sprachen über Dinge, die ihnen – ihnen! – in diesen vergangenen zehn Jahren widerfahren waren. Ich wartete vergeblich darauf, meinen Namen über die süßen Lippen meiner Frau kommen zu hören: »Und dann trat mein lieber Mann in mein Leben« – etwas in der Art. Aber ich hörte nichts dergleichen. Stattdessen mehr über Robert. Robert hatte ein bisschen von allem gemacht, so hörte es sich jedenfalls an, ein regelrechter blinder Tausendsassa. Aber zuletzt hatten er und seine Frau eine Amway-Vertretung gehabt, mit der sie, soweit ich es verstand, ihren Lebensunterhalt, oder was man so nennt, verdienten. Er sprach mit seiner lauten Stimme über Gespräche, die er mit Kollegen in Guam, auf den Philippinen, in Alaska und sogar auf Tahiti geführt hatte. Er sagte, er habe da überall eine Menge Freunde, falls er jemals dorthin reisen wolle. Von Zeit zu Zeit wandte er sein blindes Gesicht mir zu, schob die Hand unter seinen Bart, fragte mich etwas. Wie lange ich schon meine derzeitige Stellung hätte. (Drei Jahre.) Ob mir meine Arbeit Spaß machte. (Nein, das nicht.) Ob ich vorhätte, dabei zu bleiben? (Was blieb mir anderes übrig?) Schließlich, als ich glaubte, er schlaffe langsam ab, stand ich auf und stellte den Fernsehapparat an.

Meine Frau sah mich verärgert an. Sie war dicht vorm Kochen. Dann sah sie den Blinden an und sagte: »Robert, hast du einen Fernsehapparat?«

Der Blinde sagte: »Meine Liebe, ich hab zwei Fernseher. Ich habe einen Farbfernseher und einen Schwarzweißkasten, ein Relikt aus alten Zeiten. Komisch, aber wenn ich das Fernsehen anstelle, und ich stelle es dauernd an, dann stelle ich das Farbfernsehgerät an. Komisch, findet ihr nicht?«

Ich wusste nicht, was ich sagen sollte. Ich hatte absolut nichts dazu zu sagen. Keine Meinung. Also sah ich die Nachrichten an und versuchte zu hören, was der Sprecher sagte.

»Das ist ein Farbfernseher«, sagte der Blinde. »Fragt mich nicht wie, aber ich merke es.«

»Wir haben uns vor einer Weile einen besseren gekauft«, sagte ich.

Der Blinde trank wieder einen Schluck aus seinem Glas. Er hob den Bart, schnüffelte daran und ließ ihn fallen. Er beugte sich auf dem Sofa vor. Er ortete den Aschenbecher auf dem Sofatisch, dann hielt er das Feuerzeug an seine Zigarette. Er lehnte sich auf dem Sofa zurück und schlug die Beine in Höhe der Knöchel übereinander.

Meine Frau hob die Hand vor den Mund, und dann gähnte sie. Sie streckte sich. Sie sagte: »Ich glaube, ich gehe nach oben und ziehe mir meinen Morgenmantel an. Ich glaube, ich möchte mir gern was Anderes anziehen. Robert, mach es dir gemütlich«, sagte sie.

»Es ist gemütlich«, sagte der blinde Mann.

»Ich möchte, dass du dich wohl fühlst in diesem Haus«, sagte sie.

»Ich fühl mich wohl«, sagte der blinde Mann.

Nachdem sie hinausgegangen war, hörten er und ich uns den Wetterbericht und dann die Sportergebnisse an. Inzwischen war meine Frau schon so lange fort, dass ich nicht wusste, ob sie noch mal runterkommen würde. Ich dachte, sie wäre vielleicht ins Bett gegangen. Ich wünschte, sie würde wieder herunterkommen. Ich wollte nicht allein gelassen werden mit einem Blinden. Ich fragte ihn, ob er noch einen Drink wolle, und er sagte: Klar. Dann fragte ich ihn, ob er ein bisschen Stoff mit mir rauchen wolle. Ich sagte, ich hätte gerade einen Joint gedreht. Ich hatte ihn noch nicht gedreht, hatte aber vor, es in zwei Sekunden zu tun.

»Ich werd's mit dir mal versuchen«, sagte er.

»Verdammt richtig«, sagte ich. »So soll's sein.«

Ich holte unsere Drinks und setzte mich zu ihm aufs Sofa. Dann drehte ich uns zwei dicke Joints. Ich zündete einen an und reichte ihn weiter. Ich hielt ihn an seine Finger. Er nahm ihn und inhalierte.

»Lass es drin, so lange du kannst«, sagte ich. Ich merkte ihm an, dass er keinen Schimmer hatte.

Meine Frau kam wieder runter; sie hatte ihren rosa Morgenmantel und ihre rosa Pantoletten an.

»Was rieche ich da?«, sagte sie.

»Wir dachten, wir ziehen uns ein bisschen Cannabis rein«, sagte ich.

Meine Frau warf mir einen wilden Blick zu. Dann sah sie den blinden Mann an und sagte: »Robert, ich wusste gar nicht, dass du so was rauchst.«

Er sagte: »Ich tu es jetzt, meine Liebe. Es gibt für alles im Leben ein erstes Mal. Aber ich spüre noch nichts.«

»Dieser Stoff ist ziemlich sanft«, sagte ich. »Dieser Stoff ist milde. Es ist Dope, mit dem du denken kannst«, sagte ich. »Es bringt dir nicht den Kopf durcheinander.«

»Nein, das tut's allerdings nicht, Bub«, sagte er und lachte.

Meine Frau setzte sich auf das Sofa zwischen den Blinden und mich. Ich reichte ihr den Joint. Sie nahm ihn und zog daran, und dann gab sie ihn mir zurück. »Wo soll das hinführen?« sagte sie. Dann sagte sie: »Ich sollte dieses Zeug nicht rauchen. Ich kann so schon kaum noch die Augen offen halten. Das Essen hat mich fertig gemacht. Ich hätte nicht so viel essen sollen.«

»Es war der Erdbeerkuchen«, sagte der Blinde. »Der war's«, sagte er und lachte sein lautes Lachen. Dann schüttelte er den Kopf.

»Es ist noch mehr Erdbeerkuchen da«, sagte ich.

»Möchtest du noch was, Robert?«, sagte meine Frau.

»In einem Weilchen vielleicht«, sagte er.

Wir wandten uns dem Fernseher zu. Meine Frau gähnte wieder. Sie sagte: »Dein Bett ist fertig, Robert, wenn dir danach ist, ins Bett zu gehen. Ich weiß, du musst einen langen Tag gehabt haben. Wenn du zu Bett gehen möchtest, dann sag Bescheid.« Sie zupfte an seinem Arm. »Robert?«

Er kam zu sich und sagte: »Ich hab's wirklich sehr genossen. Das schlägt noch die Kassetten, findest du nicht?«

Ich sagte: »Du bist dran«, und ich schob ihm den Joint zwischen die Finger. Er inhalierte, hielt den Rauch und ließ ihn dann langsam raus. Es sah aus, als täte er das, seit er neun Jahre alt war.

»Danke, Bub«, sagte er. »Aber ich glaube, das ist jetzt genug für mich. Ich glaube«, sagte er, »ich fange an, es zu spüren.« Er hielt den Joint meiner Frau hin.

»Hier das Gleiche«, sagte sie. »Dito. Ich auch.« Sie nahm den Joint und reichte ihn mir. »Ich möchte, glaube ich, nur ein Weilchen hier zwischen euch beiden Männern sitzen und mach dabei schon mal die Augen zu. Aber lasst euch durch mich nicht stören, okay? Das gilt für euch beide. Falls es euch stört, sagt es mir. Wenn nicht, bleib ich einfach hier sitzen und mach die Augen zu, bis ihr beide so weit seid, dass ihr ins Bett gehen wollt«, sagte sie. »Dein Bett ist fertig, Robert, wenn du so weit bist. Es ist gleich neben unserem Zimmer, oben an der Treppe. Wir bringen dich rauf, wenn du so weit bist. Weckt mich dann auf, ihr zwei, falls ich einschlafe.« Sie sagte das, und dann schloss sie die Augen und schlief ein.

Die Nachrichtensendung war zu Ende. Ich stand auf und stellte einen anderen Kanal ein. Ich setzte mich wieder aufs Sofa. Ich wünschte, meine Frau hätte nicht schlapp gemacht. Ihr Kopf lag an der Rückenlehne des Sofas, der Mund stand offen. Sie hatte sich so gedreht, dass ihr Morgenmantel ihr von den Beinen gerutscht war und ihren saftigen Oberschenkel entblößte. Ich griff nach dem Morgenmantel und wollte ihn wieder über ihre Beine ziehen, aber in diesem Moment warf ich einen Blick auf den blinden Mann. Zum Teufel, was soll's! Ich schlug den Morgenmantel wieder auf.

»Sag du nur Bescheid, wenn du noch Erdbeerkuchen willst«, sagte ich.

»Mach ich«, sagte er.

Ich sagte: »Bist du müde? Möchtest du, dass ich dich raufbringe, zu deinem Bett? Bist du so weit, dass du dich hinlegen möchtest?«

»Noch nicht«, sagte er. »Nein, ich bleib noch mit dir auf, Bub. Wenn's recht ist. Ich bleibe auf, bis du so weit bist, dass du dich hinlegen möchtest. Wir haben noch keine Gelegenheit gehabt, zu reden. Verstehst du, was ich mein? Ich hab das Gefühl, dass ich und sie den Abend monopolisiert haben.« Er hob den Bart an und ließ ihn fallen. Er nahm seine Zigaretten und sein Feuerzeug.

»Das ist schon in Ordnung«, sagte ich. Dann sagte ich: »Ich bin froh über die Gesellschaft.«

Und ich glaube, ich war's tatsächlich. Jeden Abend rauchte ich Dope und blieb so lange auf, wie ich konnte, ehe ich einschlief.

Meine Frau und ich gingen fast nie zur selben Zeit ins Bett. Wenn ich dann schlafen ging, hatte ich diese Träume. Manchmal wachte ich von einem auf, und mein Herz raste.

Im Fernsehen gab es etwas über Kirche und Mittelalter. Nicht gerade meine alltägliche Fernsehkost. Ich probierte es auf den anderen Kanälen. Aber auch da war nichts. So schaltete ich wieder zum ersten Kanal zurück und entschuldigte mich.

»Ist in Ordnung, Bub«, sagte der blinde Mann. »Mir ist es recht so. Egal, was du sehen möchtest, es ist okay. Ich lerne immer etwas dabei. Das Lernen hört nie auf. Es wird mir nicht schaden, wenn ich heut Abend was lerne. Ich hab Ohren«, sagte er.

Wir sagten eine Zeit lang nichts. Er saß vorgebeugt da, den Kopf mir zugewandt, das rechte Ohr in Richtung des Fernsehapparats gedreht. Sehr irritierend. Hin und wieder fielen ihm die Augenlider zu, und dann sprangen sie wieder auf. Hin und wieder schob er die Finger in den Bart und zupfte daran, so als dächte er über etwas, was er im Fernsehen hörte, nach.

Auf dem Bildschirm wurde eine Gruppe von Männern, die Kutten trugen, bedrängt und gequält von Männern in Skelettkostümen und von Männern, die als Teufel verkleidet waren. Die als Teufel verkleideten Männer trugen Teufelsmasken, Hörner und lange Schwänze. Dieser Umzug war Teil einer Prozession. Der Engländer, der die Sache erzählte, sagte, diese Prozession finde ein Mal im Jahr in Spanien statt. Ich versuchte, dem blinden Mann zu erklären, was da geschah.

»Skelette«, sagte er. »Ich weiß Bescheid über Skelette«, sagte er, und er nickte.

Das Fernsehen zeigte diese eine Kathedrale. Dann folgte ein langer, langsamer Blick auf eine andere Kathedrale. Schließlich wechselte das Bild über auf die berühmte Kathedrale in Paris mit ihren Strebebogen und in die Wolken aufragenden Türmen. Die Kamera wich zurück, um zu zeigen, wie sich die ganze Kathedrale über der Stadt erhob.

Es gab Augenblicke, in denen der Engländer, der die Sache

erzählte, den Mund hielt und nur die Kamera von allen Seiten über die Kathedralen gleiten ließ. Oder aber die Kamera bewegte sich durch die Landschaft, wo Männer auf Feldern hinter Ochsen hergingen. Ich wartete, solange ich konnte. Dann spürte ich, dass ich etwas sagen musste. Ich sagte: »Sie zeigen jetzt das Äußere der Kathedrale da. Wasserspeier. Kleine, aus Stein gehauene Figuren, die wie Monster aussehen. Jetzt sind sie, glaube ich, in Italien. Ja, stimmt, sie sind in Italien. An den Wänden von der Kirche da sind Gemälde.«

»Sind das Fresken, Bub?«, fragte er, und er trank einen Schluck von seinem Drink.

Ich griff nach meinem Glas. Aber es war leer. Ich versuchte, mich zu erinnern, soweit ich mich erinnern konnte. »Du fragst mich, ob das Fresken sind?« sagte ich. »Das ist eine gute Frage. Ich weiß es nicht.«

Die Kamera bewegte sich jetzt auf eine Kathedrale draußen vor Lissabon zu. Die Unterschiede zwischen der portugiesischen Kathedrale und den französischen und italienischen waren nicht so riesig. Aber es gab sie. Hauptsächlich, was die Dinge im Innern betraf. Dann ging mir etwas durch den Kopf, und ich sagte: »Mir ist gerade was durch den Kopf gegangen. Hast du eigentlich eine Vorstellung, was eine Kathedrale ist? Das heißt, wie Kathedralen aussehen? Kannst du mir folgen? Wenn jemand mit dir spricht und Kathedrale sagt, hast du dann eine Ahnung, wovon die Rede ist? Kennst du den Unterschied zwischen einer Kathedrale und, sagen wir, einer Baptistenkirche?«

Er ließ den Rauch langsam aus dem Mund hervorquellen. »Ich weiß, dass Hunderte von Arbeitern fünfzig oder hundert Jahre lang gebraucht haben, um sie zu bauen«, sagte er. »Ich hab das natürlich gerade den Mann sagen hören. Ich weiß, dass mehrere Generationen derselben Familien an einer Kathedrale gearbeitet haben. Auch das hab ich ihn sagen hören. Die Männer, deren Lebenswerk diese Arbeit war, haben nie so lange gelebt, dass sie die Vollendung ihrer Arbeit sehen konnten. In der Beziehung, Bub, unterscheiden sie sich nicht von uns anderen, hab ich Recht?« Er lachte. Dann klappten seine Augenlider wieder zu. Sein Kopf nickte. Er schien ein Nickerchen zu machen. Vielleicht stellte er sich gerade vor, er sei in Portugal. Das Fernsehen zeigte jetzt eine weitere Kathedrale. Diese war in Deutschland. Die Stimme des Engländers summte weiter. »Kathedralen«, sagte der blinde Mann. Er setzte sich auf und bewegte den Kopf vor und zurück. »Wenn du die Wahrheit wissen willst, Bub, das ist so ziemlich alles, was ich weiß. Was ich gerade gesagt hab. Was ich ihn hab sagen hören. Aber vielleicht könntest du mir eine beschreiben. Ja, ich wünschte, das würdest du tun. Das wäre schön für mich. Wenn du es wissen willst, ich hab wirklich keine klare Vorstellung.«

Ich blickte angestrengt auf das Bild von der Kathedrale im Fernsehen. Wie sollte ich auch nur anfangen, es zu beschreiben? Andererseits – wenn nun mein Leben davon abhinge? Sagen wir, mein Leben wäre bedroht von einem Verrückten, der sagte, ich muss sie beschreiben, sonst ...

Ich starrte weiter auf die Kathedrale, bis das Bild wegrückte und in die Landschaft überging. Es war zwecklos. Ich wandte mich dem blinden Mann zu und sagte: »Erst einmal sind sie sehr groß.« Ich sah mich im Zimmer nach Anhaltspunkten um. »Sie reichen weit rauf. Hoch und höher. Bis zum Himmel. Sie sind so groß, jedenfalls manche von ihnen, dass sie diese Stützen brauchen. Stützen, die helfen, sie aufrecht zu halten, sozusagen. Diese Stützen werden Stützpfeiler oder Strebepfeiler genannt. Sie erinnern mich, aus irgendeinem Grund, an Viadukte. Aber vielleicht kennst du auch keine Viadukte. Manchmal sind Teufel und dergleichen in die Fassaden der Kathedralen gemeißelt. Manchmal hoch gestellte Herren und Damen. Frag mich nicht, warum das so ist.«

Er nickte. Sein ganzer Oberkörper schien sich rückwärts und vorwärts zu bewegen.

»Ich kann das nicht so gut«, sagte ich. »Stimmt's?«

Er hörte auf zu nicken und beugte sich über die Sofakante vor. Während er mir zuhörte, strich er sich mit den Fingern durch den Bart. Ich konnte mich ihm nicht verständlich machen, das sah ich ihm an. Aber er wartete trotzdem, dass ich fortfuhr. Er nickte, als wollte er mich ermutigen. Ich versuchte zu überlegen, was ich noch sagen konnte. »Sie sind wirklich groß«, sagte ich. »Sie sind massig. Sie sind aus Stein gebaut. Manchmal auch aus Marmor. In den alten Zeiten damals, als sie Kathedralen gebaut haben, wollten die Menschen näher bei Gott sein. In den alten Zeiten damals war Gott ein wichtiger Teil im Leben jedes Menschen. Du könntest das daran sehen, wie sie ihre Kathedralen gebaut haben. Tut mir leid«, sagte ich, »aber es sieht so aus, als ob ich's dir nicht besser beschreiben kann. Ich bin nicht gut darin.«

»Ist schon recht, Bub«, sagte der blinde Mann. »He, hör zu. Ich hoffe, du nimmst es mir nicht übel, wenn ich dich frage. Darf ich dich was fragen? Darf ich dir eine simple Frage stellen, ja oder nein? Ich bin nur neugierig, und es ist nicht böse gemeint. Du bist mein Gastgeber. Aber lass mich fragen, bist du irgendwie religiös? Du nimmst es mir doch nicht übel, dass ich frage?«

Ich schüttelte den Kopf. Aber das konnte er nicht sehen. Ein Zwinkern ist für einen Blinden das Gleiche wie ein Kopfnicken. »Ich nehme an, ich glaub nicht daran. An nichts. Manchmal ist es schwer. Du verstehst, was ich meine?«

»Klar, doch, schon«, sagte er.

»Gut«, sagte ich.

Der Engländer redete noch immer. Meine Frau seufzte im Schlaf. Sie holte tief Atem und schlief wieder weiter.

»Du musst mir verzeihen«, sagte ich. »Aber ich kann dir nicht sagen, wie eine Kathedrale aussieht. Es ist mir einfach nicht gegeben. Ich kann nicht mehr tun, als ich getan hab.«

Der blinde Mann saß sehr still da und hielt den Kopf gesenkt, während er mir zuhörte.

Ich sagte: »Die Wahrheit ist, dass Kathedralen mir nichts Besonderes bedeuten. Nichts. Kathedralen. Sie sind etwas, was man sich spätabends im Fernsehen anguckt. Das ist alles, was sie sind.«

Daraufhin räusperte sich der blinde Mann. Er hustete etwas herauf. Er zog ein Taschentuch aus der hinteren Hosentasche. Dann sagte er: »Ich hab's kapiert, Bub. Es ist okay. Das kommt vor. Mach dir deswegen keine Sorgen«, sagte er. »He, hör zu. Tust du mir einen

Gefallen? Ich hab eine Idee. Warum holst du uns nicht einen Bogen dickes Papier. Und einen Kugelschreiber. Dann machen wir was. Wir zeichnen zusammen eine. Hol uns einen Kugelschreiber und einen Bogen dickes Papier. Los, geh, Bub, hol das Zeug«, sagte er.

Also ging ich nach oben. Meine Beine fühlten sich an, als wäre keine Kraft mehr in ihnen. Sie fühlten sich an wie manchmal, wenn ich eine Strecke gelaufen war. Im Zimmer meiner Frau sah ich mich um. Ich entdeckte mehrere Kugelschreiber in einem kleinen Korb auf ihrem Tisch. Und dann überlegte ich, wo ich nach der Sorte Papier suchen sollte, von der er gesprochen hatte.

Unten, in der Küche, fand ich eine Einkaufstüte, mit Zwiebelschalen auf dem Boden der Tüte. Ich leerte die Tüte aus und schüttelte sie. Ich nahm sie mit ins Wohnzimmer und hockte mich damit dicht neben seinen Beinen hin. Ich stellte ein paar Dinge zur Seite, strich die zerknitterte Tüte glatt und breitete sie auf dem Sofatisch aus.

Der blinde Mann kam vom Sofa herunter und hockte sich neben mich auf den Teppich.

Er fuhr mit den Fingern über das Papier. Er strich an den Seiten des Papiers rauf und runter. An den Rändern, sogar an den Rändern. Er betastete die Ecken.

»In Ordnung«, sagte er. »In Ordnung, jetzt machen wir sie.«

Er suchte meine Hand, die Hand mit dem Kugelschreiber. Er schloss seine Hand über meiner Hand. »Fang an, Bub, zeichne«, sagte er. »Zeichne. Du wirst sehen. Ich folge dir. Es wird schon gehen. Fang jetzt einfach an, wie ich dir sage. Du wirst sehen. Zeichne«, sagte der blinde Mann.

Also fing ich an. Zuerst zeichnete ich eine Schachtel, die wie ein Haus aussah. Es hätte das Haus sein können, in dem ich lebte. Dann setzte ich ein Dach darauf. An beiden Enden des Dachs zeichnete ich spitze Türme. Verrückt.

»Klasse«, sagte er. »Irre. Du machst das wunderbar«, sagte er. »Hast bestimmt nie gedacht, dass dir im Leben so was passieren könnte, was, Bub? Ja, das Leben ist seltsam, wie wir alle wissen. Mach weiter jetzt. Hör nicht auf.«

Ich zeichnete Fenster mit Bögen ein. Ich zeichnete Strebepfeiler. Ich hängte riesige Türen ein. Ich konnte nicht aufhören. Der Fernsehsender beendete das Programm. Ich legte den Stift hin und schloss und öffnete die Finger. Der blinde Mann tastete über das Papier hin. Er bewegte die Fingerspitzen über das Papier, über alles, was ich gezeichnet hatte, und er nickte.

»Machst du gut«, sagte der blinde Mann.

Ich nahm den Stift wieder, und der blinde Mann suchte wieder meine Hand. Ich machte weiter. Ich bin kein Künstler. Aber ich zeichnete trotzdem weiter.

Meine Frau schlug die Augen auf und starrte uns an. Sie richtete sich auf dem Sofa auf, ihr Morgenmantel stand weit offen. Sie sagte: »Was macht ihr da? Sagt es mir, ich möchte es wissen.« Ich antwortete nicht.

Der blinde Mann sagte: »Wir zeichnen eine Kathedrale. Ich und er, wir arbeiten daran. Drück fest auf«, sagte er zu mir. »So ist's richtig. So ist es gut«, sagte er. »Klar. Du hast es raus, Bub. Das merke ich. Du hast nicht geglaubt, dass du es könntest. Aber du kannst es, siehst du? Jetzt kochst du mit Gas. Du verstehst, was ich meine? Noch eine Minute, und wir haben hier wirklich was. Wie geht's dem guten alten Arm?« sagte er. »Jetzt tu ein paar Leute rein. Was ist eine Kathedrale ohne Leute drin?«

Meine Frau sagte: »Was ist los? Robert, was macht ihr da? Was ist los?«

»Ist alles in Ordnung«, sagte er zu ihr. »Mach jetzt die Augen zu«, sagte der blinde Mann zu mir.

Ich tat es. Ich machte sie zu, wie er gesagt hatte.

»Sind sie zu?«, sagte er. »Nicht schummeln.«

»Sie sind zu«, sagte ich.

»Lass sie so«, sagte er. Er sagte: »Jetzt nicht aufhören. Zeichne.«

Also machten wir damit weiter. Seine Finger fuhren auf meinen Fingern mit, während meine Hand sich über das Papier bewegte. Es war anders als alles, was ich bis dahin erlebt hatte.

Dann sagte er: »Ich glaub, das wär's. Ich glaub, jetzt hast du's«, sagte er. »Nun sieh es dir an. Was meinst du?«

Aber meine Augen waren geschlossen. Ich dachte, ich sollte sie noch ein bisschen länger so lassen. Ich dachte, genau das sollte ich machen.

»Na?«, sagte er. »Guckst du jetzt?«

Meine Augen waren noch geschlossen. Ich war in meinem Haus. Das wusste ich. Aber es fühlte sich nicht so an, als wäre ich irgendwo drinnen.

»Das ist wirklich was«, sagte ich.

DANKSAGUNGEN

Dieses Creative-Writing-Handbuch entstand aus der Erfahrung und Praxis von Dozenten des Gotham Writers' Workshop und unseres Dekans, Alexander Steele, der das Projekt mit seinem scharfen Blick und der üblichen Gelassenheit betreute und lektorierte.

An diesem Buch beteiligt waren ebenfalls Andre Becker, Präsident des Gotham Writers' Workshop, Faith Hamlin von Sanford Greenburger Associates, Colin Dickerman von Bloomsbury USA und Nikki Moustaki, die half, dieses Projekt in die Wege zu leiten, und es mit ihrem verlegerischen Wissen begleitete.

Bedanken möchten wir uns bei der engagierten Gotham-Belegschaft – Joel Mellin, Dana Miller, Linda Novak, Betsey Odell, Stacey Panousopoulos und Charlie Shehadi – und natürlich auch bei all den talentierten Dozenten und Lehrern, die über viele Jahre hinweg dazu beigetragen haben, die Kunst des Schreibens in leicht verständlicher und unterhaltsamer Form zu lehren.

Dieses Buch ist all unseren Studenten gewidmet, die uns stets aufs Neue herausfordern und inspirieren.

MITARBEITER AN DIESEM BUCH

Allison Amend hat Kurzprosa veröffentlicht und gehört zur Redaktion bei *Storys Quaterly*. Sie lebt in New York.

Terry Bain hat Kurzprosa veröffentlicht und schreibt witzige Texte für *Sweet Fancy Moses*. Er lebt in Spokane, Washington.

David Harris Ebenbach hat Kurzprosa und Lyrik veröffentlicht. Er lebt in New York.

Hardy Griffin hat Kurzprosa und Nonfiction veröffentlicht. Er lebt in Istanbul, Türkei.

Caren Gussoff ist Autorin des Romans *Homecoming* und der Kurzgeschichten-Sammlung *The wave and other storys*. Sie lebt in Seattle, Washington.

Chris Lombardi hat Kurzgeschichten und Nonfiction veröffentlicht. Sie lebt in New York.

Brandi Reissenweber hat Kurzprosaliteratur veröffentlicht; sie arbeitet als Redaktionsassistentin und hat eine therapeutische Schreibwerkstatt für obdachlose Teens gegründet. Sie lebt in Chicago, Illinois.

Peter Selgin hat Kurzgeschichten veröffentlicht. Seine Bilder sind in Publikationen wie *The New Yorker* und *The Wall Street Journal* erschienen, und er ist Autor und Illustrator des Kinderbuches *S.S. Gigantic across the atlantic*. Er lebt in New York.

Alexander Steele ist Fakultätsdekan des Gotham Writers' Workshop. Er hat zahlreiche Theaterstücke, Drehbücher und Fachtexte geschrieben und siebzehn Kinderbücher veröffentlicht. Er lebt in New York.

Valerie Vogrin hat den Roman *Shebang* und Kurzgeschichten veröffentlicht; sie ist Mitgründerin der Smallmouth Press. Sie lebt in St. Louis, Missouri.

VERLAGSANZEIGEN >

»Ein gut verständlicher, spannender, übersichtlicher und kompetenter Ratgeber.«
Buchhändler heute

Roy Peter Clark
Die 50 Werkzeuge für gutes Schreiben
Handbuch für Autoren, Journalisten, Texter
9. Auflage
Gebunden, 350 Seiten
ISBN 3-978--3-86671-031-3

Schreiben ist ein Handwerk, das man lernen kann, sagt Roy Peter Clark. Man braucht dazu Werkzeuge, nicht Regeln. Seine 50 Werkzeuge und die mehr als 200 Textbeispiele und Übungen helfen jedem Autor besser zu schreiben.

»Egal, was Sie schreiben, einen Blog, einen Liebesbrief, den nächsten großen Roman – hier gibt es praktische Ratschläge, die man mit Vergnügen liest.«
Times

www.autorenhaus.de

»Sol Steins wunderbares Buch gehört auf jedes Autorenregal«.
Die Welt

Sol Stein
Über das Schreiben
464 Seiten · Hardcover
ISBN 978-3-86671-126-6

Sol Stein ist ein international erfolgreicher Bestsellerautor, preisgekrönter Theaterautor, Verfasser von Drehbüchern für Film und Fernsehen. Er war 36 Jahre Lektor berühmter Autoren.

»Eine Fülle kluger Ratschläge. Stein geht geradewegs in den Text hinein, zitiert Beispiele von berühmten und angehenden Autoren, analysiert erste Sätze, die Figurenbildung, Handlungsentwicklung und Dialoge.«
Publishers Weekly

---

www.autorenhaus.de

»Wundervolles Buch«

Julia Cameron
Von der Kunst des kreativen Schreibens
Der Weg zum inspirierten Schriftsteller
328 Seiten, Hardcover mit Lesebändchen
ISBN 978-3-86671-148-8

In diesem Buch stellt Julia Cameron *(Der Weg des Künstlers)* ihre erfolgreichen »Morgenseiten« und andere Kreativitätstechniken vor. Mithilfe zahlreicher Beispiele und Übungen gelingt es den Lesern, ihre Kreativität zu entwickeln und das Schreiben zu einem intensiven Teil ihres Lebens zu machen.

Julia Cameron ist Künstlerin, Bestsellerautorin und Dozentin. Sie schreibt Drehbücher für Film und Fernsehen und produziert Dokumentarfilme; ihre journalistischen Arbeiten wurden mehrfach ausgezeichnet.

---

www.autorenhaus.de

»*Ein ganz wunderbares Buch über das Schreiben, das hoch motiviert.*«
Radio Berlin Brandenburg

Natalie Goldberg
Schreiben in Cafés
Writing Down the Bones
6. Auflage · 200 Seiten · Hardcover
ISBN 978-3-86671-060-3

Mehr als 1 Mio. Exemplare der Originalausgabe

www.autorenhaus.de

Albert Zuckerman, Gründer von Writers House, über Kunst und Handwerk, einen Bestseller zu schreiben.

Ken Follett, ist einer der erfolgreichsten Schriftsteller mit mehr als 100 Millionen verkaufter Exemplare.

Albert Zuckerman
**Bestseller schreiben:
Wie Ihnen mit der
Outlining-Methode
Erfolgsromane gelingen**
Mit Textbeispielen
von Ken Follett
und anderen Bestsellerautoren
320 Seiten · Hardcover
ISBN 978-3-86671-145-7

Ein Literaturagent und ein weltbekannter Schriftsteller verraten, wie man Erfolgsromane konzipiert, schreibt und überarbeitet. Mit Outlines von Ken Follett und Textbeispielen anderer Bestsellerautoren.

www.autorenhaus.de

Autorenhaus-Verlagsprogramm

Autobiografie & Erinnerungen schreiben
Autobiografie in 300 Fragen. *Von Gerhild Tieger*
Erinnerungen und Autobiografie schreiben. *Von Judith Barrington*

Lyrik & Songtexte schreiben
Gedichte schreiben *Von Thomas Wieke*
Songtexte schreiben *Von Masen Abou-Dakn*
Handbuch für Songtexter *Von Jeske/Reitz*

Kreatives Schreiben
Schriftsteller werden *Von Dorothea Brande*
Bestseller schreiben *Von Albert Zuckerman, Ken Follett*
Die Kunst des kreativen Schreibens. *Von Julia Cameron*
Zen in der Kunst des Schreibens *Von Ray Bradbury*
Raum zum Schreiben *Von Bonni Goldberg*
Schreiben in Cafés *Von Nathalie Goldberg*
Creative Writing: Texte und Bücher schreiben *Von Jesse Falzoi*
Der Sprung ins weiße Blatt *Von Cornelia Jönsson*
Beim Schreiben allein *Von Joyce Carol Oates*
Creative Writing: Romane und Kurzgeschichten schreiben.
Von A. Steele/R. Carver
Literarisches Schreiben: Starke Charaktere, Originelle Ideen,
Überzeugende Handlung. *Von Lajos Egri*
Fantasy schreiben und veröffentlichen. *Von Sylvia Englert*
Handbuch für Kinder- und Jugendbuch-Autoren. *Von Sylvia Englert*
So lektorieren Sie Ihre Texte. *Von Sylvia Englert*

Kreatives Schreiben für Jugendliche
Türen zur Fantasie. *Von Marion Gay*
Türen zur Poesie. *Von Marion Gay*
Coole Texte schreiben und veröffentlichen – Handbuch
für junge Schreibtalente *Von Sylvia Englert*

Liebesromane & Erotik schreiben
Liebes- und Heftromane schreiben. *Von Anna Basener*
Erotik schreiben. Wie Sie Sex-Szenen literarisch gestalten.
Von Elizabeth Benedict

Krimi & Thriller schreiben
Krimis schreiben *Von Patrick Baumgärtel*
Crime – Kriminalromane und Thriller schreiben *Von Larry Beinhart*
Literarisches Schreiben *Von Lajos Egri*
Der Mord als eine schöne Kunst betrachtet *Von Thomas de Quincey*
Krimi schreiben und veröffentlichen *Von Patrick Baumgärtel*

Bitte besuchen sie auch www.autorenhaus.de

Autorenhaus-Verlagsprogramm

Schreiben
AP-Handbuch Journalistisches Schreiben *Von Rene J.Cappon*
50 Werkzeuge für gutes Schreiben *Von Roy Peter Clark*
Kurz und Gut schreiben *Von Roy Peter Clark*
Über das Schreiben. *Von Sol Stein*
20 Masterplots *Von Ronald Tobias*

Schreiben & Veröffentlichen
Autoren-Handbuch, 8. Auflage. *Von Sylvia Englert*
Mini-Verlag. Self-Publishing, Verlagsgründung, 8. Auflage.
Von Manfred Plinke

Theater & Stücke schreiben
Die Technik des Dramas *Von Gustav Freytag*
Vorsprechen *Von Paula B. Mader*
Kleines Schauspieler-Handbuch *Von Uta Hagen*
Dramatisches Schreiben *Von Lajos Egri*

Film & Drehbuch schreiben
Die Seele des Drehbuchschreibens – 16 Story Steps.
Von K. Cunningham
Rette die Katze! Das ultimative Buch übers Drehbuchschreiben.
Von Blake Snyder
Die Odyssee der Drehbuchschreiber *Von Christopher Vogler*
Filme machen *Von Sidney Lumet*
Die Technik des Dramas *Von Gustav Freytag*
Dramatisches Schreiben *Von Lajos Egri*
Drehbuch schreiben und veröffentlichen. *Von Claus Hant*
Schritt für Schritt zum erfolgreichen Drehbuch *Von Chris. Keane*
Das Drehbuch *Von Syd Field*
Die häufigsten Probleme beim Drehbuchschreiben und ihre Lösungen.
Von Syd Field
Grundkurs Film *Von Syd Field*
Emotionen im Film. *Von Karl Iglesias*

Cartoonbücher
Struwwelhitler. Der Anti-Nazi-Klassiker von 1941
Von Robert u. Philip Spence

Schriftstellerbücher
Musen auf vier Pfoten: Schriftsteller und ihre Hunde
Musen auf vier Pfoten: Katzen und ihre Schriftsteller

Bitte besuchen sie auch www.autorenhaus.de